山东省社会科学规划青年研究项目（14DGLJ08）阶段性成果

本书由山东青年政治学院学术专著出版基金资助出版

扶贫互助

扶贫互助资金合作社运行现状及运行机制研究
——以山东省为例

高 杨 ◎ 著

A Study on the Operating System of Poverty Alleviate Farmers' Cooperative of Shandong Province

中国社会科学出版社

图书在版编目(CIP)数据

扶贫互助资金合作社运行现状及运行机制研究：以山东省为例 / 高杨著. —北京：中国社会科学出版社，2015.7
ISBN 978 – 7 – 5161 – 6877 – 6

Ⅰ.①扶… Ⅱ.①高… Ⅲ.①扶贫资金 – 合作社 – 金融运行机制 – 研究 – 山东省 Ⅳ.①F832.752

中国版本图书馆 CIP 数据核字（2015）第 205797 号

出 版 人	赵剑英
责任编辑	任　明
特约编辑	芮　信
责任校对	邓雨婷
责任印制	何　艳

出　　版	中国社会科学出版社
社　　址	北京鼓楼西大街甲 158 号
邮　　编	100720
网　　址	http：//www.csspw.cn
发 行 部	010 – 84083685
门 市 部	010 – 84029450
经　　销	新华书店及其他书店

印刷装订	北京市兴怀印刷厂
版　　次	2015 年 7 月第 1 版
印　　次	2015 年 7 月第 1 次印刷

开　　本	710×1000　1/16
印　　张	16.5
插　　页	2
字　　数	279 千字
定　　价	55.00 元

凡购买中国社会科学出版社图书，如有质量问题请与本社营销中心联系调换
电话：010 – 84083683
版权所有　侵权必究

前　言

自实施扶贫开发战略以来，我国财政扶贫资金一直采用自上而下的供给机制，扶贫项目的实际决策与控制权掌握在基层政府及其职能部门手中，这种扶贫机制一方面使得亟待被扶持的贫困农户的真实需求得不到有效表达；另一方面，政府部门也难以实现对财政扶贫资金使用的有效监督。在此背景下，借鉴国际和国内民间组织信贷扶贫模式，2006年以来，国务院和财政部联合在全国范围内开展了扶贫互助资金合作社[①]（以下全文除标题外简称为"互助社"），并在几年内得以快速发展。然而，由于该项目目前仍处在试点阶段，其蓬勃发展的同时伴有乱象杂呈，引发纷纷议论。诚然，处于社会主义初级阶段的互助社，与其他社会组织一样，在实践中必然呈现异质性和多样性的特点，它们只有在发展中才有可能逐步规范。

本书最大的特点是具体关注到了中国扶贫互助资金合作社这一蓬勃发展的公益性小额信贷组织的演化和发展，这是目前国内学界较少有重要著作的领域；从学术思想上来看，由于笔者近五年阅读了大量本领域的学术和实践资料，使得本书在学术思想上较为先进；从本书的内容来看，既有纵向——对于中外公益性小额信贷组织的演化剖析，又有横向——对山东省扶贫互助资金合作社的发展和运行进行完整而深入的调研和分析，因此内容覆盖兼顾重点性和完整性；从结构体系来说，本书遵循"概要+分述+案例+总结"的逻辑结构思路；从写作特点来说，本书的重要特点是所使用的大部分数据及案例资料均来自笔者四年来的第一手调研资料，与该领域内其他同类型出版物相比，本书所提供的数据资料更可靠、分析

[①] 目前理论界与实践界对本书的研究对象有几种命名，如贫困村村级扶贫互助资金、扶贫互助资金合作组织、互助社机构等，经综合考虑，本书在此选用扶贫互助资金合作社这一名称，特此说明。

更详尽、阐述更彻底。

　　本书系山东青年政治学院学术成果，同时系山东省社会科学规划研究青年项目"基于双重委托—代理视角的扶贫互助资金合作社风险监管机制研究"（编号：14DGLJ08）阶段性成果。

　　关键词：扶贫互助资金合作社；扶贫；运行机制；产权制度

A Study on the Operating System of the "The Pauper's Bank"

——Take Shandong Province for Instance

Abstract: This book firstly constructs a theoretical framework of Poverty Alleviate Farmers' Cooperative (PAFC) on the basis of the academic literatures. Learning from the success of foreign public welfare micro-finance organizations (PWMO), it then reviews the seven-year experiment experience and achievements of PAFC in China. Choosing Shandong Province as the sample area, several methodologies were conducted such as questionnaire investigation, PROBIT measurement model and dynamic game analysis, in order to draw a systematic picture of PAFC operating scheme which is composed of 5 parts: financing, management, operating, earning scheme, risk supervision and poor targeting scheme. The main conclusions are as follows:

(1) The PAFCs are a specific form of PWMO, which is aiming to alleviate the rural financial development's lag behind, lack of financial products, and farmers' lack of funds. It is different with the Rural Cooperative Fund Associations in many ways, such as the attribute of the organization, the property structure, resource of the funds, inner control capacity and allocation scheme. The PAFC has much similarity compared with the rural mutual cooperatives, but they are much different in orientation and operating scheme. From the view of social capital theory, it is found that social capital has a remarkable effect of incentive and restraint mechanisms, which reveals not only in formal institution but also in informal institution e. g. social norm, private regulation, cultural practices, etc. From the angle of financial cooperation theory, we consider PAFC belonging to the category of cooperation organizations.

(2) The success of micro-finance overseas light the way for PAFC in Chi-

na. Considering China's specific situations, the operating scheme of PAFC should reflect an accurate market positioning, a flexible product design, marketed loan rates and reasonable ways of risk control, by which the PAFC could realize its goals in both financial sustainability and effect coverage of the poor. The dissertation reviews the 7-year practice of the PAFC in China, and found that the PAFC is unique in the history of poor alleviating by finance power for its rapid coverage and considerable speed of development. But after we analyses the features, advantages and functions of PAFC, its historic development is most understandable for it meets the high demand for financing service from rural areas in China. The initial success of PAFC shows the enlightens as follows: it obeys the principle of democracy; it inclines to the poor; it stresses the design of property right; it applies flexible and diverse means in operating; it relies on the effective guidance and supervision of the government.

(3) Shandong province is representative within national scope and thus suitable for the sample area. The main features of PAFC are: the overall development is rapid but regional differences stands out; there are aids for the poor but they are not effective; the finance power is in the leading position but it has no connection with the distribution of the poor; the economy condition of the villages varies greatly. Findings from the questionnaires are: both members and management staff hold a positive attitude towards the effect of PAFC, they are satisfied with the transparency of the finance, but as to the funds supplying, decision making and loan rate parts, PAFC does not meet their demands.

(4) PAFC is still in the pilot phrase, its financing scheme reflects a feature of diversity. This dissertation found that financing subjects are clear, while social donation funds accounted for a relatively low proportion. Although some PAFCs starts innovating the finance mode, making efforts in setting linkage with financial institutions, there are still impediments in the legal framework, PAFCs are mainly rely on outer source of financing. In order to resolve the dilemma above, the government could firstly consider the mode of "Funds from Banks, Fiscal and Private", thus to explore the financing channels and help forming "Great Poverty Alleviation" pattern; secondly, China Agricultural Development Bank should be pointed as the aiding bank of PAFC, so as to pro-

vide agricultural policy loans, liquidity as well as deposit and settlement support.

In views of the division of property rights, PAFC in Shandong province mainly applies 3 ways: stock cooperative, common holding and combination with the Professional Farmers' Cooperatives (PFC). Behaviors of characteristics are then be strengthened, which proves the constraint power of the social capital in rural area. But there are also difficulties lies in property right transaction, to some extent the funds right is being dually held by both farmers of the community and the local government. Also, the complexity of the relation between PAFC and the village committees is affecting the democratic management. China is now edging away from a centrally planned socialist economy to a "social market" one, thus it is advisable to keep the collective ownership of PAFC, while strengthen the stock ownership inside the organization in order to maximize the total welfare.

(5) Byanalyzing the current outer management framework of PAFC, it is found that PAFC is facing several challenges, e. g. the division of responsibility between the Civil Affairs Department and Poverty Alleviation Department, the clarity of its legal identity, the generalization of PAFC's grading system, etc. While the inner management system has problems, e. g. internal regulation is far from perfect, the quality of the management staff is less than satisfied and e-informatization can hardly be promoted. The government can solve the above problem by strengthening the external institution supply, innovating the finance entrust model and upgrade the management power from both the inner and outer side.

(6) As to the lending status of PAFC, it is found that the current quota can hardly meet the demand of the farmers; there is no specific rule for loan rates, preference measurements for the poor are absent in some PAFCs; loans are prescribed so strictly that farmers have to take the pressure of consumption; the cooperation between PAFC and PFC brings about more market risk. After a systematic analysis of the returning scheme, it is found that the efficiency of capital turnover is highly connected with the main way of returning in PAFC, but the practical maneuverability is also need considering; the current returning

rate is relatively high but there are potential risk of default; group lending is widely accepted in global range, however its local adaptation in Chinese culture is still to be verified; there is a margin for discussion whether bonus should be kept or not. This dissertation holds that overemphasis on the role of shares and dividends is not advisable, while the government should broaden the loan purpose, explore "PAFC + PFC" mode, set stepped rate, switch the group lending scheme to a flexible guarantee scheme.

(7) PAFC is under speed development while its poverty alleviation effect is relatively unpleasant. 533 questionnaires collected from poverty villages in order to analysis the influencing factors on the poor's borrowing willingness. It is found factors that play the main role are gender, education background, supporting proportion, household cash and savings, satisfaction on PAFC's financial publication, etc. Suggestions are proposed on the basis of analyzing e. g. establish and improve focusing scheme on the poor; offer them industry guidance; design supporting measurements on the poor with preference; promote poverty alleviation micro insurance.

(8) Through the analyzing of the main risk and its courses, the outer and inner risk management scheme, it is found that there is no effective "Constraint-incentive" mechanism working between the local government and PAFC management staff. By using a two-stage dynamic games tool to analysis the gaming activities of the two parties, we found that there is an inspiring trap which conflicts to its subject goal. Optimizing solutions are: improve the inspiring scheme of the local government, strengthen the outer auditing supervision, and design the risk reserve system according to the PAR of the PAFC. As to the inner risk management, it is advised to clarify the regulatory responsibilities of the parts, build a coordinated control system.

(9) Two casesanalyses are applied in Chapter 9, which are Wangjiaquan mode (one with success) and Qingyun mode (one who failed). The former one's success thanks to its good relationship with the two PFCs in the same village, its great management staff, and its financing cooperation with the local banks. While the latter one's huge size brings difficulties to its social capital effects, democratic management and as well as the risk control, its failure is

understandable and predetermined.

Keywords: Poverty alleviate Farmers' Cooperative (PAFC); poverty alleviation; operation scheme; property right institutions

目 录

第一章 导论 … (1)
  第一节 研究的意义与目的 … (1)
    一 研究意义 … (1)
    二 研究目的 … (4)
  第二节 国内外研究进展及评述 … (5)
    一 国内研究进展及评述 … (5)
    二 国外研究进展及评述 … (13)
  第三节 研究方法与技术途径 … (16)
  第四节 研究创新与不足 … (18)

第二章 扶贫互助资金合作社运行机制相关概念 … (19)
  第一节 相关概念的界定及辨析 … (19)
    一 相关概念的界定 … (19)
    二 相关概念的辨析 … (25)
  第二节 扶贫互助资金合作社运行机制研究的理论基础 … (30)
    一 合作金融理论 … (30)
    二 贫困陷阱理论 … (31)
  第三节 本章小结 … (33)

第三章 国内外扶贫互助资金合作社的实践及其启示 … (34)
  第一节 国外扶贫互助资金合作社的实践及其启示 … (34)
    一 国外扶贫互助资金合作社相关模式及运行机制比较 … (34)
    二 国外扶贫互助资金合作社相关实践给我国的启示 … (43)
  第二节 扶贫互助资金合作社在中国的相关实践及其启示 … (47)
    一 扶贫互助资金合作社在中国的相关实践 … (48)

二　扶贫互助资金合作社在中国的实践启示 …………………… (62)
　第三节　本章小结 ………………………………………………… (64)

第四章　扶贫互助资金合作社运行现状——以山东省为例 ……… (66)
　第一节　选择山东作为研究样本区域的原因 …………………… (66)
　　一　整体经济水平发展较快，但各地发展不平衡 …………… (66)
　　二　十年来扶贫卓有成效，但贫困人口整体基数仍较大 …… (67)
　　三　贫困人口"大分散，小集中"，地区内部发展差距更为
　　　　突出 …………………………………………………………… (67)
　　四　城乡收入差距和地市间农民收入差距都相对较大 ……… (69)
　　五　山东农民较具有中国农村贫困农民的典型性 …………… (69)
　　六　山东省扶贫互助资金合作社试点发展快且较稳 ………… (70)
　第二节　调研数据的来源、抽样方法和样本说明 ……………… (70)
　　一　调研数据的来源和抽样方法 ……………………………… (70)
　　二　样本说明 …………………………………………………… (71)
　第三节　山东省扶贫互助资金合作社总体发展状况及其特点 … (72)
　　一　总体发展迅速，区域间规模差异大 ……………………… (72)
　　二　益贫效果良好，发展空间广阔 …………………………… (74)
　　三　农户名义参与水平高，但贫困户实际参与水平较低 …… (74)
　　四　财政拨付逐年递增，且居主导地位 ……………………… (75)
　　五　财政资金拨付与贫困人口分布不匹配 …………………… (77)
　　六　试点村的经济水平差异显著，与互助社数量比例稳定 … (78)
　第四节　社员和管理人员对扶贫互助资金合作社的看法及
　　　　　期望 …………………………………………………………… (79)
　　一　社员的看法及期望 ………………………………………… (79)
　　二　管理人员的看法及期望 …………………………………… (81)
　第五节　本章小结 ………………………………………………… (83)

第五章　山东省扶贫互助资金合作社筹资机制及产权制度的分析与
　　　　优化 …………………………………………………………… (84)
　第一节　山东省扶贫互助资金合作社筹资机制分析 …………… (84)
　第二节　山东省扶贫互助资金合作社产权制度分析 …………… (90)

一　产权制度理论 …………………………………………… (90)
　　二　产权界定方式 …………………………………………… (91)
　　三　产权主体的行为特征 …………………………………… (93)
　　四　产权制度中存在的问题 ………………………………… (94)
　第三节　山东省扶贫互助资金合作社筹资机制及产权制度的
　　　　　优化 ……………………………………………………… (95)
　　一　筹资机制的优化 ………………………………………… (95)
　　二　产权制度的优化 ………………………………………… (99)
　第四节　本章小结 …………………………………………………… (100)

第六章　山东省扶贫互助资金合作社管理机制的分析与优化 …… (101)
　第一节　外部管理机制分析 ……………………………………… (101)
　　一　外部管理机构及职能划分 ……………………………… (101)
　　二　外部制度供给 …………………………………………… (102)
　第二节　内部管理机制 …………………………………………… (106)
　　一　内部组织构架及岗位设置 ……………………………… (106)
　　二　内部管理机制的特点 …………………………………… (106)
　　三　内部管理机制存在的问题 ……………………………… (110)
　第三节　山东省扶贫互助资金合作社管理机制的优化 ………… (113)
　　一　加强外部制度供给 ……………………………………… (113)
　　二　创新财务管理模式 ……………………………………… (114)
　　三　利用移动网络技术，建立管理信息微平台 …………… (115)
　　四　增加管理补贴，缓解基层压力 ………………………… (116)
　　五　通过内培外引激发互助社内生动力 …………………… (116)
　第四节　本章小结 ………………………………………………… (117)
　　一　目前互助社存在双重管理困境 ………………………… (117)
　　二　如何激发互助社自身活力是值得研究的问题 ………… (117)
　　三　互助社内部管理机制中存在内部冲突 ………………… (117)

第七章　山东省扶贫互助资金合作社运营机制的分析与优化 …… (119)
　第一节　借款状况分析 …………………………………………… (119)
　　一　借款限额和期限及其变化趋势 ………………………… (119)

二　借款占用费率 ………………………………………… (121)
　　三　借款用途分析 ………………………………………… (125)
 第二节　还款状况分析 …………………………………………… (130)
　　一　还款方式分析 ………………………………………… (130)
　　二　还款率变化趋势及其影响因素 ……………………… (133)
 第三节　小组联保状况分析 ……………………………………… (135)
　　一　小组联保定义和流程 ………………………………… (135)
　　二　小组联保制度的变迁与改进 ………………………… (136)
　　三　小组联保的作用 ……………………………………… (138)
　　四　小组联保制度运行中存在的问题 …………………… (139)
 第四节　收益分配状况分析 ……………………………………… (140)
　　一　收益来源及分配原则 ………………………………… (140)
　　二　收益分配实际做法及存在的问题 …………………… (140)
　　三　入股分红状况分析 …………………………………… (142)
 第五节　山东省扶贫互助资金合作社运营机制的优化 ………… (145)
　　一　拓宽借款用途 ………………………………………… (145)
　　二　进一步探索和推广与农民专业合作社联合运营模式 … (145)
　　三　灵活调整借、还款机制 ……………………………… (148)
 第六节　本章小结 ………………………………………………… (149)

第八章　山东省扶贫互助资金合作社贫困瞄准机制的分析与
　　　　优化 …………………………………………………… (151)
 第一节　扶贫对象的界定与识别 ………………………………… (151)
　　一　扶贫对象的界定 ……………………………………… (151)
　　二　扶贫对象的识别 ……………………………………… (152)
 第二节　贫困户扶持政策分析 …………………………………… (153)
 第三节　贫困户参与度分析 ……………………………………… (154)
　　一　宏观层面 ……………………………………………… (154)
　　二　微观层面 ……………………………………………… (154)
 第四节　贫困户借款意愿影响因素分析 ………………………… (154)
　　一　研究假设 ……………………………………………… (155)
　　二　调查地的选择与数据来源 …………………………… (158)

三　变量选择和样本统计特征 …………………………… (159)
　　四　模型选择与分析结果 ………………………………… (164)
　第五节　山东省扶贫互助资金合作社贫困瞄准机制的优化 …… (168)
　　一　严格规范试点村和贫困户的甄选及识别机制 ………… (168)
　　二　给予贫困户充分的产业引导和扶持 …………………… (169)
　　三　优化制度设计使其特惠于贫困户 ……………………… (169)
　　四　推广扶贫小额保险 ……………………………………… (170)
　第六节　本章小结 …………………………………………………… (171)

第九章　山东省扶贫互助资金合作社风险监管机制分析 ……… (172)
　第一节　山东省扶贫互助资金合作社面临的主要风险及产生的
　　　　　原因 ………………………………………………………… (172)
　　一　外部风险的定义及内涵 ………………………………… (173)
　　二　内部风险的定义及内涵 ………………………………… (174)
　第二节　风险监管的定义和目标 …………………………………… (178)
　　一　风险监管的定义 ………………………………………… (178)
　　二　风险监管的目标 ………………………………………… (178)
　第三节　风险监管体系分析 ………………………………………… (178)
　　一　外部风险监管体系分析 ………………………………… (179)
　　二　内部风险监管体系分析 ………………………………… (182)
　第四节　外部风险监管的组织行为分析：激励—约束机制的
　　　　　构建 ………………………………………………………… (186)
　　一　博弈要素概念界定 ……………………………………… (186)
　　二　基本假设 ………………………………………………… (187)
　　三　局中人决策行为的利益出发点 ………………………… (187)
　　四　双方博弈的益损值分析与支付矩阵的构建 …………… (188)
　　五　地方政府查处扶贫互助资金合作社"嫌贫爱富"违规行为
　　　　的策略选择 ……………………………………………… (190)
　第五节　风险监管机制的优化 ……………………………………… (193)
　　一　外部风险监管的优化 …………………………………… (194)
　　二　内部风险监管的优化 …………………………………… (195)
　第六节　本章小结 …………………………………………………… (196)

第十章 个案研究 ………………………………………… (197)
第一节 成功案例——"王家泉模式"分析 …………… (197)
一 王家泉扶贫互助资金合作社发展情况 ……………… (197)
二 "王家泉模式"的成功经验 …………………………… (203)
三 结论与讨论 ……………………………………………… (207)
第二节 失败案例——"青云模式"分析 ………………… (208)
一 基本情况 ………………………………………………… (208)
二 发展与失败 ……………………………………………… (209)
三 "青云模式"失败的教训 ……………………………… (211)
四 结论 ……………………………………………………… (213)

第十一章 研究结论及研究展望 …………………………… (214)
第一节 研究结论 ……………………………………………… (214)
第二节 研究展望 ……………………………………………… (218)

附件1 扶贫互助资金合作社负责人调查问卷 …………… (219)

附件2 扶贫互助资金合作社社员调查问卷 ……………… (229)

附件3 贫困户借款意愿调查问卷 …………………………… (235)

附件4 作者五年内主要科研成果 …………………………… (238)

参考文献 …………………………………………………………… (240)

第一章 导论

第一节 研究的意义与目的

一 研究意义

改革开放以来，我国国民经济平稳较快增长，减贫成效举世瞩目，然而随着扶贫标准的不断提高，减贫任务依然艰巨。贫困人口从1978年的2.5亿人降至2000年年底的9422万人。如按1196元的贫困线标准计算，2010年年底贫困人口为2688万人，主要集中在广大农村地区。随着我国新农保统筹的全面实施，当前中国扶贫开发已经从以解决温饱为主要任务的阶段转入巩固温饱成果、加快脱贫致富、改善生态环境、提高发展能力、缩小发展差距的新阶段。2011年11月29日，中央宣布将贫困线标准提高为2300元，依照新标准，全国贫困人口数量已由2010年的2688万人扩大至2013年年初的9899万人，占农村户籍人口的比例为10.2%。这一重大调整反映了新经济形势下政府对人权的肯定和尊重，也意味着中国反贫困事业开始面临一系列新的挑战。

然而，我国的扶贫资金使用机制长期以来都存在缺陷。自实施扶贫开发战略以来，我国财政扶贫资金一直采用自上而下的供给机制，扶贫项目的实际决策与控制权掌握在基层政府及其职能部门手中，这种扶贫机制一方面使得亟待被扶持的贫困农户的真实需求得不到有效表达；另一方面，政府部门也难以实现对财政扶贫资金使用的有效监督。在实践项目当中，由政府财政部门主导的贴息扶贫贷款早已被发现存在难以瞄准贫困、拖欠率高等致命缺陷[①]；而非政府小额信贷近年来在可持续性及贫困覆盖两方

---

① 吴国宝：《扶贫贴息贷款政策讨论》，《中国农村观察》1997年第7期，第7—13页。

面皆表现不佳；有调查显示，只有很小比例的非政府小额信贷项目能实现操作可持续性①，并且这些项目的瞄准目标已向富裕户偏移②。以上两类扶贫项目既不能瞄准贫困又不可持续发展，客观事实促使人们对外生性信贷扶贫项目的扶贫效率与存在价值产生了质疑。

在此背景下，借鉴国际和国内民间组织信贷扶贫模式，2006年以来，国务院和财政部联合在全国范围内开展了互助社试点。该项目是以财政专项资金为引导，以村民自愿缴纳一定数额的互助资金为依托，以其他资金为补充，按照民有、民用、民管、民享、周转使用的原则，在特定贫困区域建立的资金互助合作组织。基于前期的社区基金项目经验，在中央和地方政府的大力推动与支持下，试点七年来互助社得以快速发展。

一方面，互助社发展势头强劲，覆盖范围持续扩大。从2006年最初的14个省、100个村，扩大到2012年年底的1286个县、17913个村，总资金规模已经达到44.98亿元。③ 无论是从覆盖范围还是从推进速度来看，互助社所表现出来的发展势头在中国财政扶贫历史上都是前所未有的。④

另一方面，互助社目前仍处在试点阶段，其蓬勃发展的同时伴有乱象杂呈，引发纷纷议论。互助社内部运行亟待规范、基层管理者亟待培育、农民金融参与意识亟待提高、政府扶持政策亟待落实、各种运作模式亟待引导和规范等问题。不仅如此，当兴办互助社成为一种任务（特别是地方政府考核的任务）、一种时髦（特别是彰显益贫偏好的时髦）、一种手段（特别是可以比较轻松地套取政府直接财政扶持的手段）时，就不难解释互助社的数量众多、类型繁杂和良莠难辨，更不难理解互助社大面积异化风险的存在。

诚然，处于社会主义初级阶段的互助社，与其他社会组织一样，在实

---

① 程恩江、刘西川：《中国非政府小额信贷和农村金融》，浙江大学出版社2007年版，第90—111页。

② 刘西川、黄祖辉、程恩江：《小额信贷的目标上移：现象描述与理论解释——基于三省（区）小额信贷项目区的农户调查》，《中国农村经济》2007年第8期，第23—34页。

③ 国务院扶贫办外资项目管理中心：《全国互助社交叉检查情况报告》，2011年10月，第1—2页。

④ 刘西川：《村级发展互助资金的目标瞄准、还款机制及供给成本——以四川省小金县四个样本村为例》，《农业经济问题》2012年第8期，第65—72页。

践中必然呈现异质性和多样性的特点，它们只有在发展中才有可能逐步规范。那么，现正处于大规模推广阶段的互助社整体运行状况究竟如何？其运行机制的内在规律是怎样的？又存在怎样的问题？这些问题可以通过什么途径得以解决？针对上述问题，本书通过对互助社的筹资机制、管理机制、运营机制、贫困瞄准机制和风险监管机制进行系统的分析和研究，并对其运行状态给予评判，找出其运行机制存在的问题，并提出相应的解决方案。因此，本研究所具有的理论和现实意义主要表现在以下几方面。

（一）有助于帮助实现扶助贫困群体的基本目标，实现社会公平

互助社是公益性小额信贷机构（以下除标题外简称"小贷机构"）的一种，它的服务对象主要是有经营能力、偿付能力的"经济活跃"的贫困者，以偿还本息为代价，通过借贷关系帮助贫困者提高发展能力。不仅如此，互助社还通过有条件的借贷来培育贫困群体诚实守信的借贷和经营观念，并助其形成勤俭节约、合理使用的财富观。因此，从某种程度上来说，互助社是一种先进的金融扶贫方式，它对经济的发展、社会的进步所做出的贡献，已超越了一般金融意义。

如果从人类贫困的角度来看，对互助社的运行机制进行研究在反贫困方面的意义更为重大。在互助社的民主管理组织模式中，贫困农户不仅可以从互助社借贷资金，通过发展生产来改善家庭经济状况，而且可以自主管理资金，平等地讨论资金运作中的相关议题，此外，他们还可以在联合购销和公共文化活动等方面充分展现出主体性和能动性。正是在这种参与之中，贫困农户可以逐步增强自信，激发自身潜能，扩展自主的权利，走出可持续的反贫困道路。因此，本研究的重要目标之一，就是通过对互助社运行机制的分析，提升其贫困瞄准度，从而使互助社实现对贫困群体更好的扶持与服务。

（二）进一步创新财政资金使用手段，提高扶贫资金使用效率

实践证明，开展互助社试点，能够有效地弥补农村贫困地区正规金融机构所提供金融服务的不足，能较好地解决那些既无抵押又无担保的低收入农户贷款难的问题，对于加快扶贫开发、推动贫困地区发展都具有重要意义。可见，互助社不仅仅是对信贷扶贫方式的重大创新，也是农村金融体系结构的重大转变，因此，如何在有限财政的约束下，通过优化互助社的运行机制，从而进一步提高扶贫财政资金的使用效率，显得尤为重要。故本研究的重要目标之二，就是要从制度层面和运行层面帮助政府决策部

门发现互助社运行中存在的问题及问题的本质，从而为进一步制定相关政策提供支持，以期实现互助社的健康、可持续发展，进而促进扶贫事业的发展和农村金融体系的进一步完善。

（三）明晰各主体责任义务，保障资金运行安全

互助社在各省资金投入的不断加大和规模范围的不断扩张，实际潜藏着极大的风险。以史为鉴，20世纪90年代曾经红极一时的农村合作基金会的垮台就是有力的证据，互助社系统的运行一旦出现问题，可能会引发全国范围内的"多米诺骨牌效应"，轻则影响扶贫资金的使用效果，阻碍贫困农户的经济发展，重则会破坏农村金融环境和信用合作环境，对农村金融长远发展产生严重的不利影响。

因此，本研究的重要目标之三，就是要分析互助社运行中面临的风险与相应的风险监管问题，明晰各监管主体责任义务，构建更有效的"激励—约束"机制，从而有助于组织管理者在实践中进行战略和战术层次的改进和提升。

（四）促进农村小额信贷机构成长，从而完善我国农村包容性金融体系

包容性金融（Financial Inclusion），国内又译为普惠金融，是指通过政策、制度和立法的支持，使所有人特别是弱势和低收入群体，能够通过便捷有效的途径，从正规金融服务机构获得金融服务。金融包容性发展内涵丰富，其核心是共享与普惠，有两层含义：一是从生产角度来看，把金融视为资源，让所有的企业和个人都能够掌握和使用这种资源，从而推进生产，进而带动企业和个人财富的增长；二是从消费角度来看，金融是一种产品，通过金融包容性发展，不断完善和优化金融产品，使普通企业和个人能够消费金融产品，从而改善福利状况。可见，金融包容性发展较强调金融资源的分配，旨在通过解决经济发展中的结构问题，更有效地促进经济增长。

本研究的重要目标之四，就是通过完善互助社运行机制，从而加强农村金融基础设施建设、扩大服务覆盖面，提升农村金融产品、服务的可得性和便捷性，让农户特别是贫困农户以相对公平的价格享受多样化的金融服务，既而完善我国农村包容性金融体系。

二 研究目的

对互助社运行状况和运行机制的研究，实际上是研究互助社的整体运

行系统的各个构成要素,以及该系统在进行正常运行时所遵循的一系列相互关联的规则、程序和由这些规则、程序形成的整体秩序。本研究通过对山东省互助社较为系统的实证研究,在阐明互助社的筹资、管理、运营、风险监管、贫困瞄准五个方面运作机制的内在规律基础上,对山东省互助社运行机制的整体运行状况进行评判,找出其存在的问题并讨论可能的解决途径,以期改善互助社的可持续运行状态,加强互助社对贫困农户的扶持力度,最终达到提高扶贫资金利用效率、进一步促进扶贫事业发展的目的。

第二节 国内外研究进展及评述

一 国内研究进展及评述

从国内研究来看,互助社试点运行七年有余,引起了农村发展、农村金融和公共管理等相关研究领域众多学者的极大关注,相关文献和研究内容也与日渐丰。归结下来,可发现实践界和学术界主要从以下五方面对其进行了研究。

(一)扶贫互助资金合作社存在和发展的意义

从文献形成时间看,这一类型的研究主要集中于互助社试点起步阶段,即2006—2009年。由于2006年是国务院和财政部开始在全国范围内推广互助社的第一年,又恰逢国际上具有划时代意义的小额贷款实践者尤努斯的著作《穷人的银行》首次在中国出版。因此,互助社的出现在国内农业发展领域引起轩然大波,也由此引发了各界学者基于小额信贷相关理论对互助社的热烈探讨,这一时期也可视为互助社在国内的理论塑型时期。在此期间学界较为有代表性的是林万龙、陆汉文和曹洪民等提出的合作理论与赋权理论。

合作理论的支持者主要有曹洪民、林万龙和钟玲等。这些研究者认为,反贫困行动中政府与贫困社区具有不同的交易成本优势,政府在筹资方面成本较低而给农户提供资金供给成本较高,贫困社区则恰好相反,因此有必要建立一个平等的合作机制以发挥二者各自的优势。互助社恰好搭建了这样的合作平台,既体现了政府的扶贫政策意图,也体现了贫困群体的需求意愿。在此基础上，杜晓山和林万龙提出了"合作型反贫困"理论[1]，他们认为政府和贫困农户、贫困农户之间以及农村经济组织和村两委之间的合作，是新型农村社会与经济治理模式的雏形。合作型反贫困理念认为互助社不仅使财政扶贫资金的使用机制实现了创新，同时亦体现了对贫困人口进行赋权的扶贫理念，有助于解决各部门扶贫资源之间的整合问题，是对农村社会与经济新治理模式的探索。

而以陆汉文为代表的学者们提出的赋权理论认为，互助社民主管理的实质是权力的调整。政府将财政扶贫资金的管理权赋予农户，一方面缓解了农户的资金短缺问题，另一方面也提高了农民组织化水平和农户自我发展能力。[2] 曹洪民等也认为互助社不但实现了政府、村两委与农民之间的权力调整，而且通过农户联合的方式增强了农户在经营发展中的权能。[3]

林万龙认为，就农民之间的权力安排来说，借款占用费（利息）、借款期限、还款方式、借款上限、借款资格、审批权限等问题是互助社运营的核心问题，由于直接涉及农户间的利益关系，这些核心问题不宜由农户自主讨论决定，以至于形成有利于社区精英的制度安排，而应该由作为外部力量的政府给出明确的制度框架，以便界定好农户间的权力关系和保护贫困弱势农户的利益。[4] 同时，他指出了重要的一点，即互助社在实际操作运行中与地方政府、村两委的职权关系是影响互助社正常运行与健康发展的重要问题。尽管在试点过程中汲取了过去农村合作基金会的教训，政府对互助社和村两委各自角色都进行了明确定位，以避免可能的行政干预，但村两委对互助社运作仍发挥较大的作用，包括组织动员、提供办公经费与场所等，甚至直接由村两委成员担任互助社的管理人员，有可能对互助社实行社员农户民主管理的原则构成威胁，甚至导致互助社蜕变为村两委的附属经济组织。而地方政府在履行对互助社的扶持、引导与监督职

---

[1] 杜晓山、林万龙、孙同全：《贫困村互助资金模式的比较研究》，《国务院扶贫办研究报告》，2009年9月，第9页。

[2] 陆汉文、钟玲：《组织创新与贫困地区"村级发展互助资金"的运行——河南、安徽试点案例研究》，《农村经济》2008年第10期，第66—69页。

[3] 曹洪民、陆汉文：《扶贫互助社与基层社区发展——四川省仪陇县试点案例研究》，《广西大学学报》（哲学社会科学版）2008年第6期，第92—96页。

[4] 杜晓山、林万龙、孙同全：《贫困村互助资金模式的比较研究》，《国务院扶贫办研究报告》2009年9月，第9页。

能时也存在大量的权力功能越位、缺位与错位，尤其是往往忽视对参与互助社的弱势群体赋权，从而限制了其功能发挥。

何广文提出，互助社是在金融资源稀缺，正规金融服务效率低下的约束下进行的一种制度创新，属于非商业化、非营利性制度安排，是超越传统"市场金融主义"之上的组织创新，是农村小贷机构的一种，但两者既有联系又有区别。① 王国良等则认为互助社的制度设计目的一方面是为了解决引入市场机制提高政府开发式扶贫效率的问题；另一方面是为了提高农户和民间资本对政府开发式扶贫的参与度以提升农户自我发展能力。② 林万龙等也认为互助社是新形势下我国应对农村反贫困面临巨大挑战的一种有效途径，它可以提高财政资金使用效率，促进农户自我发展能力的提高，建立一种有效的农村反贫困合作机制。③

曹洪民认为，互助社的实践实际是将贫困社区的自有资源整合成为发展资本的过程，是一种资源整合的制度创新，即通过重新整合贫困社区的各种人力、物力、财力等自有资源，使这些资源能够实现更为合理的配置，激发这些资源创造效益的潜能，从而将静态、潜在的资源通过重新合理的组合配置转化成为直接推动贫困农户与农村社区发展的资本要素。④ 他同时认为，互助社将国家财政扶贫资金直接交由农村社区与农户进行管理与使用，从而真正实现了国家资源与贫困农户之间的有效结合，既体现出国家力量与国家意图，同时互助社又是真正意义上的农民自治组织。互助社使国家力量以国家财政扶贫投入的形式体现出来，同时这种力量又依赖于农民的自主管理作为具体途径得以贯彻和实施，是市场化环境下构建国家与个体小农的汪洋大海之间关系的一种重大突破。由此可见，互助社试点的推广，是对反贫困工作一种积极有益的探索，试图从制度上破解我国扶贫资金使用和贫困农户信贷约束存在的难题，缓解农村金融抑制而做

---

① 何广文、杜晓山、白澄宇、李占武等：《中国小额信贷行业评估报告》，中国小额信贷发展促进网络，2009 年 2 月，第 19 页。

② 王国良、褚利明：《微型金融与农村扶贫开发》，中国财政经济出版社 2009 年版，第 101—106 页。

③ 杜晓山、林万龙、孙同全：《贫困村互助资金模式的比较研究》，《国务院扶贫办研究报告》，2009 年 9 月，第 9 页。

④ 曹洪民：《扶贫互助社：农村扶贫的重要制度创新——四川省仪陇县"搞好扶贫开发，构建社会主义和谐社会"试点案例分析》，《中国农村经济》2007 年第 9 期，第 72—76 页。

出的制度安排。

(二) 对扶贫互助资金合作社不同运行模式的比较

这一类型的研究从文献形成时间来看稍晚于理论研究，即主要出现于 2009—2012 年。主要包括对互助社组织情况和提供金融服务情况的调研报告，除了来自金融监管机构（基层人民银行）的调研报告，学术界在此方面较有代表性的是林万龙和宁夏等学者对安徽霍山模式和四川仪陇模式试点初期绩效差异的相关发现，他们通过跨省市的样本调查和综合性学理性考察与分析，最终形成一系列的学术研究成果。宁夏基于 2009 年对全国 7 省 9 县 18 个互助社试点抽样调查数据统计分析发现，不同的操作模式与运行绩效之间存在着密切的相关性，即互助社组织制度、进入制度、贷款制度等能影响其运行绩效。[1] 比如，在资金组织制度方面，实行个人股份量化能够激励农户参与互助社，但是收益分红则有可能形成营利性驱动，从而使互助社有偏离扶贫公益目标的危险。在贷款制度方面，小额度贷款显然更受贫困农户的欢迎，并且没有证据表明具有资金可持续性的、较高的市场化资金占用费率和严格的按月分期还款、担保人担保制度（比如小组联保）会导致贫困农户获得贷款的机会降低，相反这些制度可能有助于互助社贷款对贫困农户的瞄准。此外，刘西川通过对四川省小金县 4 个样本村的考察，发现当互助社还款机制较好地镶嵌于当地经济、政治和社会结构之中时，会有助于降低运行成本与风险。[2]

(三) 扶贫互助资金合作社试点运行效果

这方面的研究主要出现在互助社初步试点效果开始浮现的时期，特别是 2009 年之后，随着互助社试点工作逐步推广，国家陆续出台一系列规范其运行和管理的文件，相关学者的研究开始主要集中于各种政策和制度的运行效果。根据文献来源，主要可分为来自基层实践层面的具体经验介绍和学术界的学理探讨。来自基层实践层面的经验介绍主要以具体案例为主，来自县市级扶贫部门和互助社管理人员，由于文献作者的理论基础所限，上述文献经验性较强，学理性偏弱，在此就不作深入分析。

学术界对于互助社试点运行效果的研究以实证类型为主，得到的主要

---

[1] 宁夏：《贫困村互助资金：操作模式、绩效差异及两者间相关性》，华中师范大学，硕士学位论文，2011 年。

[2] 刘西川：《村级发展互助资金的目标瞄准、还款机制及供给成本——以四川省小金县四个样本村为例》，《农业经济问题》2012 年第 8 期，第 65—72 页。

结论有：

1. 互助社在贫困瞄准方面优于扶贫贴息贷款。互助社改善了贫困农村地区金融供给的稀缺程度，为农户发展生产提供信贷支持，从而有效缓解了贫困农户的信贷约束，使贫困农户所拥有的生产资源能够实现更加有效的配置。宁夏和何家伟调查了河北和云南4个互助社试点村的运行情况，发现4个社均基本实现了财政扶贫资金瞄准贫困户的基本目标。[①] 吴忠等通过四川仪陇试点的考察，认为虽然互助社在社区环境的限制、人力资源的限制以及扶贫目标的可持续性等方面仍面临诸多问题，但与扶贫贴息贷款相比，前者可以更好地瞄准农村贫困人口。[②] 陆汉文、钟玲认为，将互助社的管理权赋予农民，提高了财政扶贫资金响应农户需求的效率，与扶贫贴息贷款相比较，互助社对贫困农村社区与贫困农户的瞄准度更高，与投资于农村基础设施建设的资金相比对促进农户增收效果更为直接，且其快速周转、有偿使用的特点使得一次投入可以产生持续的扶贫效果，起到"四两拨千斤"的作用。[③] 互助社的扶贫模式改变了过去由政府规定发展项目，农户被动接受的状况，由农户自主选择合适的发展项目，采取市场化的小额信贷形式，使农户在项目选择与经营过程中更加审慎灵活。这样的扶贫模式使原先被动接受援助的贫困农户变成了积极主动的市场参与者，培养了一批具有"企业家精神"的新型农民。

2. 互助社放大了财政资金效益。吴忠等基于四川仪陇的试点经验指出，互助社提高了财政扶贫资金的贫困瞄准度，并且整合了农户的闲散资金，通过滚动使用，显著放大了财政扶贫资金的经济效益。互助社创新了农村金融制度，克服了农户信贷融资信息不对称困境，为农户提供低成本融资渠道，从而加快了农民的发展和增收。[④] 曹洪民提供的数据显示，四川仪陇17个互助社在一年半的时间里实现了1.34倍于原财政投入资金量

[①] 宁夏、何家伟：《扶贫互助资金"仪陇模式"异地复制的效果——基于比较的分析》，《中国农村观察》2010年第4期，第20—32页。

[②] 吴忠：《扶贫互助资金仪陇模式与新时期农村反贫困》，中国农业出版社2008年版。

[③] 陆汉文、钟玲：《组织创新与贫困地区"村级发展互助资金"的运行——河南、安徽试点案例研究》，《农村经济》2008年第10期，第66—69页。

[④] 吴忠：《扶贫互助资金仪陇模式与新时期农村反贫困》，中国农业出版社2008年版。

的扶贫效益,最显著的一个互助社达到了4.9倍的放大率。①

3. 互助社是根植于农村社区的本土金融力量,它内生于社区,运转基础是基于一定社会关系网络中的人际信任和社群信任,适应了中国人与人之间信任关系建构的逻辑,是直接贴近需求的一种农村金融制度安排。互助社等非正规金融机构具有一定的信息、交易成本和担保优势,能够充分利用局部知识(local knowledge),因而具有顽强的生命力。

4. 互助社培育了农户的市场意识、信用意识和合作意识,使贫困农户变成了主动的市场参与者。② 互助社实行的民管、民用、民享和风险共担的运作机制为农户合作提供了平台,增强了组织化和集体行动能力③(吴忠等,2008),创造了培育弱势群体民主管理能力的新型农村金融文化。④ 此外,互助社有偿使用的运行机制和立足于农村社区"熟人社会"环境的担保制度培养了农户对于贷款按时还本付息的信用意识,农户逐渐开始将个人信用视作一种重要的社会资本。

除此之外,也有学者认为互助社改变了贫困户的生产函数。如徐家琦提供的数据显示,安徽霍山在开展互助社试点的三年中村民户均增收达560元。⑤ 一些文献列举了许多贫困农户获得互助社的小额贷款来发展新的生产项目、实现增收的具体事例,包括开展特色种植与养殖、农林品加工与小商品经营等,正是这些有别于传统农业的新技术投入显著改变了贫困农户原有的生产函数,实现了更高的经济效益。

(四)扶贫互助资金合作社存在的问题

尽管各界公认互助社在中国的反贫困进程中发挥了积极的作用,但仍有相当一部分学者通过研究认为互助社的贫困瞄准效果值得怀疑,同时,互助社发展中面临着外部干扰严重、内部治理弱化、可持续发展乏力等问题。

---

① 曹洪民、陆汉文:《扶贫互助社与基层社区发展——四川省仪陇县试点案例研究》,《广西大学学报》(哲学社会科学版)2008年第6期,第92—96页。

② 王国良、褚利明:《微型金融与农村扶贫开发》,中国财政经济出版社2009年版,第101—106页。

③ 何广文、杜晓山、白澄宇、李占武等:《中国小额信贷行业评估报告》,中国小额信贷发展促进网络,2009年2月,第19页。

④ 吴忠:《扶贫互助资金仪陇模式与新时期农村反贫困》,中国农业出版社2008年版。

⑤ 徐家琦:《政府扶贫资金参与式扶贫实证分析》,《林业经济》2008年第4期,第36—39页。

部分学者认为互助社的贫困瞄准效果并不令人满意。王国良等在对川、陕、皖三省试点调查后指出，互助社对普通户、贫困户、绝对贫困户的覆盖大体上是均等的。[①] 与之相似，林万龙和杨丛丛对四川仪陇部分互助社试点情况的定量分析得出结论，即使排除极端贫困户，那些拥有劳动力的贫困农户仍然处于难以获得信贷支持的状态，互助社在实际运行中存在贫困农户目标瞄准上移的现象，越贫困的农户越难以得到贷款。[②] 因此，林万龙等学者认为，在运行成本压力与资金收益推动的双重作用下，已经有相当数量的互助社开始追求营利，从而偏离了互助社的公益性与扶贫宗旨。在林万龙之后，汪三贵、刘金海和宁夏的相关专题调研也得出了类似的结论，并从需求和供给两个方面解释了互助社未瞄准贫困群体的原因。并从需求角度分析，认为农户的资金需求是影响其利用互助社贷款服务的重要原因，由于受当地市场、地理条件、自身能力等方面的限制，以及没有合适的项目，贫困群体常常缺乏有效资金需求。

此外，有学者对互助社的发展前途持怀疑态度。如宋彦峰认为，互助社只是在政府扶贫意境下推行的合作金融组织，政府的意志和导向在组织组建和发展中具有绝对的影响力。政府部门最终目的在于扶贫，使得这种组织的金融扶贫政策性优势过于彰显，而忽视了金融行业和金融市场发展的内在规律，如体现不出对资产收益性的追求等，因此互助社在一定程度上看仅仅可视为一种过渡性的产物。[③] 就外部环境而言，"村两委"无疑与互助社组织关系密切。杜晓山和孙同全认为，地方政府在履行对互助社的扶持、引导和监督上存在大量的权力越位、缺位与错位的现象，尤其是忽视了对参与互助社贫困农户的赋权。[④] 曹洪民和陆汉文也发现，四川仪陇扶贫互助社与"村两委"的关系不顺畅，在现有基层治理结构上"村两委"很容易借助其背后的国家力量凌驾于互助社之上并汲取互助社的

[①] 王国良、褚利明：《微型金融与农村扶贫开发》，中国财政经济出版社2009年版，第101—106页。

[②] 林万龙、杨丛丛：《贫困农户能有效利用扶贫型小额信贷服务吗？——对四川省仪陇县贫困村互助资金试点的案例分析》，《中国农村经济》2012年第2期，第35—45页。

[③] 宋彦峰：《农村新型合作金融组织的制度研究》，中国农业科学院，博士学位论文，2011年，第50—52页。

[④] 杜晓山、孙同全：《村级资金互助组织可持续发展面临挑战》，《农村经营管理》2010年第8期，第22—23页。

资源，也正是上述原因导致了参加互助社的农民对于供给驱动的互助社并没有产生归属感，其突出表现就是农民对互助社管理规则不甚清楚，对民主管理和监督的关注度及参与度不高。[①]

(五) 文献评述

作为信贷扶贫模式的一个创新，互助社的产生、发展有其特定的现实背景和理论来源。对此正确认识和把握，是决策层制定相关政策的依据，是实践层面正确把握发展方向、提升管理水平和运行绩效的前提，也是学术界理论创新与实证检验的必要基础。为此，笔者对互助社相关研究进行了梳理。

互助社的产生与发展是社会经济环境、农村扶贫形势以及农村金融市场发展共同作用的结果。当前，中国农村信贷扶贫事业遇到严峻的挑战，扶贫贴息贷款与非政府小额信贷等传统信贷扶贫项目无法有效瞄准贫困群体，且都由于供给成本偏高而难以可持续发展，造成贫困地区金融排斥的状况难以得到有效改观。在此情况下，基于对贫困性质、人口分布以及致贫原因的重新认识，并结合新时期经济社会发展环境，中国政府适时推动了互助社的试点工作，将之作为财政扶贫资金利用模式的新探索。关于互助社的研究大致可分为理论与经验两类。

从理论层面来看，农村金融、小贷机构以及反贫困等方面的相关研究成果构成了互助社产生的理论基础。反贫困理论的演进深化了对贫困维度、致贫原因与扶贫方式的认识，确立了以提升和培养贫困人口自身发展能力为核心，以赋权、参与为理念的新型反贫困理论体系，这为互助社的产生提供了理论准备。与此同时，农村金融研究领域有关互助社、小额信贷、社区基金、组织治理等方面的研究成果也为互助社的发展提供了技术支撑。

而经验研究则重点讨论瞄准贫困、供给成本、内在机制以及存在的问题等。反贫困的一个核心是：培育贫困群体自我发展能力，创新信贷扶贫方式与机制，并通过降低供给成本来实现扶贫机构的可持续发展。互助社践行分权与参与理念的目标就是要培育贫困群体的自我发展能力，在机制和方式上注重市场、政府与社区三者之间的配合。

---

① 曹洪民、陆汉文：《扶贫互助社与基层社区发展——四川省仪陇县试点案例研究》，《广西大学学报》(哲学社会科学版) 2008 年第 6 期，第 92—96 页。

理论研究所关注的组织目标与运作机制接受了来自瞄准贫困、供给成本以及治理机制等方面的检验，而已有经验研究能够为解决当前信贷扶贫困局找到关键点和瓶颈因素。然而，从反贫困的核心线索来看，已有研究对于互助社理论基础和经验研究的讨论仍不够深入，具体表现在以下四方面。

1. 研究所使用现代理论工具较少

现有文献多属于宏观层面的、概念性的理论研究；与国外同类研究相比，基于现代理论工具如委托代理理论、新制度经济学理论的深入分析还比较少。

2. 研究内容不够丰富

目前本领域大多数经验研究都属于定性描述或案例分析，较侧重对互助社治理特点、优劣势的比较分析，而对它们赖以支撑的外部和内部管理机制却较少关注。此外，目前可检索到的互助社相关文献（包括硕士论文）大都是单纯性考察，整体性研究特别是博士论文尚付阙如。

3. 研究对象仍存在概念性混淆

尽管互助社已经运行了七年有余，仍有部分研究者将扶贫资金互助社与普通资金互助社混为一谈[1]，而这二者无论就机构属性、服务对象还是组织目标都有相当大的差异，其研究成果自然缺乏可靠性。

4. 研究所使用数据欠时效性

现有的关于互助社治理模式、运行机制和贫困瞄准的相关实证研究，除了汪三贵[2]和刘西川[3]的案例研究，其他文献所使用的大都是2010年以前的调研数据，而对近三年内互助社在全国的整体推进过程中所进行的发展和变革缺少实证分析。

二 国外研究进展及评述

互助社是我国在特定历史背景下金融体制变迁的产物，是农村金融服

---

[1] 刘浩：《宁夏扶贫资金互助社运行机制与绩效研究》，西北农林科技大学，硕士论文，2013年。

[2] 汪三贵、陈虹妃、杨龙：《村级互助金的贫困瞄准机制研究》，《贵州社会科学》2011年第9期，第47—53页。

[3] 刘西川：《村级发展互助资金的目标瞄准、还款机制及供给成本——以四川省小金县四个样本村为例》，《农业经济问题》2012年第8期，第65—72页。

务典型创新形式之一，因此，国外没有对此机构的专项研究。但究其本质而言，互助社属于小贷机构的一种。国际上对小贷机构的关注始于 20 世纪 70 年代，通过为穷人发放小额贷款利用金融的激励和约束机制，小贷机构充分调动了穷人的积极性，并通过财政转移支付和金融创新的有机结合，逐渐改变了传统的扶贫方式，实现了对穷人的救助。在孟加拉格莱珉银行和印度尼西亚人民银行等示范带动和世界银行等国际组织的推动下，小贷机构在世界各地特别是发展中国家迅速发展，并很快推广到亚洲、非洲和拉丁美洲的许多发展中国家。总之，小贷机构是一种以扶贫为目标的、具有合作性质的、关注小额信贷扶贫的公益性组织，其在进入中国版图之前，在国外已经发展了数十年，许多专家学者都已经在理论和实证方面提供了相当成熟的研究基础，具体可分为以下几个研究层次。

（一）公益性小额信贷机构存在的理论意义

Stiglitz 认为贫困之所以存在的根本原因在于市场失灵和金融市场的不完善阻碍了穷人借贷，因此，改变穷人在金融市场的不利地位，增大穷人获得金融服务的机会，特别是信贷和保险服务，将有助于穷人提高生产率和实现可持续发展。① Gonzalea 则认为信贷不仅可以改善资源分配，而且能够改善收入分配。② 生产者之间的收入差异是由生产机会和初始禀赋的差异引起的，得到信贷一方面可以使初始禀赋多样化，从而减少收入差异，另一方面将信贷投入于物质资本和人力资本以改善生产机会，也可以减少收入差异，所以说，得到信贷对创造高收入是重要的。同时，他还从理论上证明了在拥有相同贷款的情况下，小生产者的收益会比大生产者的收益高。Albert Park 通过对印度尼西亚地区的调查后发现，得到小额信贷的贫困家庭的收入明显比没有得到的那些家庭要高，从而肯定了小额信贷的积极作用。③

---

① Stiglitz, J. E., 1994, "The Role of the State in Financial Markets", in Bruno, M., and B. Pleskovic, (eds.), Proceeding of the World Bank Annual Conference on Development Economics, 1993, *Supplement to the World Bank Economic Review and the World Bank Research Observer*, Washington, DC: World Bank.

② Claudio Gonzalea-Vega, Cheap Agricultural Credit: Redistribution in Reverse [J], *Undermining Rural Development with Cheap Credit*, 1984 (12): 13—20.

③ Albert Park, Changqingren. Microfinance with Chinese characteristics [J], *World Development*, 2001 (1): 39—62.

(二) 公益性小额信贷机构服务对象和作用

Francesco 通过对孟加拉国两个村庄的 229 户农户家庭的消费和收入进行调查分析，发现小额信贷成功地为贫困农户提供了资金支持，但是，对那些无能力抵御风险的农户家庭的作用并不明显，因为这类农户家庭的信贷风险较大。[1] Gonzalez（1994）的研究显示，孟加拉乡村银行的扶贫计划使参与者的收入增加了 60% 以上，同时参加计划的村庄总体产量也增加了一倍左右。Haq 认为，小额信贷业务增大了穷人获得金融服务的机会，改变了穷人在金融市场中的不利地位，有助于帮助穷人实现可持续的生计，增加穷人的生产性资产和提高生产效率。[2] Coleman. B. E. 通过确定对比组，即有小额信贷和没有小额信贷来分析泰国小额信贷的发放对象是否成功指向贫困群体，结果发现，拥有的土地数量和农户借贷记录是小额信贷机构选择贷款对象时要考虑的重要因素之一。[3]

(三) 公益性小额信贷机构运行机制

Douglass. C. 的研究表明，在风险控制方面，个人贷款和团体贷款存在着很大的区别。在个人贷款中，只有高风险借款人是需要向信贷机构提供担保的；而在团体贷款中，无论是高风险还是低风险的贷款人都需要提供担保。[4] Anderson&Khambata 认为，由于团体成员之间存在着信贷保险的安全网，成员间相互监督，使得团体贷款有效地克服了个人贷款情况下的风险投资行为，证明了小组基金的担保作用是有效的，且其在小贷机构中的作用是不可或缺的。[5] Beatriz& Murdoch 的研究成果表明，在信息不对称性较强的小额信贷市场上，动态激励可促使借款人采用合作策略，注重形成良好声誉，有利于降低信贷风险。同时，他们对小额信贷的定价机

---

[1] Francesco Columba, Leonardo Gambacorta, Paolo Emilio Mistrulli. , Mutual guarantee institutions and small business finance [J]. *Journal of Financial Stability*, 2010 (6): 45—54.

[2] Haq, Mamiza. , Skully, Michael. , Pathan, Shams. Efficiency of microfinance institutions: A Data Envelopment Analysis [J]. *Asia-Pacific Finan Markets*, 2010 (17): 63—97.

[3] Coleman, James S. , *Foundations of Social Theory* [D]. Cambridge, MA: The Belknap Press of Harvard University, 2006.

[4] Douglass C. North, *Institutions, Institutional Change and Economic Performance* [M], Cambridge: Cambridge University Press, 1990.

[5] Dennis Anderson&Farida Khambata, Financing small—scale industry and agriculture in development countries: the merits and limitations of "commercial" policies [J], *Economic Development and Cultural Change*, 2005/2: 349—371.

制进行了研究,探讨了价格条款、计息方式和还款期限安排等因素对于实际利率水平的影响,并在对小额信贷的定价与可持续经营的关系进行深入研究的基础上,提出了科学确定有效利率的方法。[①]

总之,概括来看,已有的国外文献所关注的小额信贷运行机制主要体现在团体贷款、动态激励、定期还款、贷款利率、运行效率等方面。

第三节 研究方法与技术途径

(一) 研究方法

1. 问卷调查法

本研究在 2010 年年底进行预调研的基础上,利用 2012 年 4 月山东省扶贫办开展互助社管理人员培训之机,设计并发放《互助社管理人员问卷》752 份,由各互助社管理人员独立填写,收回有效问卷 624 份;在此基础上,要求参加培训的互助社管理人员根据本社情况和培训中讲述到的几种典型互助对象,自行选取具有代表性的 3—5 名社员发放《互助社社员问卷》,并由 98 名当地学生利用暑期时间分别到各社进行面对面回访并收取问卷,完成了对 337 个互助社的回访并收取有效问卷 832 份,从而保证了社员样本的覆盖率和代表性。

2. 案例分析法

本研究采用案例分析法,对一个成功案例(山东省淄博市沂源县王家泉村互助社)和一个失败案例(山东省临沂市临沭县青云社)分别进行深入分析,印证先前章节的分析结论、总结其经验或教训,以期为互助社构建行之有效的运行机制提供借鉴。

3. PROBIT 计量模型法

本研究利用从山东省泗水县 17 个互助社得到的 533 份贫困户调查问卷,使用 PROBIT 计量模型对微观层面影响贫困户借款意愿的因素进行分析,发现决策者性别、决策者文化程度、家庭供养比、家庭现金和银行存款、决策者对借款相关流程的了解程度、决策者对互助社财务信息公开程度的满意状况六个因素对于贫困户对互助社借款意愿影响显著。

[①] Beatriz hrmenddriz and Jonathan Murdoch, *The Economics of Microfinance* [M], Second Edition, The MIT Press, 2010.

（二）研究的技术途径

本书首先总结他人研究成果，然后界定相关概念以及互助社运行机制的主要研究内容，总结国外和国内相关实践经验及启示。在此基础上选取山东省为研究区域，拓展研究范围，分筹资、管理、运营、贫困瞄准、风险监管五方面对互助社运行机制进行全面而系统的研究，并提出相应的优化建议。作为以上研究的重要补充，本书引入了两个互助社个案，有针对性地分析二者的成功经验与失败教训。最后对互助社的运行和发展做出评价。本研究技术途径如图1.1所示。

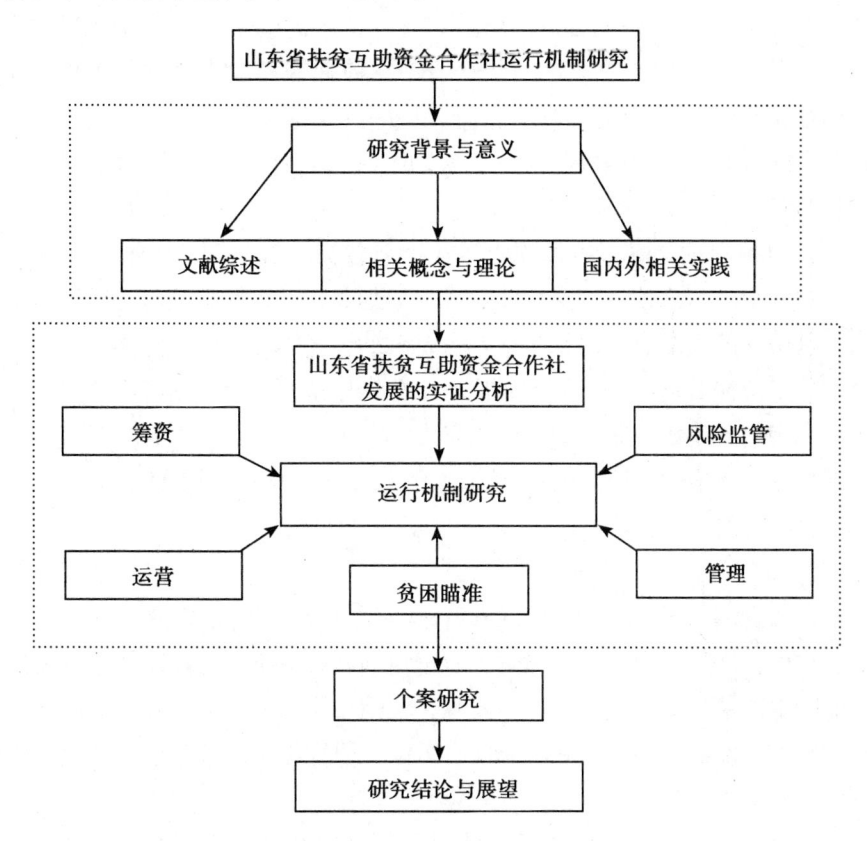

图1.1 本研究的技术途径

第四节 研究创新与不足

（一）研究的创新点

1. 本研究从新制度经济学的产权理论出发，结合对利率上限的讨论，认为与传统信贷扶贫模式相比，互助社在制度安排方面的根本特色反映在产权结构和利率层面上的不同设计。而这种制度设计与互助社所在试点村的"熟人社会"相结合，有利于发挥市场调节和政府管理两种方式在金融资源分配上的优越性，同时强化了产权主体的约束行为和激励效果。

2. 本研究运用相对先进的两阶段动态博弈分析工具，对地方政府和互助社管理人员之间的博弈行为进行了较为系统的阐述和分析，发现目前二者之间的激励—约束机制存在"激励陷阱"，在此基础上提出了相应的优化路径。

3. 回顾以往文献可以发现，目前学界较为一致认同的结论是互助社在对贫困户的瞄准扶持方面的确存在上偏现象，关于互助社为贫困群体提供金融服务的供给研究已相对饱和，却较少从需求层面关注贫困户社员。对此，本研究将贫困社员从普通社员中分离出来，作为独立研究对象，利用调查问卷所搜集的数据和 PROBIT 计量统计模型，从微观层面探寻影响互助社贫困户借款意愿的因素，突破了以往大部分研究只关注普通农户需求层面的思路。

（二）研究的不足之处

1. 互助社在我国尚处于试点运行的成长阶段，相关政策一直处于不断变化中，这虽然为本研究提供了有价值的研究契机，可发现特定政策产生的特定效果，但因互助社起步较晚，目前可供研究数据有限，对内外因素对制度建设的影响认识和研究尚有欠缺，研究结果的客观性和有效性尚待后期研究进行验证。

2. 鉴于中国农村居民的贫困状况的特殊性和隐蔽性，本书的研究仅为互助社的贫困瞄准机制设计提供了有限的思路，在立足于贫困户需求层面，基于多维贫困概念和反贫困理论的经验研究方面还存在明显不足。

第二章 扶贫互助资金合作社运行机制相关概念

第一节 相关概念的界定及辨析

一 相关概念的界定

（一）贫困

贫困概念是一个历史的范畴，在不同的历史阶段和社会经济发展水平中，人们对于贫困的理解存在较大差异。传统意义上的贫困主要是指收入贫困（income poverty），而随着人们对贫困认识的不断深化，贫困的内涵也从狭义的收入贫困转向广义的人类贫困（human poverty），当今国际社会对贫困的基本分析和评价，一般也都是从这两个基本范畴出发的。

收入贫困仍是现代贫困最重要的概念和最主要的表现形式。在早期，贫困被定义为不能满足基本生存的生活必需品的匮乏，生活必需品最早仅仅被理解为维持生存的食物，随后扩大为缺乏满足符合社会要求的体面生活方式的最低收入与物质来源，包括食物和必要的非食物必需品，例如住房、衣物和参与最基本的社会活动的其他物质条件，等等。收入贫困的研究也具有丰富的内涵，如收入贫困的科学概念、收入分配的测量、收入贫困的尺度，以及如何减缓收入贫困等。收入贫困的评价，有两个主体层面：一个是宏观层面，主要指一个国家或一个地区的人均收入，如人均国民收入；另一个是微观层面，主要指社会成员或家庭的收入，如居民收入、家庭收入。

相比之下，人类贫困的概念略显复杂。20世纪70年代以后，以Amartya Sen的《以自由看待发展》（Development as Freedom）为代表，诸多学者提出，贫困真正的含义是贫困人口创造收入能力和创造机会的贫困，贫困意味着贫困人口缺少获取和享受正常生活的能力。世界银行《2000—2001年度报告》指出："穷人生活在没有最基本的行动与选择自由的境况中，而这种自由是使他们生活改善理所当然应具备的。通常他们缺少必要的食物和住房、教育和医疗，以便使他们能过上所有人都向往的那种生活。面对疾病、经济混乱和自然灾害他们十分脆弱。同时他们经常遭受国家和社会的不公正待遇，在涉及决定他们生活的重大问题没有发言权。"从影响因素看，贫困不仅仅是单一因素，它涉及了收入水平、机会、能力、安全水平、权力等主要因素，具有多元化特征；从其侧重点看，突出强调了个人的生存和发展能力；从其内容看，随着对贫困认识的逐步深化，由早期的注重贫困人口的物质缺乏，转向强调贫困是因为能力的缺乏；从其程度看，贫困可分为绝对贫困和相对贫困；从贫困现象的层次看，贫困有结构性的特征。

本研究所指的"贫困人口"，是依据2011年年底我国政府的人均年收入2300元的贫困线标准来界定的，故采用的是收入贫困概念。而互助社的扶贫目标是面向"人类贫困"标准的，具有多元化特质，即通过赋予贫困人口一定金融权力和管理权力，实现其收入的提高和发展能力的提升。

（二）扶贫

无论从经济或社会的角度看，贫困都是社会发展的最大障碍，减少贫困是人类追求的社会正义、社会公正、社会平等伟大理想的具体体现之一。

从表面上看，贫困表现为入不敷出、经济困难，然而，深层次的原因却往往源自文化贫困和权力贫困等方面。因此，扶贫应立足于经济的发展，着眼于文化的提高，致力于权力的回归。当前我国的贫困已经不仅仅是收入的不足，而更多地表现为贫困人口自身潜在能力的低下（或曰能力贫困），而我国政府的农村反贫困策略一直以来的思路都是由政府依靠传统的行政体系把扶贫资源传递给贫困地区与贫困农户，这种反贫困的做法很容易因为信息不足等原因而导致扶贫工作成本高、效率低的结果，从而难以达到提高扶贫开发水平和改善贫困人口经济状况的目标。如何适当地发挥政府、社区组织和农户的各自优势，建立起一种有效的官民合作、贫困群体合作以及社区主体间的合作机制，以提高贫困人口自身的潜在能力，成为新时期反贫困进程中亟待解决的问题。

(三) 小额信贷

1. 小额信贷的概念

小额信贷在国际上产生于 20 世纪 70 年代，其初衷在于消除贫困和发展农业生产。从国际经验来看，小额信贷的发展已经有 30 年的时间，即使在中国也已经有十余年的历史，但由于各国国情和发展模式不同，对于小额信贷的定义并没有一个统一的标准。国际上比较有代表性的是小额信贷权威研究机构——世界银行扶贫协商小组提出的如下定义：小额信贷是指为低收入家庭提供的金融服务，包括贷款、储蓄和汇款服务。尽管信贷本身并不创造经济价值，但它能够释放穷人的经济潜力，从而使其更好地利用自己的人力资本和生产资本营利和增加财富。国内学者也多从服务对象角度对小额信贷进行界定，被称为"中国小额信贷之父"的杜晓山提出：小额信贷是在一定区域内，在特殊的制度安排下，按特定目标向贫困人口直接提供贷款资金及综合技术服务的一种特殊的信贷方式。[①]

2. 小额贷款机构的分类及特点

从 70 年代中期开始，亚洲和拉丁美洲的一些发展中国家借鉴传统民间信贷的一些特点和现代管理经验，结合所在地国家的社会经济条件及穷人的经济和文化特征，在不断摸索和试验的基础上，创造出多种适合穷人特点的信贷制度和方式。

根据运作类型差异，可将小贷机构划分为两种类型。一种倾向于将小额信贷视为一种扶贫项目，而忽视它也具有信贷活动的性质，此为公益性小贷机构（又称福利性小贷机构）。它较强调服务深度或曰扶贫效果，它们的目标明确，通过使贫困者（尤其是贫困妇女）的自我就业来增加收入的储蓄，以此提高成员的生活福利，因此公益性小贷机构关心的核心是穷人的家庭，注重的是社会效应，可谓"理想主义"，其代表是孟加拉的乡村银行（Grameen Bank）；另一种认为小额信贷是实行组织制度创新的为穷人提供具有商业化性质信贷服务的信贷组织，此为制度性小贷机构。与公益性小贷机构相比，制度性小贷机构更强调机构的可持续性，关注核心是制度，主要目标是金融的深化，可谓"现实主义"，其代表是印度尼西亚的人民银行（BRI）。虽然"现实主义"和"理想主义"各自的捍卫

[①] 杜晓山、刘文璞：《小额信贷原理及运作》，上海财经大学出版社 2001 年版，第 306—312 页。

者们进行了广泛的争论,但是它们的差异并不是根本性的,而只是程度上、速度上的,因为两者都强调最终要兼顾贫困瞄准和可持续性这两个目标的实现。

根据小额信贷发放机构的不同,可以将小贷机构的运作方式划分为:①非政府组织(NGO)方式;②正规金融机构方式;③社区合作银行方式;④乡村银行方式;⑤批发基金方式。非政府组织是非营利性的自愿公民组织;正规金融机构主要是商业银行和金融公司;社区合作银行是完全由社员管理、自助式、不以营利为目的的合作组织。

按照主导部门分,可将小贷机构分为两类:一类是由政府部门、国际金融(基金)组织发放贷款的扶贫、贴息性质的小贷机构;另一类是由正规金融部门、民间金融组织发放贷款的商业性小贷机构。

但无论如何分类,归为哪类,一般而言小贷机构都具有以下几个共同特点:

(1) 以贫困人口作为贷款对象。通常具有小额信贷需求的都是社会中的低收入群体,这类人群有着强烈的改善生活状况的愿望,因而产生了对生产必要资金的需求;但是由于他们通常缺乏必要的抵押物,往往被传统的商业信贷机构拒之门外,因此他们是小贷机构的重点扶持对象。

(2) 贷款额度小期限短。我国贫困人口绝大部分分布于农村,很多小额信贷是为了满足农户生产上季节性的需要,如购买一些生产资料、机械设备等,因此贷款额度较小,贷款期限也较短,通常为三个月到一年。

(3) 通常采用分期还款的模式。这样较有利于贷款的回收,一方面降低了贷款的风险,另一方面有利于资金的循环使用,提高利息收入。

(4) 利率一般高于传统商业贷款。贫困人口存在的大量资金需求和小额信贷机构有限的金融供给能力构成的矛盾,再加上穷人缺乏抵押物、难以形成规模经济、信息化落后等因素,导致了小额信贷特有的高贷款成本,因此其信贷利率水平普遍较高。

3. 小额贷款机构在中国

在中国,小贷机构是一个新生概念却并非一个新生事物,其早在新中国成立初期就曾经大面积出现。彼时,在广大农村地区就有专门服务于农户、农民和农业的各种金融合作社等。而后以信用合作社为基础发展出一些金融保险业务,在今天看来,早在几十年前中国就在践行现在看来非常先进的结构金融的思想。但是遗憾的是,经历了人民公社化运动和"文革"的破坏性打击,中国农村金融体系支离破碎,难以重建。尽管改革开放初期,在先期人民公社的基础上,也曾出现过各种各样的合作基金会和民间金融合作机构,但这些机构或组织要么不合法,要么出身有问题,运行不久便很快走向消亡。

(四)扶贫互助资金合作社

互助社是在特定贫困区域,为缓解农村金融发展滞后、金融产品不足,农户生产资金缺乏,制约农业、农村发展,特别是贫困农户脱贫致富的突出矛盾,而采取的一种特殊扶贫方式。[①]

互助社具有贷款性质,吸收了小额信贷的小额、短期、市场化利息、小组联保和经常性还款等经验,属于小贷机构的一种特殊形式,但它又不同于普通小贷机构。二者在发展目标侧重、参与主体和内生性方面有较大差异,具体区别见表 2.1。

表 2.1 扶贫互助资金合作社与普通小额信贷机构的区别

区别	普通小额信贷机构	扶贫互助资金合作社
发展目标侧重点不同	注重机构发展	更注重社区发展
参与主体不同	由机构操作,产品也由机构设计完成	以社区参与为主,自我组织、自我管理和自我发展,产品设计可在外部指导下、协助下,由社区讨论完成
内生性不同	是外部的,利用社区内部的机制	是内部的,外部给予监测

(五)扶贫互助资金合作社运行机制

1. 运行机制概念的内涵

所谓运行机制,通常是用来表达有机体内各组成部分相互联结、彼此制约并相互协调的运转,以共同实现其总体功能的一种综合体概念。就互助社的运行机制而言,则是互助社各组成部分的相互关系及其运行机制的综合体。由于互助社建立在农村社区网络之内,因此运行机制体现的功能就在于针对农村金融需求主体特征,以小额信贷产品为载体,实现互助资金在供需主体之间的良性互动,进而实现服务贫困人口,同时完善农村金融系统的整体功能。

[①] 国务院扶贫办、财政部:《关于开展建立"贫困村村级发展互助资金"试点工作的通知》,国开办发〔2006〕35号文件。

2. 扶贫互助资金合作社运行机制的构成及其相互关系

(1) 互助社筹资机制和产权制度

互助社的筹资机制包括互助社筹资主体与筹资结构、筹资途径和资金调节等，筹资机制的选择受到政治、经济、历史和现实等多种因素的制约。产权制度与筹资主体和结构紧密相关，互助社的产权界定方式直接决定各参与主体的行为特征。

(2) 互助社管理机制

管理机制本质上是管理系统的内在联系、功能及运行原理，是决定管理功效的核心问题。互助社是一项具有我国特色的新生事物，它既属于公益性小贷机构，又是一个典型的社区合作金融组织。尽管其管理机制构建并无现成的轨迹可循，但管理体制应遵循民主管理的基本原则，因此，对于互助社来说，"三会制度"的建立和健全是管理机制的必要基础，明晰具体的产权界定是重要保障，而"村两委"和互助社管理层之间的权力协调也是影响互助社管理效率的关键问题。

(3) 互助社运营机制

互助社是从事金融活动的非正规社区金融机构，其社员的融资行为也是一种金融行为。互助社自身的经济可持续性是评判其是否成功的重要指标之一。互助社的运营机制具体包括：借款状况、借款占用费率设计、借款用途的限制、还款方式及趋势、小组联保和收益分配等方面内容。

(4) 互助社贫困瞄准机制

扶助贫困人口、增加其自身可持续发展的能力是互助社的服务宗旨，是否实现了这一宗旨也是评判其是否成功的重要指标。互助社贫困瞄准机制分析内容主要包括对扶持对象的界定和识别机制、扶持措施及其影响贫困户参与借款的因素分析。

(5) 互助社风险监管机制

由于人民银行将互助社定性为带有合作性质的非金融机构，所以尽管互助社进行贷款类金融业务是公认的金融活动，却并不在银监会监管范围之列。随着互助社在全国范围内的不断壮大，实际上潜藏着极大的风险。以农村合作基金会为鉴，一旦出现问题，则可能引发全国范围内的互助社"多米诺骨牌效应"。因此，互助社的金融风险由谁来监管，如何进行有效监管，是事关互助社能否健康、长久生存的两个重要问题，也是风险监管机制构建的两大重要内容。

3. 扶贫互助资金合作社"五位一体"运作机制的相互关系

运行机制的设计就是要建立起连接金融供需的桥梁，实现供需主体之间的互动共生，使它们能够相互协调，相互促进，既能够满足供给主体的可持续性发展需要，又能够实现供需主体之间的良性运转，提高信贷资金的使用效率。综上，筹资机制和产权制度、管理机制、运营机制、贫困瞄准机制和风险监管机制构成互助社"五位一体"的运作机制，而运行机制整体上的统一协调运作，是推动互助社健康可持续发展的必要条件。

二 相关概念的辨析

（一）农村合作基金会与扶贫互助资金合作社

农村合作基金会是在 20 世纪 80 年代中期，家庭承包制导致人民公社解体后，各地政府在对集体资产清理过程中实行"清财收欠，以欠转贷"而产生的一种专业性合作经济组织。

互助社是以财政专项资金为引导，以村民自愿缴纳一定数额的互助资金为依托，以其他资金为补充，按照民有、民用、民管、民享周转使用的原则，在特定区域建立的生产发展资金借贷组织。

如果单从定义和运作原则来看，二者确实有相似之处，也正是这几点相似，使得在互助社试点初期，部分地方政府和地方银监部门将互助社等同于农村合作基金会来认识，就如同几年前社会各界普遍将农民专业合作社等同于人民公社一样。殊不知，此马非彼马，尽管都是在乡镇村级开展信用合作，但二者却有着根本的区别（见表 2.2）。

表 2.2　　扶贫互助资金合作社与农村合作基金会的区别

	农村合作基金会	扶贫互助资金合作社
资金来源	集体资金 + 高息吸储	财政资金 + 社员出资 + 社会捐赠
所有权主体不同	地方政府	全体社民
使用权	政府	全体社员
管理权	乡（镇）农经站	社员大会及管理层
监督权	缺位	监事会
三会制度	虚置	基本健全
是否可吸储	是	否
风险承担	政府埋单	以入股社员的出资额承担有限责任

1. 组织性质不同

农村合作基金会是官办性质的金融机构，而互助社则是以农民为主体立足于社区的公益性小贷机构。

2. 产权治理结构不同

尽管农业部1995年4月19日曾发布《农村合作基金会登记管理办法》（农经发〔1995〕7号），但其中仅有一句话规定农村合作基金会要有"健全的组织机构，包括社员代表大会、理事会、监事会及其办事机构"，并无规定具体的"三会"治理结构，基金会的控制和管理者主要是乡（镇）农经站，其信用由政府背书，考虑到集体资金只是一个可以抽走的"准资本金"这一事实，乡镇级农村合作基金会的实际所有者是地方政府，而非农民。与之相比，互助社的产权界定则是非常清晰的，由全体出资社员组成社员（代表）大会，选举理事会和监事会，对互助社进行管理和监督。不仅如此，汲取了农村合作基金会的教训，国务院扶贫办在《贫困村互助资金操作指南》①（以下简称《指南》）中，详细规定了互助社"三会"的产生方式和治理机构，并且明文规定"执行与互助社业务有关公务的人员不得担任互助社的理事长、经理和工作人员"，以防止互助社为政府所控制。

3. 资金来源不同

集体资金本来是农村合作基金会的最初的基本资金来源，人民公社解体时的产权改革发生在大队以下，公社一级占有的集体资产实际已经被乡镇政府及其部门控制。所以，在大多数乡镇级并没有真正意义上的集体资金，部分地方的乡镇级合作基金会一开始就靠吸收股金或者借贷资金进行运作。因此，农村合作基金会高息吸纳的公众存款为其主要资金来源；而互助社的主要资金来源为"财政拨款＋社会捐赠＋社员自愿出资"。

4. 组织内控能力迥异

由于"三会"治理结构的虚置，农村合作基金会的自律能力非常低，且监管成本高企，基金会经常出现"一言堂"等内部监督机制形成虚设的局面；而互助社则能有效防止这种情况的出现，互助社实行民主管理，其运行由监事会和广大社员监督，自律能力较强且监管成本较低，从而可以在一定程度上避免内部管理风险，以及由此引发的风险扩散问题。

5. 利益分配机制不同

农村合作基金会以高息招揽会员入股，支付会员股息，且目标和管理

---

① 国务院扶贫办、财政部文件，国开发〔2009〕103号。

混乱。因此,一旦内部出现经营风险,中小股东必定血本无归,这也是被历史验证的事实。而互助社则自 2010 年以来严格禁止吸储和分红,所有收益刨除运营成本和公益金,全部滚入本金,风险相对可控。

6. 风险承担人不同

由于农村合作基金会是官办机构,由政府信用背书,相应地风险也由政府来埋单。但是,政府埋单并不意味着股东权益没有风险,在 1999 年国务院 3 号文件宣布取缔农村合作基金会后,其主要责任人大都受到责任追究,大小股东的权益都无从保证。而互助社作为独立的法人主体,其风险的最后承担以入股社员的出资额承担有限责任,可谓权责清晰。

(二) 扶贫互助资金合作社与农村资金互助社

农村资金互助社是经银行业监督管理机构批准,由乡(镇)、行政村农民和农村小企业自愿入股组成,专门为社员提供存款、贷款、结算和代理等金融业务的社区互助性银行业金融机构,是独立的企业法人。农村资金互助社是农村金融多元化发展的产物,属于正规农村金融机构,受银监会和人民银行监管。其业务范围可存可贷,存、贷款利率一般执行商业银行标准,社内资金仅限于"内循环",唯有社员才有存贷资格。农村资金互助社自担风险,自负盈亏,社员除可获存款利息外还能享受分红。

同为农村资金互助合作组织,互助社和农村资金互助社试点的初衷都是为了解决贫困农村地区的金融服务空白问题,然而二者却性质迥异,在实际操作过程中也存在较大的联系和区别(见表2.3)。

表 2.3　　　扶贫互助资金合作社与农村资金互助社的比较

	名称	农村资金互助社	扶贫互助资金合作社
差异	性质	独立法人,银行业金融机构	独立法人,非营利性社团
	资金来源	社员存款、农户缴纳股本金、向金融机构融入资金、社会捐赠、营业收入	财政扶贫资金、农户缴纳互助金、社会捐赠、营业收入
	监管部门	银监部门、人民银行	民政部门、财政部门、扶贫与移民工作局
	社员资格	本乡镇(行政村)的农户或小企业	本行政村的常住农户
	业务范围	吸收社员存款、向社员发放贷款、代理保险、代理汇兑、结算、购买债券等	向社员发放借款
	营业时间	每天营业	每月固定工作日

续表

	名称	农村资金互助社	扶贫互助资金合作社
相似点	金融服务	向入社社员提供金融服务	
	社区性	成员限定在较小的地理范围内	
	合作性	满足内部成员资金需求和强调民主管理	

1. 二者的相似点

（1）提供金融服务。无论是扶贫系统开展的合作社还是金融系统开展的农村资金互助社，提供贷款服务都是其主要业务，在目前农村金融供给严重不足的情况下，两类机构在提供金融服务方面发挥了重要作用。

（2）具有社区性。两类试点都将机构的成员限定在一村（最多一乡）范围之内，根据章程的规定，服务对象也必须位于机构所在村（或乡）。这种社区性的服务可以较为有效地解决资金借贷活动中的信息不对称问题，从而降低资金风险和交易成本，而这些恰恰是大型商业性金融机构在开展农村金融服务中长期未能解决的问题。

（3）具有合作性。主要表现在两个方面：首先，服务对象主要限定在互助社成员内部而非特定的外部资金需求者；其次，在内部治理结构方面，强调民主管理和会员的平等权利。即便是商业性色彩相对较浓的农村资金互助社，也在章程中对单个农民或企业的入股比例上限和一人一票基本表决权之外附加表决权的上限作出明确规定，由此体现对合作性的重视，有助于增强社员的归属感。

2. 二者的差异

由于分属两个系统（扶贫系统和金融系统），从根本上来说，二者差异主要体现在：

（1）定位的差异。扶贫系统试点合作社的一个重要出发点是提高贫困人群的收入，因而无论是在对入社社员的资金支持、社员的基本资格审查还是在贷款对象、贷款额的规定等方面，都对贫困户有一定的倾斜；而农村资金互助社，其主要目的是满足农户的金融需求，缓解贫困并不是其直接目标，因而也就没有针对贫困户的特定政策规定。另外，互助社更多强调的是贫困农户之间的"互助合作"，因而其业务开展不仅仅限于资金借贷服务，还强调社员之间在生产和市场营销方面的合作，力图为贫困农户搭建一个互助合作的平台；而农村资金互助社的目标则是单一的，即为社员提供有偿的金融服务。

（2）运行机制的差异。尽管都在一定程度上具有合作性，但相对来说，农村资金互助社的运行机制显然更为商业化，无论是就社员准入条件、入股资金和入股资格的要求，还是组织的内部治理结构、赢利分配以及监管要求等方面，银监会对农村资金互助社的要求都更接近于商业金融机构；而合作社则都是在政府财政扶贫资金的支持下开展的，带有浓郁的政府扶持色彩，社员入社门槛的要求较低，且至今也未能纳入正规金融监管体系。以上差异导致这两类机构法律身份的不同：扶贫部门开展的合作社试点大部分是在当地的民政部门注册，属于非营利的民间社团组织，甚至有些合作社尚未进行任何注册就已经开展借贷业务；而银监会的农村资金互助社多是以企业法人的身份在当地的工商部门注册，属于较规范的商业组织。

总体来说，扶贫系统的合作社试点更多带有政府扶持的"扶贫互助"性质，而农村资金互助社则属于民间自主的"资金互助"。

（三）合作金融与商业金融

1. 扶贫互助资金合作社属于合作金融的范畴

合作金融是在合作经济基础上发展起来的，以金融资产参与合作并为合作组织成员提供金融服务的金融形式，合作金融组织具有自愿性、民主管理性、互助共济性和非营利性的基本特征。从国际经验以及我国近年来的实践来看，合作金融组织在农村经济环境下具有强大的生命力，对农村经济发展起到了积极的作用，放手农民金融合作已是大势所趋。为此，自2006年中央1号文件明确提出"引导农户发展资金互助组织"以来，中央1号文件连续6年都要求提高农民的组织化程度，引导农户发展资金互助合作组织。

人民银行把合作社定性为具有合作性质的非金融机构。但很明显，作为典型地立足于社区的公益性小贷机构，合作社具有合作金融的性质，属于合作金融的范畴。

2. 合作金融与商业金融的比较

合作金融区别于其他金融形式的主要特点有：第一，从规模上来说合作金融一般是采用合作组织形式经营的小型金融机构；第二，它具有互助金融形式，主要为合作机构内成员提供服务并且不以营利为目的；第三，它较为强调成员之间的互助合作，而非资本的结合；第四，一般都需要政府部门的特殊扶持。

可见，无论就组织形式、服务对象、经营目标、利率，还是就利益分配方式，合作金融与传统的商业金融是有很大区别的（见表2.4），互助社属于合作性质的小贷机构，因此，互助社与传统金融机构的差异也大致如此。

表2.4　　　　　　　　　　合作金融与商业金融的比较

	合作金融	商业金融
组织形式	社团、协会或合伙企业	股份有限公司
服务对象	社内成员	不限范围
经营目标	非营利性	利润最大化
利率	市场利率基础上适当上浮	平均利率为基础
利益分配方式	按参与者交易量返还	按股份比例分配

第二节　扶贫互助资金合作社运行机制研究的理论基础

一　合作金融理论

合作（cooperative）一词的词义原是指几方联合行动或者共同行动的意思。合作经济起源于英国，它是建立在合伙企业或合作社基础上的，个体间在经济上的联合互助活动。合作金融则是合作经济的重要内容。合作金融的产生并非源于单纯的融资需求，而是来自在正规金融市场如银行信贷、发行证券融资上受到差别待遇的中小经济体以利他互助换取利己金融的现实可能性，其根源在于降低交易成本的动机。合作金融组织通过内部成员的相互信任，将成员与外部企业之间昂贵的交易费用，如贷款资格评审、担保费用等通过内部信任和相互融资而节约下来，从而降低成员获得信贷服务的成本，实现外部收益内部化。因此从这个角度看，合作金融本质上具有企业的性质，是企业制度的一种实现形式，它既利用了其成员固有的当地信息资源（local information）和信用资本（trust capital），也利用了自我雇用（self-employment）的优势，因而可以降低信息、监督和执行交易成本，形成金融市场上比较的优势。

二 贫困陷阱理论

导致贫困形成的原因是多方面的，缺乏发展资金是公认的贫困人口致富的瓶颈。根据 Mackinnon 提出的分割经济和投资的不可分割性，在外部性融资缺位的情况下，我国农村地区的贫困农户很容易陷入一个低水平均衡的"贫困陷阱"（Poverty Traps）。

发展中国家的经济结构多具有割裂特质：在缺乏产业化支持的背景下，大量的经济单位彼此隔绝，其面临的生产要素及产品价格各不相同，技术水平和条件迥异，资产报酬率不等，且缺乏有效的市场机制使之趋于一致。而着眼实际，Mackinnon 所指的这种经济"被分割"的状态不但在中国的城乡二元化背景下被放大，更是集中体现在中国广大农村贫困地区。贫困户多居住在山区，由于居住分散、交通不便、信息流通不畅，致使他们面对土地、资本和产品都有着不同的价格，并且难以获得同等水平的生产技术。当"被分割"的经济面临投资的不可分割性时，贫困户处于低效率状态的简单生产很难从外部获得融资，如果他们的自身积累无法支撑新技术投资需要，就会呈现一种低效率均衡状态。

假设农户面临三个投资机会 I_1（简单农业生产）、I_2（扩大农业生产）、I_3（规模化或专业化的生产投资）。由于这三种投资的生产技术是不断提高的，生产规模是不断扩大的，资本投入是不断递增的，因而其投资平均收益率具有递增性（$R_1 < R_2 < R_3$）（见图 2.1）。由于投资的不可分割性，资本量 $\leq OA$ 的农户，其生产行为将只能在 I_1 性质内简单重复，资本的边际报酬必然递减；资本拥有量大于 OA 但低于 OB 的农户将有机会进行扩大的农业再生产 I_2，由于较为先进的技术在更高的利润刺激下不断被采用，因此资本的边际报酬将出现递增，而任何在边际意义上可以实现更高收益的扩大再生产也将不断进行。真正的质变发生在 B 处，一旦农户的资本拥有量超过了 OB，农户将利用这一笔不可分割的资本摆脱传统农业生产束缚，从事符合现代生产规律和收益水平的投资 I_3。因此，资本拥有量超过 OB 的农户面临突然上升的边际收益曲线 MR_2。

由于 MR_2 代表着完全不同于 MR_1 的高级生产方式，也因此拥有远远高于 MR_1 的平均收益水平，并在更高的平均和边际收益水平上呈现出递减特征（符合一般现代生产的边际报酬递减规律）。由此可见，随着农户资本拥有量的上升，其资本边际收益曲线呈现出先递减、后递增并在临界

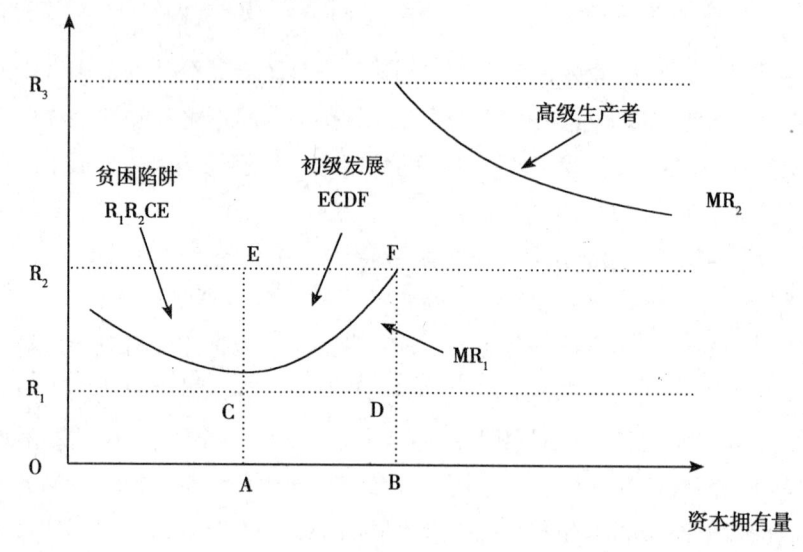

点处发生断裂后再次递减的基本特征。

图 2.1 不可分割的投资和断裂的资本收益曲线

经济收入有限导致资本存量不足,而且从外部难以获得更多的资本增量,单纯的自我积累又无异于杯水车薪,由此导致贫困农户的资本量始终低于 OA,被迫自我束缚在简单和重复的低级生产状态中(即 I_1 类型的生产)。而面临递减的边际收益曲线,只要其资本量低于 OA 水平,这种低水平的均衡状态将一直持续,从而使农户陷入"贫困陷阱"。但是,如果农户的资本拥有量达到 OA 以上的水平,边际收益递增曲线将激励其通过利用各种形式的借贷(民间借贷、非商业性贷款等)来获取外在资本,以实现的盈余积累进行项目 I_2 的投资,从而逐渐摆脱低水平均衡的"贫困陷阱",进入"初级发展"阶段,农户将获得自我发展的机会和能力。但此时的边际收益低于 R_2,达不到常规的商业信贷市场最低的平均资本边际回报率,这意味着该区域的农户依然无法通过常规的商业信贷市场实现融资。随着上述自我积累和资本可获得量的不断提高,某些农户可能突破 B 处的资本瓶颈束缚,最终发展成为按照现代资本报酬规律生产的高级生产者(即从事 I_3 性质的生产)。不仅如此,一旦农户成为 I_3 性质的投资者,其边际和平均收益均处于商业性正规金融所要求的最低收益率之上,这意味着,在所代表的生产区域内,农户的生产和投资行为将不再被排斥于商业性正规金融门槛之外,低收益、低资本存量的低水平均衡将不复存在，农户将真正摆脱"贫困陷阱"。

依据以上理论阐释可发现，能改变贫困户代际贫困的唯一方法就是为贫困户注入资金，改变其信贷约束状况，从而逐渐摆脱低水平均衡的"贫困陷阱"，进入"初级发展"阶段，从而赋予其获得自我发展的机会和能力，这也正是互助社需要对贫困户实现精准信贷扶贫的理论依据。

第三节 本章小结

本章重点界定了互助社的相关概念并对这些概念进行了相应的辨析和比较，然后对后文中将要涉及的相关理论进行了简要阐述。互助社是在特定贫困区域，为缓解农村金融发展滞后、金融产品不足、农户生产资金缺乏等问题而采取的一种特殊公益性小贷机构。它与农村合作基金会在组织性质、产权治理结构、资金来源、内控能力、分配机制方面都有本质不同。同时，就金融服务、社区性、合作性而言，互助社与农村资金互助社有明显相似性，但二者的定位和运行机制存在较大差异。从社会资本相关理论出发，发现社会资本对于互助社激励和约束机制的影响，既体现在正式的制度层面，也体现在社会规范、民间准则、文化习俗等非正式规则层面。从合作金融相关理论出发，通过讨论认定了互助社属于合作金融的范畴，同时亦为公益性小贷机构的一种特殊形式。筹资、管理、运营、风险监管、贫困瞄准运作机制构成了互助社运行机制的基本环节和主要内容，这五方面彼此间相互制约、相互促进，构成了一个有机整体。

第三章 国内外扶贫互助资金合作社的实践及其启示

长期以来，穷人不能获得有效的金融服务是一个世界性的问题。尽管在国外无法找到与我国的互助社完全相同的机构，但就服务于穷人、发展贫困群体自身能力的目标来看，互助社与小贷机构有着极大的类似性。因此，本章基于小贷机构在全球范围内的实践，探寻和分析可为我国互助社发展所借鉴的经验。

第一节 国外扶贫互助资金合作社的实践及其启示

一 国外扶贫互助资金合作社相关模式及运行机制比较

国际公认运行较为成功的小贷机构有孟加拉格莱珉银行、印度尼西亚人民银行和玻利维亚阳光银行，它们也是迄今为止对中国影响较大的三家小贷机构。

（一）孟加拉格莱珉银行

1977年10月，穆罕默德·尤努斯（Muhammad Yunus）创办了孟加拉农业银行格莱珉试验分行，格莱珉小额信贷模式由此开始逐步形成。1979年6月，在孟加拉中央银行的命令下，每一家国有银行必须有三家分行启动格莱珉试验分行。1983年，孟加拉国议会通过了《1983年特别格莱珉银行法令》，正式成立了格莱珉银行（Grameen Bank，以下简称"GB"）。2006年10月，尤努斯因其成功创办GB而荣获诺贝尔和平奖。尽管GB在政府支持下转化为一个独立的银行，但其实质上仍为非政府组织，其贷款对象为最贫困的农户，特别是贫困妇女，其基本运行框架是采用无抵押、无担保、小组联保、分批贷放、分期偿还的方式。这种模式被

第三章　国内外扶贫互助资金合作社的实践及其启示　　35

复制到了全球 100 多个国家和地区，至今全世界有超过 1 亿穷人从中受益。① 到 2009 年年末，GB 已经拥有 2562 个分行，797.1 万个会员，125.3 万个互助小组，遍布在孟加拉国 83458 个村庄，累计贷款 874.18 万美元。②

　　GB 推广的小额信贷是一种小额、短期的信贷方式，不需要客户提供任何担保，贷款资金直接发到贷款客户手中，手续简便易行。GB 秉承着"人天生就享用信贷的权利"的基本理念，将金融权利赋予穷人，其典型运行机制及其运行效果主要包括如下内容（见图 3.1 及表 3.1）。

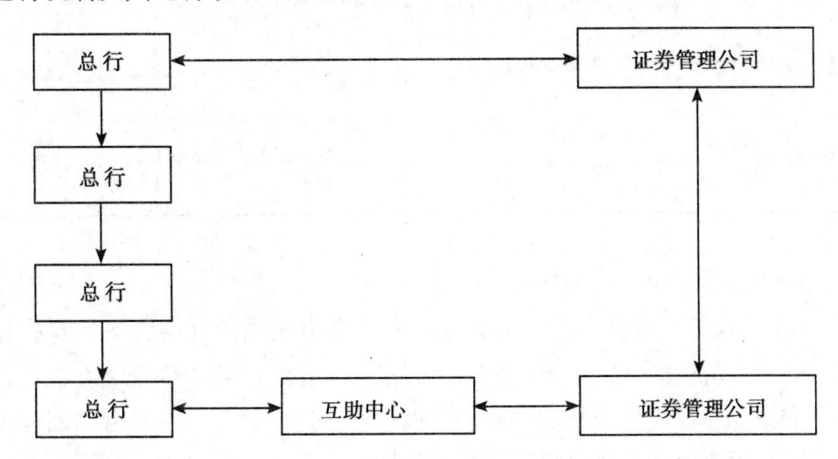

图 3.1　孟加拉乡村银行的运行模式

表 3.1　　　　　GB 模式运行机制及其运行效果分析

典型运行机制	具体做法	机制属性	结果	优点
"互助小组+贷款中心"制度	每五人组成一个小组，绝大部分是女性，若干个贷款小组成一个贷款中心。	团体贷款模式	团体激励，降低监管成本，小组内部形成竞争意识及相互支撑、相互监督意识。	保证高还款率
"顺序放贷+分期还款"制度	小组内采用 2—2—1 顺序放贷，小组长最后一个借款，变成免费的"风险控制官"。	累进的贷款机制。	职责内化，将组长监督的职责内化，解决了委托代理问题。	降低了监管成本，提高了监管效率。

---

①　贾庆林：《国外两种典型小额信贷模式的比较分析》，《特区经济》2010 年第 10 期，第 94 页。

②　数据来自 GB 官方网站统计 www.grameen-info.org。

续表

典型运行机制	具体做法	机制属性	结果	优点
"联系人+定期会议"制度	每个小组选出的组长和秘书、每个中心选出的主任和助理主任是联系人，负责与银行保持经常性的联系，并召开中心会议。		确保了成员间信息的同质性，避免了信息不对称问题。定期会议制度督促成员按期还款。	成员参与日常管理事务，同时保证了高还款率。
"贷款者+存款者+持股者"的三位一体制度	贷款者同时是银行的存款者，让客户把自己的命运紧密地与银行捆绑在一起，同时鼓励贷款者成为持股者。	赋权式和参与式的有效结合。	贷款者成为了忠实的"格莱珉信徒"。	
市场化的利率机制	该国商业利率为10%—13%，GB利率为20%左右。		保护了穷人的借款权利。	

1. "互助小组+贷款中心"制度

GB 要求每个贷款申请人都必须加入一个由相同的社会背景、具有相似目的的人组成的互助小组，每五人组成一个小组，绝大部分是女性，若干个贷款小组组成一个贷款中心。互助小组实际上就是一个典型的团体激励机制，用内生性的激励机制代替抵押担保制度。这种制度安排不但有效降低了银行的监管成本，将银行的外部监督转化为成员自身的内部监督，而且，小组内部还能激发起更大的竞争意识和更强烈的相互支撑意识。严密的组织和制度保障，使各贷款成员之间形成相互支持、相互监督的氛围，从而保证了较高的还款率。

2. "顺序放贷+分期还款"制度

GB 在小组内采用 2—2—1 顺序放贷，即最初只有 2 名成员可以申请贷款，根据他们的偿还情况，另 2 名成员再申请贷款，小组组长最后得到贷款，并监督还款情况。通过顺序放贷这一机制，轻而易举将小组长变成免费的"风险控制官"。

3. "联系人+定期会议"制度

每个小组选出的组长和秘书、每个中心选出的主任和助理主任是联系人，负责与银行保持经常性的联系，并召开中心会议。组长和秘书负责推荐每个成员的贷款提议，并确保贷款的适当利用和准时还贷。中心主任负责管理每周中心会议的全部责任，并协助银行工作者（或银行助理）收取每周还款、每周存款和解释银行的规章。

4. "贷款者+存款者+持股者"的三位一体制度

GB 通过"贷款者+存款者+持股者"的三位一体制度,让客户把自己的命运紧密地与银行捆绑在一起,成为忠实的"格莱珉信徒"。GB 的贷款者同时是银行的存款者。对于贷款者来说,她们(GB 的贷款者绝大部分是女性)每周偿还小额的贷款,同时存入金额更小的存款,这是一个改善她们财政状况的重要环节。一年后债还清了,她们可以借更多,同时又有一笔存款可以动用,令她们一步步脱离贫困线。同时,GB 还鼓励贷款者成为持股者,他们可以购买 GB 的股份,成为一名股东。每一股的价格大概是 1.5 美元,只要他们有这笔钱,就可以购买一股(每个人限买一股)作为股东,他们可以投票选董事会,也有资格成为董事会成员,这些都有利于增加贷款者的机构归属感。如今,GB 的贷款者已拥有 GB94%的股权,另外 6%为政府所拥有,GB 已经成为真正意义上的"穷人银行"。

5. 市场化的利率机制

由于 GB 提供给贫困人群的贷款存在较大风险,按市场规则需要相对较高的利息以覆盖高风险。GB 根据自身和市场情况来确定贷款利率,其利率一般高于普通商业银行 4%,实际利率高达 20%。虽然 GB 收取的利息较高,但由于贫困人群没有担保抵押,很难获得正规商业信贷机构的一般信贷,相对于当地年利高达 50%甚至 100%的高利贷,作为借款者的穷人自然会选择向 GB 借款。

2001 年,GB 进行了改革,形成二代模式。小组成员之间不再承担连带担保责任;也无须遵循先前"2—2—1"的贷款顺序,成员可以同时得到贷款;还款方式也更加灵活,分期还款每期额度可以不等,期限也可以变化,不会失去客户资格,借款人也可以提前偿还所有贷款;取消了小组基金(提取贷款额的 5%为小组的风险准备金),帮助客户建立个人账户、特别账户和养老账户,为借款人提供周到的理财服务,同时提高借款人的财务管理能力,以降低其违约风险。

(二)印度尼西亚人民银行

印度尼西亚人民银行(Bank Rakyat Indonesia,以下简称"BRI")是印尼主要的国有商业银行之一,成立于 1895 年,至今已有 100 多年历史。1969 年,作为实现印尼政府 BIMAS 计划(国家粮食自给自足计划)的一个组成部分,印尼政府在村一级成立了印度尼西亚人民银行乡村信贷部(BRI-UD),负责向农民发放贴息贷款。虽然 BRI-UD 所扶持的农业项目获得成功,可是由于贴息贷款政策的失败,使得贷款回收率极低,致使 BRI-UD 长期存在巨额亏损,不能实现可持续发展,其发展陷入了困境。为了改变这种局面,1984 年,BRI 重组了整个村级机构体系,把 BRI-UD 改造为完全提供商业化金融服务的农村银行,其核心业务是根据客户的需求发放小额贷款并吸收自愿储蓄,通过存贷款利息差来获取收入。BRI-UD 非常重视财务的可持续性。经过改革之后,其业务规模急剧扩大,所获利润不断增加,仅用 3 年时间就实现了营业收支平衡,5 年后开始盈利,不但不再依赖政府补贴,而且贷款回收率一直保持在较高水平。乡村信贷部成为 BRI 内部盈利最稳定的部门,即使在 1997 年亚洲金融危机中,仍始终保持着较高的利润水平。2003 年 11 月,BRI 在印尼上市,并同时在美国证券柜台交易市场(OTC)挂牌交易。2006 年,BRI 的资产回报率为 6.68%,股本回报率为 129.96%,经营自足率为 145.25%,利润率为 31.17%,BRI 的股本回报率和资产回报率要比商业银行的平均水平高得多。BRI 发放的中小企业贷款占印尼所有中小企业贷款的一半[①],其总利润中有四成是由小额信贷所创造的。BRI 的运行模式如图 3.2 所示。

  BRI-UD 的组织结构从上到下共分为 4 级,依次为:雅加达总部即 BRI-UD、区域性办公室、地区一级的分行、地区级以下的微型银行和乡村服务站。遍布全国的微型银行(村银行)是 BRI 整个小额信贷系统的核心。微型银行实行独立核算,它们自主决定贷款规模、期限和抵押,执行贷款发放与回收,自行承担选择客户的所有责任。平均每个 BRI 微型银行覆盖约 16—18 个村庄,为约 4500 个储蓄者和 700 个借贷者提供服务,其工作人员主要来自本地,由于熟知本地情况,能够较好地解决信息不对称问题。BRI-UD 以营利为目的,实行标准化管理,业务操作高度透明。它的贷款对象一般为在贫困线以上、有发展潜力的个人或家庭小作坊。BRI-UD 采用动态存贷款激励机制:其储蓄利率由客户的存款额确定,存款越多,则存款利率越高;与此同时,BRI-UD 利用多种利率的

---

① 王晓青、王洪亮:《小额信贷商业化运行机制之探讨——基于印尼人民信贷银行(BRI)实践的检验》,《农村经济》2011 年第 2 期,第 126—129 页。

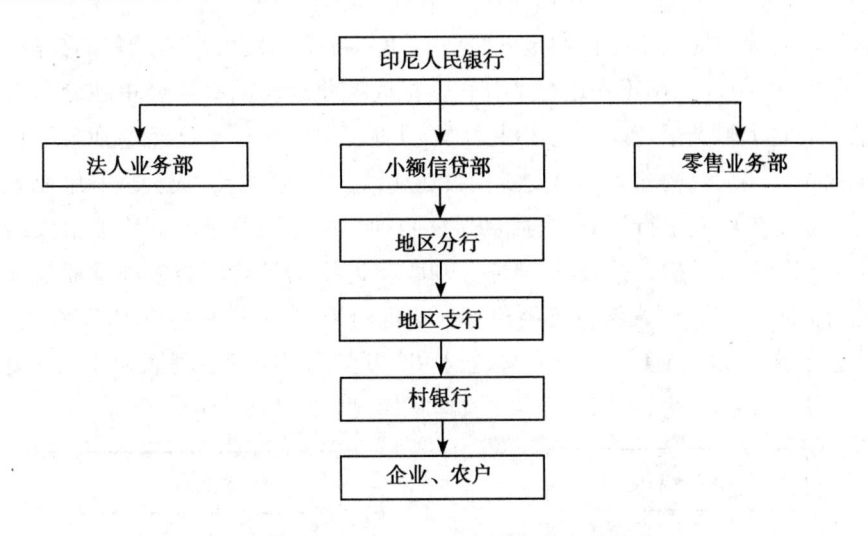

```
                    ┌─────────────┐
                    │ 印尼人民银行 │
                    └──────┬──────┘
         ┌─────────────────┼─────────────────┐
         ▼                 ▼                 ▼
   ┌──────────┐      ┌──────────┐      ┌──────────┐
   │ 法人业务部│      │ 小额信贷部│      │ 零售业务部│
   └──────────┘      └─────┬────┘      └──────────┘
                           ▼
                     ┌──────────┐
                     │ 地区分行 │
                     └─────┬────┘
                           ▼
                     ┌──────────┐
                     │ 地区支行 │
                     └─────┬────┘
                           ▼
                     ┌──────────┐
                     │  村银行  │
                     └─────┬────┘
                           ▼
                     ┌──────────┐
                     │ 企业、农户│
                     └──────────┘
```

图 3.2　印度尼西亚人民银行运行模式

贷款机制来满足客户对流动性的需求，借款者如能按时归还借款，则其所获贷款金额增加，而其贷款利率则不断降低。贷款期限从 6 个月到 3 年不等，客户可选择按周、月、季、半年分期偿还贷款，能按期还款者将获得 0.5% 的退息优惠，年均名义贷款利率约 32%—48%（杜云福，2008）。BRI–UD 采用现代公司治理机制，并以利润为考核标准，把年利润的 10% 分配给员工，激励他们积极工作，同时又通过市场化利率和鼓励储蓄的政策实现了自身财务上的可持续性。

BRI 模式与 GB 模式的最大区别是以"经济活跃"的穷人为服务对象，而不是极端贫穷的穷人，它强调机构的自负盈亏，通过机构的可持续发展来提高微型金融的覆盖面。BRI 将商业银行业务和扶助中低收入农户相结合，成为世界上最大和最具盈利能力的、可持续发展的小额贷款机构之一，BRI–UD 模式也成为制度主义小贷机构的典范。

（三）玻利维亚阳光银行

玻利维亚阳光银行（Bancoso，以下简称"阳光银行"）成立于 1992 年，是专门从事小额信贷业务的私人商业银行。阳光银行前身是 1987 年成立的一个以捐款为资金来源的非营利性组织 PERDEM，主要在城市地区为小企业或自我雇用者提供小额贷款服务，目的是扩大就业和鼓励向小企业投资。PERDEM 的贷款运作颇为成功，截至 1991 年年底，资本金已经达到 400 万美元，拥有客户 1.43 万个，拖欠率几乎为零。但由于受到不能吸纳存款等问题的限制，其发展速度无法满足巨大的信贷需求，不能有效地向客户提供多样化的金融服务,使其可持续发展面临严峻的挑战。于是1992年,PERDEM进行了分化,把商业化运作的一部分单独分离出来,成立了阳光银行。在与PERDEM的协议中,经营上已经达到自给自足的4个地区机构和7个分支机构被转交给了阳光银行,成为玻利维亚第一个转变为商业银行的非政府组织。[①] 目前,阳光银行是玻利维亚最大的小额信贷金融机构,并且在2004—2006年连续三年被评为玻利维亚最佳银行。2006年,阳光银行已经拥有分支机构48个,贷款用户103786人,贷款余额16400万美元,净利润达到467万美元,净营运利润为294万美元,资产回报率达到了2.4%[②],其运行模式如图3.3所示。

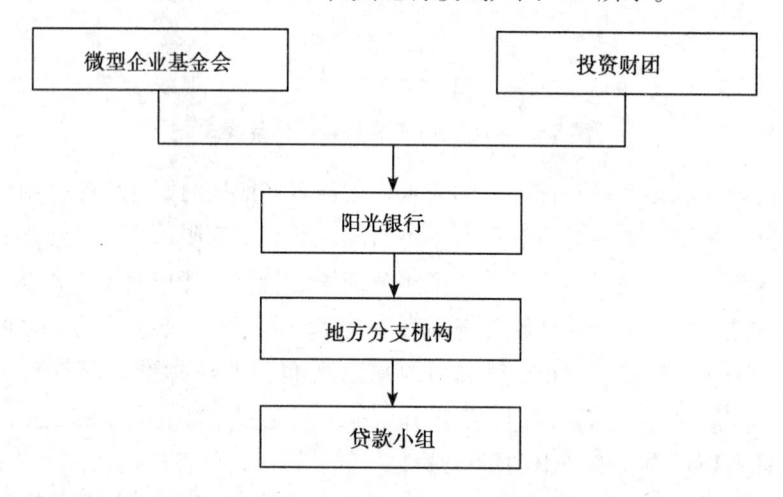

图 3.3　玻利维亚阳光银行运行模式

阳光银行的成功得益于其在发展中形成了独具特色的机制设计和创新理念,主要体现在以下几个方面:

1. 推行小组贷款机制

阳光银行采取小组联保贷款的模式,要求3—8人组成小组,每个小组成员都可以同时得到贷款。小组成员间负有连带偿还责任,对于违约问题设置了特殊的"风险扩散机制",即如果有小组一个成员违约,整个小组被视为违约,所有成员都会失去借款的机会。这种贷款机制能够克服信

[①] 赵冬青、王康康:《微型金融机构如何实现商业化运作——玻利维亚阳光银行的经验介绍》,《中国农村金融》2010年第2期,第91—93页。

[②] 卢燕:《玻利维亚阳光银行模式对我国小额信贷发展的启示》,《黑龙江对外经贸》2009年第2期,第113—114页。

息不对称的弊端,小组成员在贷款的过程中相互监督,降低了小组成员从事高风险项目的可能性,同时也为彼此的还款施加道德压力,提高了还款率和社会福利,有效地缓解了成员的逆向选择和道德风险问题,很好地降低了经营风险和交易成本。

2. 递进的贷款机制

阳光银行为每位客户建立信用记录档案,根据贷款人的还款表现来决定是否继续发放贷款和贷款的额度。阳光银行起初用较小的贷款额度进行尝试,来发现借款者的真实信用水平。如果小组成员能够如期偿还第一笔贷款,在偿还的当天就可以立即获得下一笔贷款,贷款额度还会因为良好信用记录的积累而增加。如果拖欠贷款,不仅违约者,而且小组中其他成员再获得贷款的可能性都会随之降低,对于小组成员来说,违约导致失去以后贷款机会的成本远高于不偿还借款所获收益。因此,在此前提下,如果借款者还想在今后得到贷款,那么他违约的可能性就几乎为零。递进贷款机制通过试探贷款者的信用情况,不仅有效地缓和了信息不对称带来的问题,不至于为机构带来过大的损失,而且为贷款者提供了更强的还款激励,对贷款人按时还款起到了积极的促进作用,因此阳光银行的集体违约发生率几乎为零。

3. 灵活的贷款偿还机制

阳光银行根据借款人的人品和现金流量对借款人授信,贷款具有金额小、期限短、利率高等特点。通常每周或每两周就要还款一次。随着贷款者贷款次数的增加和信用的累积,还款周期也会相应延长一些,有时可以1个月还款一次。通过这样的分期还款机制的设计,一方面可以激励贷款者按时还款,降低信贷风险,获得充足现金保持健康的财务状况;另一方面能够及时监管贷款者的收入和还款情况,提早发现具有较大潜在风险的贷款,及时发现违约的客户,具有早期预警功能。

(四)三种典型模式运行机制的异同点

1. 三种典型模式运行机制的相同点

上述三种模式在整体运作上基本一致,在目标设计、贷款发放与回收、抵押担保、操作程序、贷款激励等方面都有机制创新,突出表现在:

(1)从服务对象上看,都是以穷人或低收入阶层为服务对象。

(2)从贷款额度上看,贷款额度相对于传统信贷数额较小。

(3)从定价机制上看,都是采用了风险定价机制,利率水平较高,能够覆盖交易成本，因此都实现了财务可持续。

（4）从服务方式上看，服务方式都是着眼于节约交易时间和降低交易成本，提高信贷运行效率和效益。

（5）从贷款期限和还款方式来看，都采用了比较灵活的方式，大大降低了信贷风险。

2. 三种典型模式运行机制的不同点

三种模式虽然在整体运作上有很多相同之处，但具体运作机制与特征却有所不同，如表3.2所示。

表3.2　　　　　国际小额贷款机构信贷模式与运行机制比较

要素类型	孟加拉乡村银行（GB）	印度尼西亚人民银行（BRI）	阳光银行
经营模式	政府支持下转化为独立银行	政府项目转化为市场经营	私人商业银行
组织结构	总分行制	总分行制	单一行制
所有权结构	政府、社员	政府、企业、个人	非政府组织、私有投资者
服务对象	农村贫困妇女	农村收入较低人群中有偿还能力者	城市贫困线以上的中低收入阶层
经营目标	扶贫	减贫	营利
贷款模式	小组联保模式	直接向个人提供贷款	小组联保模式
抵押要求	不需要抵押	超过限额需要抵押	不需要抵押
还款期限	每周	灵活	每周或每两周
名义利率	20%	32%—43%	47.5%—50.5%
银行性质	福利主义	制度主义	制度主义

（1）从经营模式来看，GB源于尤努斯博士的小额信贷实验，1983年，经政府允许转化为独立的民间银行；BRI业务由政策性补贴贷款转化为普通农业贷款；阳光银行则是由小贷机构转为了纯商业银行。

（2）从组织结构来看，GB和BRI都是总分行制，阳光银行则以地区机构为主。

（3）从所有权结构来看，GB和BRI都是在政府的支持下成立的，转型之后在股权结构中政府仍占有一定的份额，而阳光银行的股东都是非政府组织和私有投资者。

（4）从服务对象来看，三者虽然都是面向贫困人群，但侧重点有所不同，GB目标客户是农村贫困妇女，BRI主要服务于农村收入较低人群中有能力还款者，而阳光银行主要是为城市贫困线以上的中低收入阶层提供信贷服务。

（5）从经营目标来看，GB 是以扶贫为目标，BRI 是以减贫为目标，阳光银行则是以营利为目标。

（6）从贷款模式来看，GB 和阳光银行采用的是小组联保模式，BRI 则直接向个人提供信贷。

（7）从抵押要求来看，GB 和阳光银行不需要抵押，BRI 超过限额需要抵押。

（8）从还款期限来看，GB 采用每周还款的方式，阳光银行采用每周或每两周还款的方式，BRI 的还款方式比较灵活，可根据贷款者的不同需要进行选择。

（9）从名义利率来看，GB 的利率水平最低为 20%，阳光银行利率水平最高，为 47.5%—50.5%，BRI 在 32%—43% 之间。

（10）从银行性质来看，GB 是福利主义小额信贷的典范，而 BRI 则与阳光银行一起成为制度主义小额信贷的典范。

二　国外扶贫互助资金合作社相关实践给我国的启示

尽管国际小额信贷机构存在着各种不同的运行机制，它们在目标、产品、运营管理等方面各有特色，但分析其成功的原因，可以找出一些值得借鉴的共同经验，对我国互助社的发展和运行机制创新有所启示，如图 3.4 所示。

（一）政府的政策支持至关重要

总结国外成功的小额信贷发展经验，我们不难发现，政府的积极支持在小额信贷机构商业化发展过程中起到了至关重要的作用。

1. 政府制定相关政策、法规，减少直接干涉，使小额信贷机构实现商业化运作

在 GB 的案例中可以发现，政府对其发展在态度和政策上是非常宽容和支持的。突出表现为：GB 从一个小额信贷试验项目转为一家为穷人服务的独立银行，其股权结构也经过了多次调整，最早是借款者占有 60%，政府占有 40%；然后调整为借款者 75%，政府和国有银行占 25%；最终转变成为借款者拥有 94%、政府拥有 6% 的格局。这一点对 GB 至关重要，因为如果有别于一般的商业银行的小额信贷金融机构要想存活和可持续发展，则必须实行机构的非政府化。正如 GB 的创始人尤努斯本人所言："说服政府为小额信贷机构颁布专门法律并逐步修改这一法律是 GB

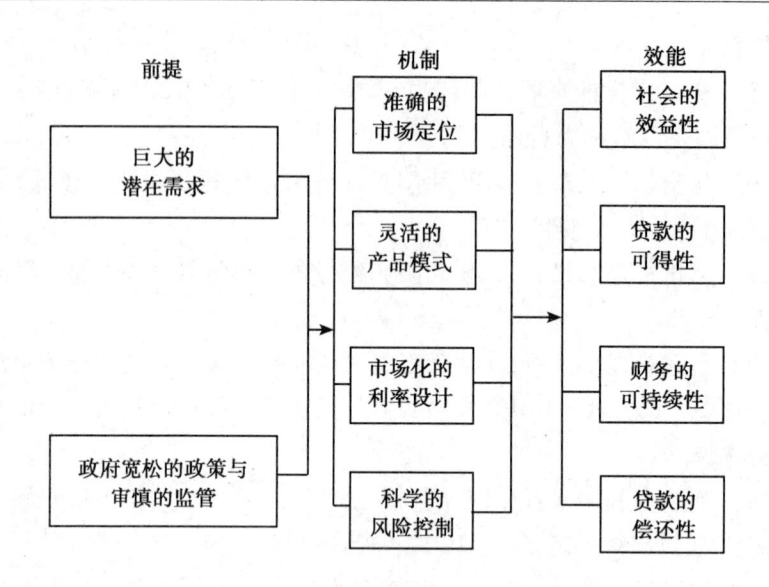

```
前提              机能              效能
┌─────────┐      ┌─────────┐      ┌─────────┐
│ 巨大的   │      │准确的    │      │社会的    │
│ 潜在需求 │  ──► │市场定位  │  ──► │效益性    │
└─────────┘      └─────────┘      └─────────┘
                 ┌─────────┐      ┌─────────┐
                 │灵活的    │      │贷款的    │
                 │产品模式  │  ──► │可得性    │
                 └─────────┘      └─────────┘
                 ┌─────────┐      ┌─────────┐
                 │市场化的  │      │财务的    │
                 │利率设计  │  ──► │可持续性  │
┌─────────┐      └─────────┘      └─────────┘
│政府宽松的│      ┌─────────┐      ┌─────────┐
│政策与    │  ──► │科学的    │      │贷款的    │
│审慎的监管│      │风险控制  │  ──► │偿还性    │
└─────────┘      └─────────┘      └─────────┘
```

图 3.4　国外扶贫互助资金合作社相关实践给我国的启示

发展 30 年来面临的最大困难，同时也是取得的最大的成功。"①

2. 政府为小额信贷的发展提供了良好运行环境

政府制定支持和鼓励政策，为小额信贷的发展提供了良好运行环境。无论是 GB、BRI 还是阳光银行，都无一例外与政府保持着良好的关系。

（1）政府从资本金来源上制定鼓励政策，并提供资金支持。政府鼓励诸如外资、民营资本以及各类社会闲散资金进入小额贷款领域。既解决了小额贷款机构的资金来源，又优化了其资本结构；孟加拉政府还以 4%—5% 的利息向 GB 提供贷款，累计已超过 50 亿塔卡；BRI 在 20 世纪 80 年代初的改革初始阶段，有效地利用了政府提供的启动支持资金和世界银行的贷款，经过多年不断探索和不懈努力，成功地开发出了与服务对象需求相适应的小额信贷产品。目前，BRI 已经完全可以摆脱对外部贷款的依赖，以吸收存款储蓄的方式满足自己开展信贷服务的资金需求，且 BRI 具有可持续发展的能力，已近二十年保持自负盈亏，一直是制度性小贷机构的先驱和典范。

（2）政府提供法律支持，允许 GB、阳光银行以非政府组织的形式从事金融活动。其中，阳光银行的成功在于国家颁布了有关资本充足率、资

---

① ［孟加拉］尤努斯：《穷人的银行家》，上海三联书店 2006 年版，第 200—210 页。

产风险加权、坏账准备金及信息发布等方面的专门法规，使它具有合法地位，可以合法地开展全面的金融产品服务。

（3）政府提供政策支持。比如孟加拉政府，不仅对 GB 提供免税的优惠政策以及相关的配套政策方面的支持，还专门成立了两个组织 BRDB（孟加拉农村发展委员会）和 PKSF（孟加拉农村就业支持基金会）以及政府小额信贷项目、国有商业银行小额信贷项目以支持 GB 的发展。

（二）准确的市场定位是生存与发展的前提

GB 及 BRI 和阳光银行的目标客户群体非常明确，即穷人或低收入阶层。这三家小贷机构无一例外都是在本土根据当地的自然、社会和经济条件进行金融创新而成长起来的，并且持久地为国内低收入阶层及微型企业服务。因此，一个成功的商业化小贷机构，应该能在实现可持续发展目标的同时，仍然能够坚守为低收入者服务的使命。为了达到这个目标，商业化金融机构必须在利润的诱惑面前保有"为低收入者服务"的使命和责任感，始终如一地致力于改善低收入群体的生活状况。而且，通过上述三种不同"草根银行"运行机制的分析以及自身运行的效果来看，银行为穷人服务也是可以盈利的，或者至少可证明，为最贫穷的人提供服务并不必然比为那些不太贫穷的人服务盈利更少。

鉴于国外的经验，我国互助社也应该明确自身服务"三农"的市场定位，成为真正为"三农"服务的"草根银行"，重点营销自己的目标客户群，即为广大农民特别是农村地区贫困户和低收入家庭提供信贷服务。同时，值得注意的是，互助社的发展应结合本地区的要素禀赋、产业基础、制度文化和需求特征，以公益化兼具市场化为取向，实施面向低收入群体的特色市场定位。

（三）灵活的产品模式是发展的有效途径

GB 及 BRI 的成功经验表明，设计贷款产品应以本国实际情况和借款者的实际需求为依据。对目标客户群进行细分，通过以专补缺、以小补大、以质取胜的集中专营方式，深化产品线的宽度和深度，为社区银行带来了集中经营的规模效益。

但是在借鉴国外先进经验的同时，应注意到我国与孟加拉国和印尼等国在自然条件、贫困程度以及宗教文化等方面差异较大，同时还要注意到我国不同地区的民族复杂性，这些千差万别的外部条件决定了简单机械式模仿并不可行，而要根据不同时期、不同地区的借款人的需求，探索适合我国本土化的运行模式与发展路径。

（四）市场化的利率设计是可持续发展的基本条件

上述三种不同专门为中低收入群体服务的"草根银行"运行机制以及自身运行的效果来看，国际上比较成功的商业化小额信贷无不采取市场化的贷款利率，即可覆盖运营成本的利率。国际经验证明：

1. 利率的市场化是小额贷款机构可持续发展的重要条件之一

由于信息不对称和缺乏抵押物、单笔业务额度小等因素而造成在农村放贷高风险和高成本，需要较高的存贷利率差才能弥补贷款成本。实践证明，传统的低利率贷款可以帮助穷人获得贷款的观念已经被多年的经验证实是不可行的，这样不但不能实现财务的可持续（利润无法覆盖成本），还会给贪污、寻租者以可乘之机，不合理的利率造成农村金融市场扭曲，进而导致农村在严重缺血的同时造成大量资金外流。因此，只有市场化利率水平才能补偿资金成本、管理费用、与通货膨胀有关的资金损失以及贷款损失，才能为小贷机构的生存和发展提供连续的金融服务和资金供给，从而较好地实现小贷机构财务上的可持续性。由于小额信贷与一般贷款比较，其操作成本比较高，所以小额信贷的利率也应当高于由市场形成的一般商业利率，且其实际水平会因宏观经济环境、资金供求关系以及项目模式的不同而有很大差异。经验表明，小贷机构的利率在高于一般商业利率10个百分点的水平下，才有可能实现机构持续发展的目标。

2. 信贷可得性比低利率更为重要

GB、BRI和阳光银行的利率分别为20%、32%—43%和47.5%—50.5%，其中只有GB比其本国央行规定的小额信贷机构的指导利率22%还低，其余两个机构都采取了大大超过本国一般金融利率的商业化利率水平，但贷款的需求都极为旺盛。可见，以低利率为导向的GB模式和以高利率为导向的BRI模式和阳光银行模式都取得了很大的成功。这些足以证明，利率的高低并不是解决农村金融问题的关键所在，对于渴求信贷支持的农户和农村中小企业而言，信贷可得性比低利率更为重要。由此可见，成功的小额信贷模式更注重的是如何扩大信贷可得性，而不是只着眼于利率的高低，并应该辅以一系列配套机制以顺利实现机构可持续和贫困覆盖的双重目标。

（五）科学的风险控制机制是健康发展的有效手段

国际典型小额信贷组织的经验表明，恰当的风险管理措施在小贷机构商业化过程中也起到了重要的作用。由于比较贫穷的客户无法满足一般商业银行对抵押担保的要求，上述国际上三种典型的小贷机构在金融风险控制方面，主要采取的是小组贷款、担保替代、动态激励、分期还款等贷款技术，这些技术比较有效地解决了由于信息不对称所引发的贷款人与借款人之间的逆向选择与道德风险问题。

1. 小组贷款技术成为最核心的贷款技术

GB 和阳光银行在发放贷款前，由村民自发组成贷款小组，成员之间负有连带担保和偿还责任，在该种贷款中，小组成员相互监督，彼此施加还款压力，有效缓解了成员的逆向选择和道德风险问题。

2. 动态激励被广泛应用

动态激励可以归纳为两大类：第一类是阳光银行采用的递进的贷款机制，是一种简单的重复博弈。根据借款人在借款之后的还款情况，决定其今后获得贷款的可能性。如果还款表现良好，就可以反复得到相同的信贷服务；否则，他再次获得贷款的可能性随之降低，甚至永远得不到贷款；第二类是 GB 采用的贷款额度累进制度，在第一类的基础上，表现良好的借款人可以在以后的贷款中得到更高额度的贷款。

3. 分期还款是常见的规避信贷风险技术

GB、BRI 和阳光银行都采取了灵活的分期还款制度。分期还款要求借款人在借款或投资后不久，就开始定期进行一次还款，有助于贷款机构的现金流管理，实现"早期预警"；同时可以培养贫困借款人的理财能力和信用意识。为了保证小额信贷客户按时还款，BRI 建立了特殊的安全保障和激励机制，可以冻结部分小组存款作为保证金，以应付小组经营不善、无法按时还款的情况。

第二节 扶贫互助资金合作社在中国的相关实践及其启示

作为信贷扶贫模式的一个创新，互助社的产生、发展有其特定的现实背景和实践来源。对此正确认识和把握，是决策层制定相关政策的依据，是正确把握发展方向、提升管理水平和运行绩效的前提，也是学术界理论创新与实证检验的必要基础。因此，笔者认为有必要对互助社在中国的兴起和发展做一个回顾性的陈述。

一 扶贫互助资金合作社在中国的相关实践

（一）扶贫互助资金合作社的发展历程

互助社的产生与发展具有其特定的历史背景和原因:

1. 当前农村贫困问题面临贫困性质、致贫原因和扶贫效果的新变化。自 2000 年以来，中国农村贫困问题出现了一些新特点：首先，贫困性质已发生根本性转变，即由区域的、整体性的贫困逐渐过渡到个体性贫困，贫困人口的构成也以边缘化人口为主要组成部分[1]；其次，从致贫原因来看，贫困人口主要的致贫原因不仅仅是缺乏就业机会，更表现在因病致贫、缺少必要的人力资本及必要的生存环境[2]；最后，就扶贫效果而言，中国贫困人口的自我发展能力普遍较差，通过传统项目很难使贫困群体提升自身"造血功能"，也无法从开发式扶贫中持续受益。上述特点反映了新时期农村反贫困工作需要面对的现实背景，新的扶贫战略需要对此做出有针对性的调整。

2. 财政扶贫资金急需改变使用效率及其脱贫效应低下的状况。中国财政扶贫资金的使用一直采取自上而下的供给机制，扶贫项目的实际决策与控制权掌握在基层政府及其职能部门手中，而农民尤其是贫困农户的需求得不到有效表达，同时也缺乏一个有效监督政府使用财政扶贫资金的监督机制。在这种情况下，财政扶贫资金较容易被地方政府挪用而造成资金使用效率下降。并且，随着农村贫困的减少，农业经济的发展以及贫困人口分布状况的变化，财政投资对农村脱贫的边际效应正逐渐减弱。[3] 财政扶贫资金使用效率低下及其脱贫效应的下降，迫使有关部门开始认真思考"谁才应该是扶贫资金运行主体"这一基本问题。

3. 多年来金融扶贫发展状况未能达到预期目标。中国扶贫工作的基本特点为开发式扶贫，旨在为穷人创造机会，鼓励他们利用现有的资源和技能，改善自身的生活。从这个角度来说，完善农村金融市场是开发式扶

---

[1] 都阳、蔡昉:《中国农村贫困性质的变换与扶贫战略调整》,《中国农村观察》2005 年第 5 期，第 2—9 页。

[2] 中国发展研究基金会：《在发展中消除贫困》，中国改革出版社 2007 年版，第 89—91 页。

[3] 郭宏宝、仇伟杰：《财政投资对农村脱贫效应的边际递减趋势及对策》，《当代经济科学》2005 年第 5 期，第 53—57 页。

贫的题中应有之义，但近年来农村金融扶贫发展状况并不乐观。第一，贫困地区金融服务可得性趋于恶化。大量零售网点在贫困社区的撤并，以及银行分支机构在贫困社区的关闭，导致贫困社区居民因金融服务网点较远和交通不便而难以获得金融服务。截至 2011 年年底，全国仍有 1696 个乡镇没有银行业金融机构营业网点。[①] 中国人民银行成都分行金融研究处课题组对阿坝州的研究表明，在农村边远地区开展固定金融服务是不现实的，甚至开展流动金融服务也难持续[②]；第二，传统农村金融供给成本始终偏高。近年来，金融服务成本高问题不仅没有解决，反而逆向发展，农户借贷利率偏高的问题较为明显。贫困地区的信用社人均费用甚至超过一些东部发达地区，在有金融服务的边远地区，现有农村信用社模式是一种昂贵的制度安排[③]；第三，贴息扶贫贷款与非政府小额信贷等信贷项目扶贫效果不理想。首先，传统贴息扶贫贷款项目存在难以瞄准贫困、拖欠率高等致命缺陷[④],[⑤]。其次，非政府小额信贷不能瞄准贫困且可持续性较差[⑥],[⑦]。这种贴息贷款项目与非政府小额信贷项目既不能瞄准贫困，又不能可持续发展的客观事实使得人们开始质疑外生性的、以机构为基础的信贷扶贫项目的扶贫效率与存在价值。

正是基于上述背景和原因，互助社在中国得以产生和发展，并经历了早期探索、初步试点和大规模试点三个阶段。

（1）早期探索阶段（1995—2000 年）

20 世纪 90 年代初期以来，为缓解贫困家庭生产性信贷资金的约束，各种小规模的小额信贷和社区基金试点在全国各地展开，比较典型的案例

---

① 中国银监会：《中国银行业农村金融服务分布图集》，2012 年 8 月。

② 中国人民银行成都分行金融研究处课题组：《农村金融网点增设：外生演进逻辑的再度审视——基于阿坝州的实证》，《西南金融》2011 年第 4 期，第 38—42 页。

③ 刘民权、俞建拖、徐忠：《中国农村金融市场研究》，中国人民大学出版社 2006 年版，第 15—25 页。

④ 吴国宝：《扶贫贴息贷款政策讨论》，《中国农村观察》1997 年第 7 期，第 7—13 页。

⑤ 黄季焜、马恒运、罗泽尔：《中国的扶贫问题和政策》，《改革》1998 年第 4 期，第 72—83 页。

⑥ 刘西川、黄祖辉、程恩江：《小额信贷的目标上移：现象描述与理论解释——基于三省（区）小额信贷项目区的农户调查》，《中国农村经济》2007 年第 8 期，第 23—34 页。

⑦ 程恩江、刘西川：《中国非政府小额信贷和农村金融》，浙江大学出版社 2007 年版，第 90—111 页。

有"易县实验"、"草海社区"、"富平模式"等，一些地方的扶贫和财政部门尝试将社区基金的模式运用到财政扶贫资金的使用和管理中，正是这些做法和模式构成了互助社的雏形。

河北省易县扶贫社是经国务院、人民银行总行批准的试验项目，是由中国社会科学院农村发展研究所研究员杜晓山，在孟加拉考察了尤努斯教授所创立的 GB 模式后，于 1993 年向 GB 借来 148 万元"软贷款"建立而成，为非营利的社团法人机构，被业界称为著名的"易县实验"。尽管易县扶贫社成立初期在向农户提供小额信贷服务、解决贫困家庭直接和持续获得稳定性的生产经营性资金、改善贫困户尤其是贫困妇女的经济状况和生活环境方面，得到了较值得肯定的效果，但由于其产权关系长期难以厘清，由此引发了若干债务债权问题。易县扶贫社走过 20 年，在涉及自身的一次次改制、移交接管中引发各界争议不断，也早已丢掉了"穷人的银行"的初旨。

1995—2000 年间，在国际援助机构和民间组织的推动下，社区基金试点在多个地方进行。澳大利亚开发署援助的青海海东项目是这一时期规模最大的社区基金模式项目，以村民小组为单位自我管理社区基金，并且外部的监督部门是县项目办公室，通过社区基金与当地农业银行的联结，由当地的农业银行对社区资金进行监管，1995—2000 年发展到 10000 名左右的客户。荷兰政府援助的安徽霍山的中荷项目也始于这一时期，从 1999 年开始在村民小组内建立社区基金，让村民自我管理、自我监督、有偿使用和滚动发展。

由于中国宏观金融政策的限制，因此，与国外的社区基金相比较，中国的社区基金从一开始就以扶贫项目的方式在运作，强调扶贫性质而淡化金融服务的性质。国外比较成功的社区基金大多向制度性小额信贷转化或与正规金融机构进行有效的连接，国内的社区基金更多的是以项目的方式在短期内弥补农户信贷服务的不足，并且都面临着管理机构不健全、人员不专业和不稳定、可持续性差等许多制度和管理方面的问题。这实际上也是政府推动的互助社发展的一个基本背景。

（2）初步试点（2001—2005 年）

进入 21 世纪后，中国政府开始了以村为单位的整村推进的扶贫战略，在提供村庄基础设施建设的同时，政府扶贫部门开始探索财政扶贫资金到户和帮助贫困农户发展生产的新途径。从 2004 年开始，在我国的若干地区开始了使用财政资金或国际金融组织资金开展社区基金和互助资金的试点，包括世行支持的农村社区滚动发展资金运作模式试点（TCC5 项目[①]）等。另外，金融监管部门也逐步开展农村资金互助社等金融合作组织试点，这些试点均建立了具有互助性质的组织来开展农村金融服务或者扶贫工作。在这些试点中涌现出一部分比较好的和可持续发展的模式，四川的"仪陇模式"、安徽的"霍太模式"[②] 和 TCC5 项目的"旺苍模式"就是最具代表性的三种运行模式。

①仪陇模式

仪陇互助社试点（该机构的正式名称是"仪陇扶贫互助社"）的正式开展可以上溯到 2005 年，国务院扶贫办选择四川省仪陇县开展"搞好扶贫开发，构建社会主义和谐社会"试点，仪陇扶贫互助社试点是其中的一项重要内容，经过试点村的逐步探索，总结出"支部＋互助社＋协会"的模式，其具体运行机制见图 3.5。

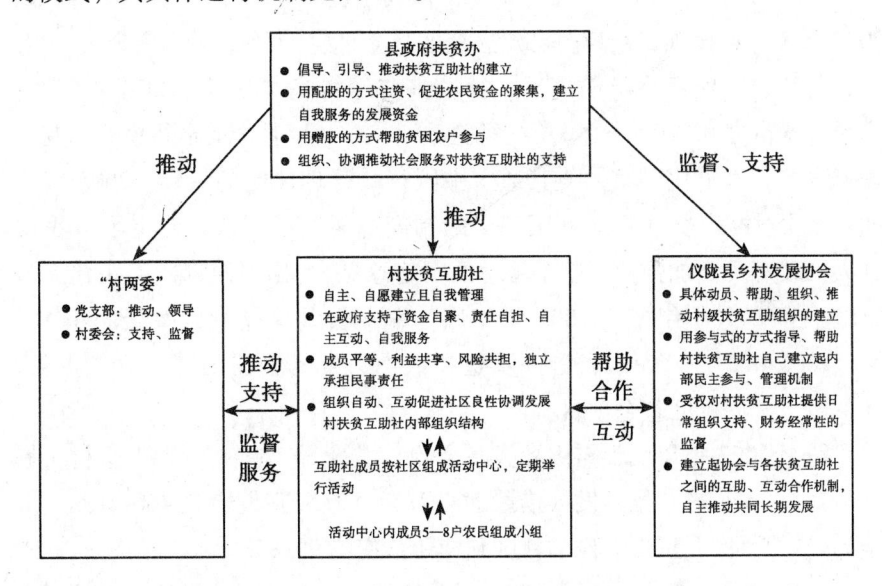

图 3.5　仪陇模式运行机制架构图

与其他多数地区互助社试点不同，仪陇试点的一个特殊之处在于其有仪陇县乡村发展协会的强力介入。仪陇县乡村发展协会在 20 世纪 90 年代

---

① TCC5 项目（"农村社区滚动发展资金试点"）是由国务院扶贫办和财政部农业司与世界银行合作开展的"加强中国财政扶贫资金管理"技术援助项目中的子项目。

② 安徽省霍山县和太湖县的贫困村村级发展基金是我国互助资金试点的又一典型代表，我们将其简称为"霍太模式"。

初由联合国开发计划署小额信贷项目支持成立,有多年的农村社区发展和小额信贷操作的经验。较为难得的是,仪陇县利用外资项目所获得的智力支持,建立了仪陇县扶贫互助社网站,将各项政策法规、相关信息及工作经验等及时上网,方便各村交流。在扶贫互助社成立和发展中,仪陇县扶贫办委托县乡村发展协会具体动员、帮助、组织、推动互助社的建立,用参与式的方式指导、帮助村扶贫互助社自己建立起内部民主参与的管理机制,并辅以日常组织支持和经常性的财务监督。仪陇乡村发展协会的介入使得仪陇试点得以在专业的第三方指导和监管下操作,而不是由政府部门直接来操作,这是目前大部分试点地区所不具备的因素。

②安徽的"霍太模式"

安徽省的互助社试点,最初起源于前文所提的1998—2003年在霍山县实施的为期五年的中荷扶贫项目,是其中社区基金的一个子项目。到2003年8月,该项目结束时已建立社区基金小组43个,投入资金41.4万元,荷兰政府项目官员撤离后,社区基金运转基本正常。2004年年底,安徽省扶贫办和财政厅经过总结经验教训,对社区基金的运行模式和制度框架进行了本土化调整,使其适应中国行政管理体制的特点。2005年年初,霍山县委、县政府对社区基金的制度框架作了修改,制定了《霍山县人民政府关于加强社区基金管理的实施意见》,由财政部门牵头建立了61个社区基金小组。到2005年年底,霍山县共建立社区基金小组104个。2006年3月,安徽省进一步选择太湖、金寨和霍山三县为试点县,在贫困村开展社区基金项目。

截至2007年年底,霍山社区基金项目共覆盖16个乡镇71个村,累计借款户3528户,累计发放借款564万元,收回到期借款460万元,资金周转2.55次,正常运作的社区到期还款率为98.8%。

安徽省霍山县试点的社区基金只从事资金借贷活动。社区基金只在本社区内有偿周转使用,借款户比例控制在项目总户数的49%以下,以保证监督的未使用资金的项目户多于使用资金的项目户。只规定下限月利率不得低于6‰,这个利率低于商业金融机构的贷款利率,各个小组基金根据村民的实际承受能力,确定不同的利率标准。为帮助社区基金良好运行,霍山县通过国务院扶贫办外资项目中心争取到了一个国际援助项目,邀请中国社科院小额信贷培训中心为社区资金做两年的项目培训,分别对社区基金管理人员进行业务培训,对农户进行生产技术培训。

③TCC5 项目

TCC5 项目是由国务院扶贫办、财政部农业司和世界银行合作开展的"加强中国财政扶贫资金管理"技术援助项目中的子项目。该项目于 2006 年 12 月 4 日在北京启动。国务院扶贫办、财政部农业司把四川省旺苍县和河南省叶县列为全国 TCC5 项目试点县。

为了实现 TCC5 项目的扶贫宗旨，该项目在试点村的选取中遵循以下原则：一是人均收入低、贫困户比例大的村优先；二是自然村数量和居住分布特点及户数规模具有代表性；三是农户有一定的发展农业生产的潜力（如自然资源和劳动力）；四是试点村不是信用社确定的进行小额信用贷款的信用村；五是村两委健全并具有较强的组织能力；六是未开展过产业化项目等。2007 年年初旺苍县率先启动了锦旗、中河两个村，截至 2008 年 1 月，锦旗村已有 233 户农户加入互助社，吸纳互助金 1.51 万元，已借款 8.938 万元，累计还款 2.27 万元，到期还款率 100%；中河村已有 218 户农民自愿加入互助社，吸纳互助金 1.28 万元，发放借款 8 批 73 户 86200 元，其中为 33 户贫困户发放借款 3.84 万元，年度共收回本金 4.63 万元。河南省叶县选取了常村乡西刘庄村和廉村乡韩庄村为首批试点，截至 2008 年 6 月，西刘庄村累计借款户 95 户，共借款 17.85 万元，回收本金 10.57 万元，回收占用费 4466.8 元，还款率 100%。

④三种典型模式的比较

四川的"仪陇模式"、安徽的"霍太模式"和 TCC5 项目的"旺苍模式"这三种典型模式的相同点在于：

首先，尽管名称不一、具体做法不一，但是三者在本质上是相同的，即都是财政扶贫资金在"需求导向"、"互助合作"、"滚动使用"等方面的重大创新，也同属互助社的特殊变体。

其次，三种模式最初都是在国际机构项目的援助下逐步探索形成的。TCC5 项目的"旺苍模式"属于直接在国际援助项目下的试点；安徽省霍山县的社区发展基金起源于 1999—2003 年进行的"霍山—中荷"扶贫项目，也是现在的安徽省互助社的雏形，即现有的安徽省（霍山、太湖、金寨）的扶贫互助社是以中荷项目中的社区发展基金为模板发展、演变而来的；仪陇县的乡村发展协会是在 1999 年联合国开发计划署的"参与式扶贫与可持续发展"技术援助项目支持下创建的一个独立的社团组织，其在很大程度上推动、支持着当地扶贫互助社的成立和发展。三者虽然不是同一层面上、同一性质的组织，但是国际项目的理念灌输、技术培训和资金支援对于试点区村民对互助社理念的理解及接受均起到了积极的影响。

不可否认，作为互助社发展初期的实验项目，三者之间必然存在一些显著的差异，具体可见表3.3。

表3.3　　　　三种早期扶贫互助资金合作社模式的差异①

	试点名称	四川省仪陇县扶贫互助社试点	安徽省霍山县贫困村互助社试点	四川旺苍县社区资金互助社试点（TCC5项目试点）
基本情况	主要推动者	县扶贫部门、仪陇县乡村发展协会（NGO）	县扶贫部门、县财政局	县扶贫部门
	注册单位	民政部门	未注册	民政部门
	资金来源	财政扶贫资金、农民入股	各级财政扶贫拨款农民配套	财政扶贫资金社员交纳的互助金入股
	经营范围	所在行政村	所在村民小组	所在行政村
	试点个数（个）	27	154	10
	社员总数（户）	4441	3863	1724
	资金总额（万元）其中：财政资金 社员资金	480.95 270.15 210.8	313.0 281.8 31.1	156.98 140 16.98
资金筹集机制	农户资金筹集	采取入股形式：贫困户赠股、一般户配股、富裕户入股	采取农户配套资金投入形式，不形成股权	采取农户配套资金投入形式，但形成农户股权
	农户筹资额度	每股1000元，配股户每户股份不超过2股；赠股户每户股份不超过1股	每户100—200元	每户50—100元
	财政扶贫资金投入	以对贫困户赠股和对一般户配股的形式量化到个人	作为"集体使用的财政资金"投入，不形成股权	形成集体股权（社区股）

---

① 资料来源：根据国务院扶贫办规划财务组、财政部农业司：《贫困村村级发展互助资金试点工作会议材料汇编》及课题组实地调研材料整理。其中，关于仪陇和霍山县试点的统计数据截止日期为2007年5月；关于旺苍县的统计数据截止日期为2008年7月。

续表

	试点名称	四川省仪陇县扶贫互助社试点	安徽省霍山县贫困村互助社试点	四川旺苍县社区资金互助社试点（TCC5项目试点）
存贷款情况	是否吸收存款	是	否	否
	贷款上限	总资产的5%	5000元	4000元
	名义年占用费率	8%	7.2%	7.2%
	还款方式	分期（10—15天）还款付息	一次性还本付息	分期（每月）还本付息
收益分配、贫困瞄准及经济活动	收益分配去向	管理人员工资 办公费用 公益金 公积金 社员按股分红	办公费用 转入本金，不分红	办公经费 公积金 农户按股分红 社区股不分红，转入本金
	贫困瞄准	通过对贫困户赠股方式瞄准贫困户	没有特殊的贫困瞄准政策①	通过特殊资格社员和特殊贷款方面的规定支持贫困户
	经济活动	资金借贷服务、生产互助合作	资金借贷服务	资金借贷服务

从表3.3可以看出，如果把霍太模式归为政府主导模式的话，仪陇模式则属于民间主导模式，而TCC5项目旺苍的社区资金互助社模式则介于二者之间。尽管存在差异，但各试点模式的精神本质是一致的，可以理解为互助社试点的不同操作模式。三类试点模式最大的区别在于对农户投入资金及政府财政投入资金的定性及与此相关的收益分配处理上：在霍太模式中，试点的主要思路是政府以财政扶贫资金给贫困农户提供优惠性的资金服务，更多地运用了政府主导和驱动机制，而忽视了试点机制设计中的经济利益驱动对参与主体的积极影响，不仅对财政资金的性质模糊化处理，而且也未明确农户资金的产权属性，而是统一处理为"集体资金"，从而也就不存在股权分红；而仪陇试点则着眼于运用市场化、合乎商业金融规律地把政府财政扶贫资金交由社区和贫困农户来运用和管理，并以此作为搭建社区互助合作的平台，不仅把农户投入资金，而且把财政扶贫资金均量化到户，并据此按股权分红；旺苍县社区资金互助社试点模式在这

---

① 现在安徽省太湖县开始试行"阳光股"的做法，即每个村民小组可以选举出10%的最贫困的村民，不必交纳配套资金就可以加入互助资金。这实际上类似于仪陇的赠股户政策。

一问题的处理上则介于二者之间：对个人筹资按个人股处理，财政投入资金则以社区股的方式处理。另外，霍太模式和旺苍模式对农户配套资金的要求比例均比较低，均只占总资金额的10%左右，而仪陇模式的农户投入则占到了40%以上（根据表3.3相关数据计算而得），农户筹资比例的高低可反映互助社对政府资源和民间资源的倚重程度。

（3）大规模试点阶段（2006年至今）

2005年1月，国务院发布的一号文件明确要求"有条件的地方，可以探索建立更加贴近农民和农村需要、由自然人或企业发起的小额信贷组织"[①]。6月28日，国务院扶贫办、财政部等四部门联合下发《关于开展建立"奖补资金"推进小额贷款到户试点工作的通知》（国开办发〔2005〕60号）。同年，国务院扶贫办等中央20个部委在仪陇县开展"搞好扶贫开发，构建社会主义和谐社会"试点，依托仪陇县乡村发展协会开展互助社试点。2006年《中共中央国务院关于推进社会主义新农村建设的若干意见》（中发〔2006〕1号），提出"要引导农户发展资金互助社，规范民间借贷"。同年6月，国务院扶贫办、财政部发出《关于开展建立"贫困村村级发展互助资金"试点工作的通知》（国开办发〔2006〕35号，以下简称"《通知》"），确定在全国14个省的28个国家扶贫开发工作重点县进行互助社试点。具体形式为：政府每年通过竞争方式，选择一批符合条件的贫困村，从财政扶贫资金中每村安排15万元，村民交纳少量互助金，按照"民有、民用、民管、民享、周转使用"的方式，支持村民发展生产。

截至2007年年底，全国除西藏外有扶贫任务的27个省（区、市）共1255个贫困村建立了互助社，互助资金总规模达1.8亿元，其中财政扶贫资金1.4亿元，吸收农户资金0.4亿元；加入互助社的农户达12.1万户，占贫困村总户数的44%；加入互助社的贫困户为6.3万户，占贫困村贫困户总数的59%。

2009年9月，国务院扶贫办和财政部联合下发了《关于进一步做好贫困村互助资金试点工作的指导意见》（国开办发〔2009〕103号，以下简称"《指导意见》"）和《贫困村互助资金试点指导手册（试行）》（以

---

① 《中共中央国务院关于进一步加强农村工作提高农业综合生产能力若干政策的意见》（中发〔2005〕1号文件）。

下简称《指导手册》），用以进一步明确试点目的和原则，规范试点运行程序，从而有效防范金融风险。

截至 2009 年年底，全国共有 28 个省市（自此，截至目前开展互助社试点的省市名单一直未有变动）9003 个贫困村开展了互助社试点，互助资金总规模为 17 个亿，其中中央财政扶贫资金投入 4.6 亿元，省级投入资金 7.8 亿元，农户缴纳互助金 3.6 亿元，其他资金 1 亿元，每社平均资金规模为 18.88 万元；共有 74 万农户入社，其中贫困户 37 万户，占 50%；社员农户累计借款 31 万户次，其中贫困户 17.9 万户次，占 57.7%；共向社员农户发放借款 11.7 亿元，其中向贫困户发放借款 6.7 亿元，占 57%。

截至 2010 年年底，全国共计 1013 个县、1.35 万个贫困村开展了互助社试点。互助资金总规模 26.24 亿元，平均每村资金规模约 20 万元，其中中央财政扶贫资金 8.19 亿元，各省（区、市）安排资金 11.46 亿元；财政扶贫资金占 78%，农户资金占 22%，入社农户 112 万户。中央财政资金试点 591 县（市）覆盖了 5460 个村，省级试点县（市）780 个覆盖了 8040 个村。

截至 2011 年年底，全国共计 1141 个县、16299 个贫困村开展了互助社试点，试点村共有 559.67 万农户，其中贫困户为 195.45 万户。试点村入社农户共 152.06 万户，占总户数的 27.17%，其中入社贫困户 84.64 万户，占贫困户的 43.31%。互助资金总规模 33.06 亿元。

截至 2012 年年底，全国累计有 1286 个县、17913 个村开展了互助社试点，资金规模已经达到 44.98 亿元。

表 3.4　　　　2007—2012 年扶贫互助资金合作社发展状况[①]

截止时间	互助社数量（个）	入社农户（万户）	覆盖贫困户（万户）	互助资金总额（亿元）	累计借款（万户次）	贫困户借款（万户次）	累计借款（万元）	贫困户借款（万元）
2007 年底	1255	12.1	6.3	1.81				
2009 年底	9003	74	37	17	31	17.9	11.7	6.7
2010 年底	13500	112	112	26.24	11.7	6.7	31	
2011 年底	16299	152.06	84.64	33.06				
2012 年底	17913			44.98				

---

① 数据来源：国务院扶贫办外资项目中心。

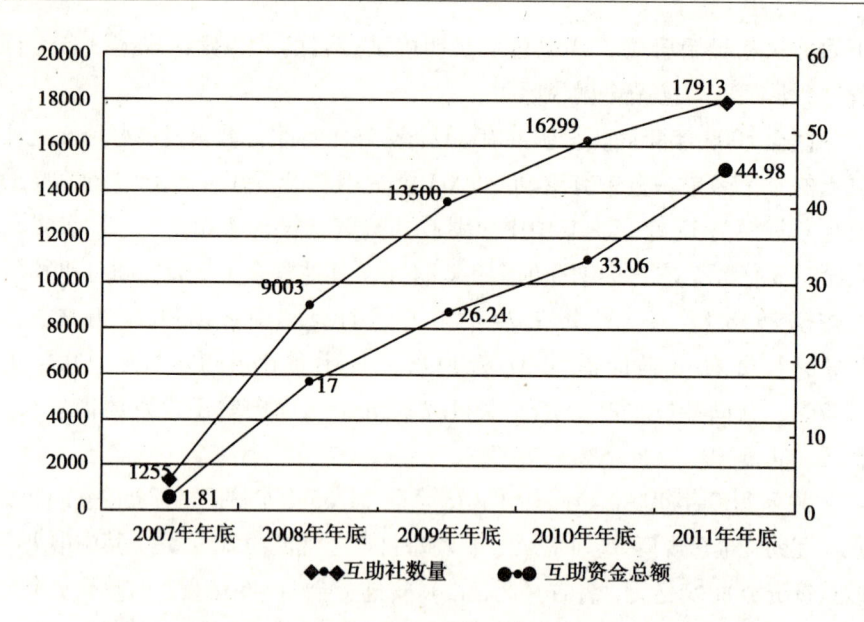

图3.6 2007—2012年扶贫互助资金合作社数量和资金规模增长情况

从以上数据可以看出,无论是从互助社的覆盖范围还是从发展速度来看,这在中国财政扶贫史上前所未有。

(二)扶贫互助资金合作社的特点

与传统信贷扶贫项目相比,互助社具有如下三个鲜明特点:

1. 目标明确

互助社强调在资金的运转与使用过程中,培养和提升贫困人口自我发展能力。

2. 贯彻分权理念

互助社在资金使用和组织管理上贯彻分权的理念,明确了社区与贫困群体在机构组织管理等一系列运行机制中的主体地位。与贫困村已有外生扶贫项目不同,互助资金管理制度与贷款政策由村民民主商议,且由村民自我管理。

3. 治理机制完善

互助社强调从完善治理机制入手,来提高贫困群体金融服务的可及性,通过发挥产权激励与自我管理来降低资金供给成本。

(三)扶贫互助资金合作社的重要作用

1. 扶贫互助资金合作社在我国扶贫开发工作中的重要作用

七年多来的实践充分证明,互助社试点取得了显著成效,在扶贫开发

工作中发挥了重要作用,主要表现在:

(1) 互助社有效缓解了贫困村发展资金短缺的困难,增加了扶贫对象的收入。从国务院扶贫办提供的数据来看,贫困户得到了财政力量较好扶持。以 2011 年年底的数据为例,如图 3.7 所示,中央财政扶贫资金 8.52 亿元(占 25.8%),各省(区、市)安排专项财政扶贫资金 17.57 亿元(占 53.1%),农户交纳互助金和其他资金 6.97 亿元。如表 3.5 所示,互助社累计发放贷款 46.22 亿元,其中向贫困户发放借款 24.81 亿元,占发放借款总额的 53.68%;累计借款 108.68 万人次,其中贫困户借款 67.5 万人次,占 62.1%。累计逾期借款 9626 笔,逾期金额 0.4 亿元,逾期率 0.9%。如图 3.8 所示,互助资金借款主要投向了种植(41.4%)、养殖(44.2%)、加工(5.2%)、商业(5%)及运输业和其他产业(4.2%)。

表 3.5　　　　贫困户参与扶贫互助资金合作社的情况①

	入户数(万户)	累计借款金额(万元)	累计借款人次(万人次)
总数	152.06	46.22	108.68
其中贫困户	84.64	24.81	67.5
比例	55.67%	53.68%	62.10%

互助社的运行明显增加了借款户的收入和资产,2009—2011 年间借款户比未借款户人均增收多出 875—1696 元(平均 1285 元),借款户的人均收入增长率提高了 31.45%。主要用于资产积累,使人均资产的年均增长率多增加了 29.2%[②]。

(2) 互助社激发了扶贫对象发展生产、自主创业的热情,提高了扶贫对象自我发展能力,促进了贫困村产业的培育和发展。以往传统扶贫措施都是从改善农民的外部发展环境入手,不能直接向贫困农户提供生产发展所需的资金支持。作为这些扶贫措施的重要补充,互助社通过集合财政扶贫资金与农户的入股资金,在社员充分参与的条件下为农户的生产发展提供资金支持。虽然起步的时间较短,但互助社发展速度迅猛,几年内已

---

① 数据来源:财政部农业司扶贫处(截至 2011 年年底)。
② 国务院扶贫办外资项目管理中心:《全国互助社交叉检查情况报告》,2011 年 10 月,第 1—2 页。

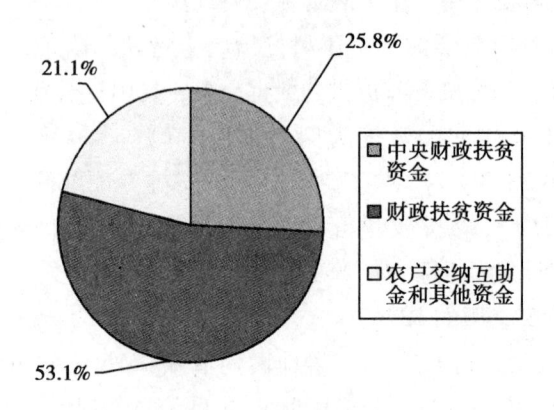

图 3.7 互助资金来源分布

- 中央财政扶贫资金 25.8%
- 财政扶贫资金 53.1%
- 农户交纳互助金和其他资金 21.1%

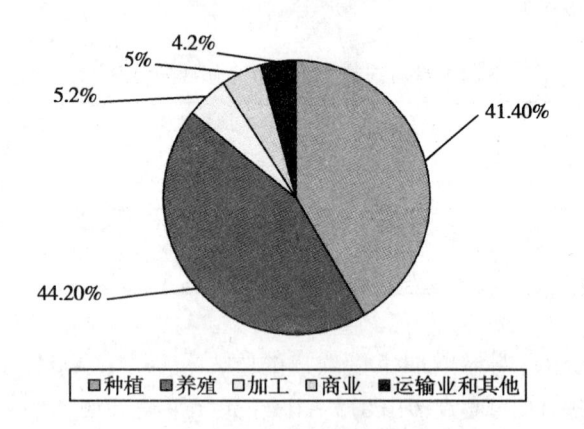

图 3.8 互助资金借款用途分布

- 种植 44.20%
- 养殖 41.40%
- 加工 5.2%
- 商业 5%
- 运输业和其他 4.2%

经覆盖全国绝大部分省市和地区，可见其作为一种新的扶贫形式，在我国新时期的扶贫开发工作中占有重要地位。

（3）互助社创新了财政专项扶贫资金使用机制，将资金由一次性无偿投入变为有偿、滚动使用，发挥了财政资金的引导效应和放大效应。互助社对贫困农户发放的互助社借款要远胜于一次性无偿拨付或捐赠的扶贫资金的扶贫效率，因其借款具有偿还性，这种偿还性要求获得借款的贫困农户必须以此发展增收项目来偿还本金和一定比例的占用费。这样，既提高了扶贫资金使用效益，也有助于贫困农户树立责任意识、信用意识和市场经济意识，激发其发展生产的积极性、主动性，提升其自身的发展能力，促使其早日脱贫致富。

（4）以互助社为基础的合作网络的存在，还在应对农村突发性灾害冲击时起到了保障网络的作用，也有利于营造良好的社会风气，促进社区和谐。互助社的实施为农户的普遍参与提供了机会。在互助社项目中，农民不仅能够根据自己的需求来自主选择生产项目，而且可以参加互助社的管理和决策过程。这一制度设计使得财政扶贫资金能够按照贫困社区农民的真实需求得以使用，增强了扶贫投入的针对性。

（5）互助社在村内运作，比金融机构更接近客户，大幅度降低信息不对称带来的道德风险，贫困家庭和特殊群体也从贫困村互助社中获得资金支持，发展生产和增加收入。例如，年龄超过55岁的老年人和贫困家庭无论是否有生产能力一般都不能从金融机构获得贷款，互助社的成立使他们中的一部分通过从互助资金借款获得收益。

2. 扶贫互助资金合作社在我国农村金融市场中的重要作用

经过多年的发展，目前我国的农村金融已基本形成商业金融、合作金融与政策金融并存的格局，在县域经济中并不缺乏各种类型的金融机构，但多数金融机构在满足低收入群体扶贫资金需求方面具有其局限性。商业银行追求利润最大化的经营原则及风险控制的要求，使其逐渐远离农村，必然导致其无法满足低收入群体的资金需求。政策性银行由于其业务范围是特定的，并没有针对低收入群体的融资服务，尽管农村信用社目前仍是服务"三农"的中坚力量，但是农信社的商业化改革和商业银行运作模式已使得其服务目标远离低收入群体，贫困农户难以从农信社得到更多的贷款支持。大多设在县城的村镇银行和只贷不存的小额贷款公司由于其刚性的逐利要求，基本上则更不会为低收入群体提供贷款。从以上分析可以看出，我国农村金融市场缺乏真正为贫困农户和农业生产提供服务的金融组织，而互助社的产生和发展，恰填补了这种需求，不仅如此，它强调农民自我管理为主的运行模式，还为新时期国家强农惠农政策下大量公共财政资源向农村传送提供了借鉴和参考，对农村金融制度的创新具有积极启示意义。

实践证明，没有一种联结金融机构与农户之间的载体，难以建立起健康的农村金融体系。农户缺乏必要的抵押品和农业本身的弱质性，导致包括贫困户在内绝大部分普通农户难以获得金融服务。很显然，脱离了大部分农户参与的农村金融体系是不健康、不完整的。此时，建立一种将农户联系起来的互助组织形式，有利于提高金融机构通过基层组织为普通农户提供金融服务的积极性。互助社恰好满足了组织分散的农民内部的资金周转需求,是一种真正以贫困农户为服务主体的互助合作组织形式,其产生弥补了底层农村金融市场的空缺,作为农村金融市场的重要组成部分,其快速发展有助于促进健康农村金融市场的形成。然而,互助社在农村借贷市场中的定位应当是,对正规金融机构的补充,对非正规借贷的替代;互助社应与信用社形成互补关系:信用社满足社区内比较富裕的高端客户的资金需要,互助社满足中低收入农户的资金需要并为信用社培养优质客户。

二 扶贫互助资金合作社在中国的实践启示

(一) 经验

与传统信贷扶贫项目相比,互助社作为一种内生性扶贫资金供给模式,其独特的治理结构与治理机制较好地解决了复杂的内部治理问题,达到了兼顾社会公平与经济效率平衡组织内部不同利益相关者权益的目标,其成功的原因具体表现在如下几个方面。

1. 遵循民主原则的治理理念

遵循民主原则的治理理念是互助社优化贫困覆盖的基础。互助社组织通过推行民主化治理理念,保证了贫困农户参与互助社并获取资金收益的公平性,使贫困群体获得贷款谋发展的同等机会。

2. 倾向目标群体的治理路径

倾向目标群体的治理路径是互助社优化贫困覆盖的手段。在政府财政资金的支持下,互助社利用向贫困群体倾斜的股权分配制度,平衡了大户与小户在组织中的潜在矛盾,在一定程度上实现了富裕群体和贫困群体对互助资金的分享。

3. 强调产权意识的治理原则

强调产权意识的治理原则是互助社实现可持续发展的前提。以明晰产权为基础的治理结构和治理机制将增强成员对组织的归属感,提高其参与管理组织的积极性,并在这一过程中提升贫困社区贫困群体自身发展能力,从而促进互助社的可持续发展。

4. 发展灵活多样的治理手段

发展灵活多样的治理手段是互助社提升可持续性的动力。互助社通过贷款产品还款方式内部监督机制的设计,能够有效地克服借款人道德风险问题，保证资金的安全及滚动利用，从而有利于互助社的可持续发展。

5. 政府的有效引导和监管

政府的有效引导和监管是互助社实现二元目标（即可持续发展与贫困覆盖）的政策保障。政府向互助社注资，强化了政府发展互助社的政策信号，能够打消农民出资入股的顾虑；同时，政府主导的外部风险监管可以将互助社面临的金融风险降到最低。

（二）教训

1. 产权不清影响机构可持续发展

由于中国行政体制问题的特殊性，互助社和其他 NGO 小贷机构都是依赖于政府组织建立起来的，因此缺乏职能上的独立性，产权不清往往是制约其可持续发展的重要因素。目前，尽管所有 NGO 小贷机构都在当地民政部门登记，有些甚至获得了中国人民银行有关部门同意开展小额信贷扶贫试验的批准文件，但所有这些小额信贷机构都不是严格意义上的金融机构，也不具备一般经济实体所具有的融资资格。以河北易县扶贫社为例，以上状况不仅使该机构无法通过吸收自愿储蓄持续地筹集相对低廉的资金，而且也不能从正规金融机构进行融资，来扩大自己的业务规模。民间机构的定位也使得机构之间的业务合作受到严重束缚。

2. 政府对互助社的过度干预与介入会影响其运行和发展

（1）政府行为对农村信用的最大破坏莫过于历史上曾经对农业贷款实施的减免措施。这些出于良好愿望来帮助农民的贷款减免极大地破坏了农村的信用，使贫困群体对信贷产成了豁免预期，严重影响小额信贷款项的到期回收率。长此以往将导致整个贫困地区的社会信用环境恶化，往往要多年的时间才能恢复老百姓的信用观念。

（2）在推行互助社试点的过程中，地方政府起到了关键的支持与推动作用，但也应防止其对互助社的过度干涉。例如，在早期互助社试点的一些地方，曾出现基层干部强迫借了款的农民去投资他们所推行的项目；部分地方政府在推行互助社过程中过多地干涉机构在挑选贷款户、确定投资方向、投资项目方面的权力。严格地说，这类项目不能称为规范或严格意义上的小额信贷项目，而将其称为扶贫项目可能更合适。从这类项目的体制多变和不适应发展的形式、缺乏专职队伍建设、强调补贴利率政策等方面看，也说明其不具备持续性发展的能力。

（3）普通政府官员并不具备从事小额信贷的专业素质和企业家精神，

尤其是在目前地方政府对互助社管理组织都具有一定临时性的情况下，更不可能要求他们对互助社的管理和支持有很大的积极性。地方政府迫于精力所限也不可能一直对互助社保持长时间的高度关注，所以在外部运行环境没有得到规范的条件下，政府对互助社的态度时冷时热，对其的长期发展是极为不利的。

3. 低利率将导致互助社不可持续发展

在我国过去30多年来的信贷扶贫模式中，低于市场价格的金融产品定价策略一直被认为是扶贫特色的重要体现之一。实际上，就是这样一个看似合理的制度安排，背后却隐含着本质的"悖论"。

事实上，在市场机制作用的条件下，低利率必然要导致：①不能补偿小额信贷的操作成本；②高违约率；③贷款难以到达真正的贫困者手里；④借款者难以产生精心经营的压力与动力；⑤信贷寻租现象的出现，使利率补贴所带来的好处主要流向能支付更高租金的利益群体，而穷人很少能在支付租金争取利率补贴的竞争中占据优势。Gonzalez-Vega对发展中国家利率补贴研究的结果证明了利率限制条件下的铁的规律，它将使利率补贴的利益主要由富人攫取，而穷人则很难从中受益[1]。尽管多年来政府一直致力于完善信贷扶贫机制，希望能提高到户贷款的比重和效益，但事实上，在低利率水平下，扶贫信贷资源的分配根本无法偏向贫困人口。以上分析表明，只要金融产品定价在人为因素下保持低水平，就会带来寻租风险和挤出效应，信贷扶贫资金就会沦为有竞争性但没有排他性的共有资源，低利率有寻租的空间，可能导致贷款集中在少数人手中。最终结果是利率上限政策为扶贫资金贴上了"公地"的标签，财政投入越多，贫困群体越难以接触到信贷资源，面临被"挤出"而不是被"帮扶"的命运。扶贫贴息贷款项目运行20多年来，始终没有解决贷款回收率低和贫困瞄准性差的问题，就是有力的证明。

第三节　本章小结

国外小额信贷典型模式的成功经验为中国互助社运行机制的优化提供

---

[1] Gonzalez-Vega, Adrian. Efficiency drivers of microfinance institutions (MFIs): The case of operating costs [EB/OL], C. 1994.

了重要的借鉴意义,即在尊重我国国情的前提下,互助社的运行机制应体现出准确的市场定位、灵活的产品设计、市场化的利率、科学的风险控制,才有可能同时实现机构的财务可持续性和对贫困人口的有效覆盖。通过对互助社在中国试点 7 年来的实践回顾,可以发现从互助社的早起探索到初步试点,直到目前的大规模推广,无论是从覆盖范围还是从发展速度来看,在中国财政扶贫史上的确都是前所未有的。但通过分析互助社的特点、优势以及作用,不难发现正是由于互助社较符合当前我国农村地区底层金融服务缺失的需求特征,才使得这种前所未有的状况具有其历史必然性。总结我国互助社实践经验的启示,应当:①遵循民主原则的治理理念;②倾向目标群体的治理路径;③强调产权意识的治理原则;④发展灵活多样的治理手段;⑤政府的有效引导和监管。同时应避免机构产权不清、政府的过度干预和低利率的产品设计。

第四章　扶贫互助资金合作社运行现状——以山东省为例

第一节　选择山东作为研究样本区域的原因

山东省于 2007 年开始互助社试点，是全国试点较早的省份之一，选择山东省互助社试点运行情况进行系统研究，具有较高的代表性。

一　整体经济水平发展较快，但各地发展不平衡

作为东部沿海经济较为发达的省份，虽然山东省在 GDP 总量、基础设施和固定资产投资方面处在全国省、市（直辖市）前列，但也存在省内各地区经济发展较为不平衡等问题，其发展特点符合我国目前农村经济总体特征。

2012 年，山东省经济总量达到 50013.24 亿元，全省人均 GDP 为 51897.10 元，高于全国平均水平。从各地级市来看，东营人均 GDP 最高，达到 147430.85 元，青岛、威海、烟台、淄博和济南人均 GDP 都超过 65000 元，而菏泽、临沂、聊城三市的年人均 GDP 皆低于全国平均水平，其中菏泽最低，仅为 21566.16 元[①]。以山东境内的沂蒙革命老区 18 县市为例，其中有 17 个仍存在不同程度的贫困，并以临沂、莱芜、济宁和枣庄等地市所在县市经济水平最弱。以上经济欠发达地区现状可概括为：已经解决温饱，但较落后，由贫困村向新农村、小康村的转变，贫困户向宽裕户、小康户的转变，是这些地区面临的重要任务。

---

① 数据来源：《山东统计年鉴 2013》。

二 十年来扶贫卓有成效，但贫困人口整体基数仍较大

2001—2011 年，全省省级以上财政扶贫资金累计达到 8.7 亿元，全省参与扶贫开发的各类社会资金 48.7 亿元①。按照 2001 年省定贫困标准 1000 元，全省农村绝对贫困人口由 2000 年的 420 万人减少到 2010 年的 128 万人，贫困人口数占乡村总人口比重由 5.97% 下降到 1.78%。《山东省农村扶贫开发纲要（2011—2020 年）》启动后，省定贫困线由 2001 年的年人均纯收入 1000 元提高到了 2012 年的 2500 元，在提高扶贫标准的同时，省政府确定了省里重点扶持的 200 个贫困乡镇、3000 个贫困村。2012 年，全省各级共启动扶持贫困村 1.8 万个，按 2500 元的新标准减少贫困人口 100 多万人，脱贫人数较此前 10 年的年平均脱贫人数翻一番多，项目村农民人均增收 1000 多元，农村贫困人口收入增幅大大超过全省农民人均收入增幅。

然而，随着贫困标准的不断提高，被纳入扶助范围内的贫困人口基数仍然较大。按照 2012 年的省定贫困线标准，目前山东省有贫困人口 820 万人，占乡村总人口的 11.4%，与全国贫困发生率 10.2% 的水平接近；其中低于 1500 元的极度贫困人口仍有 467 万，占全省贫困人口的 57%，占全省农村总人口的 6.5%。

三 贫困人口"大分散，小集中"，地区内部发展差距更为突出

所谓贫困区域，是指经济贫困、居民生活水平相对较差的那部分地区。虽然自从 2010 年起山东省已经没有国家重点贫困县，但贫困人口并没有消失，而是分散到了各个区域。从贫困人口分布区域来看，山东省传统农村贫困地区主要集中于西部（如图 4.1），尤其是菏泽、聊城、德州和滨州四市。这 4 个地级市的土地面积、人口分别占全省的 25% 和 18%，而国内生产总值、地方财政收入分别只占全省的 9% 和 8%，2010 年其农村居民人均纯收入普遍在 2100 元以下，远低于全省平均的 6990 元。同时，这些农村贫困地区也主要集中在沿黄地区、湖区、库区和山地丘陵，自然条件恶劣，灾害发生频繁，水资源匮乏，科技教育落后，交通、通信

---

① 数据来源：山东省人民政府网站，http://www.gov.cn/gzdt/2012 - 03/31/content_2104300.htm。

等基础设施相对薄弱。《国家八七扶贫攻坚计划》中,山东有10个国家重点扶持的贫困县,分别是泗水县、沂南县、沂水县、费县、平邑县、蒙阴县、庆云县、沾化县、莘县、冠县,这些贫困县也大多涵盖在上述区域之中,目前均已经开展了互助社试点工作。

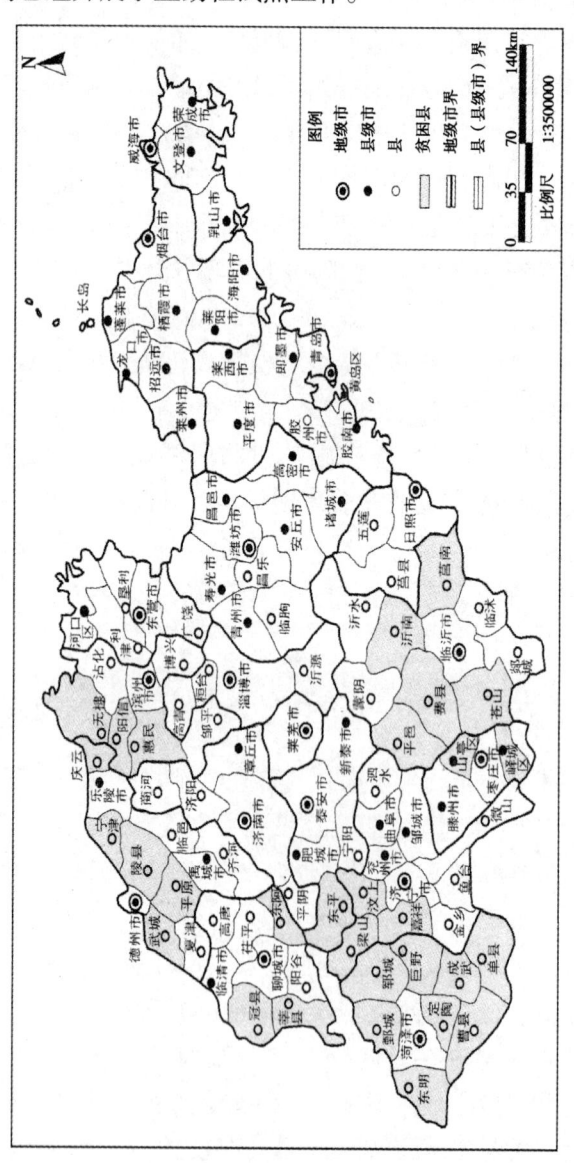

图4.1 山东经济欠发达县分布图

现实表明,以县作为贫困标识单位已经无法真实体现贫困人口的分布状况。在一些农村贫困地区，少数人群的畸高收入掩盖了多数人的贫困。根据山东省统计局的调查，2012年年底，全省3038个"十二五"重点扶持贫困村中，尚未通柏油（水泥）公路的行政村还有750个，未通自来水的1406个，未通电的225个，未有通信信号的284个，未通互联网的1039个，无卫生室的1274个，有需要搬迁农户的1037个。

四 城乡收入差距和地市间农民收入差距都相对较大

近十年来，与全国其他地区一样，山东城乡居民人均可支配收入的差距、地市之间农民人均纯收入差距都在不断拉大。城镇居民人均可支配收入与农民人均纯收入相比，由2001年的2.53∶1扩大到2011年的2.73∶1（2011年全国的该比例值为3.3∶1[①]）；地市之间农民人均纯收入最大差距，由1989元扩大到5250元，农户之间收入差距由5.12∶1扩大到5.75∶1[②]。可见，山东城乡居民人均可支配收入的差距与全国平均水平十分相似，近十年来取得的经济成就并没有使农村地区的贫困现象完全消除，贫富人口、城乡居民的收入差距反而在逐步扩大。

五 山东农民较具有中国农村贫困农民的典型性

（一）山东省是传统而典型的农业大省和农业人口大省

山东省农业发展一向以种植业和养殖业为主，农业历史悠久，耕地率属全国最高省份，2009年年底全省耕地总面积为1077万公顷，一直以来粮食、棉花、蔬菜和水果等农产品产量都居全国前几位。同时，山东农村贫困地区的产业结构层次较低，农业比重较大，农民的收入结构单一，工业化和城市化进程缓慢；对外开放程度低，农产品市场规模狭小并且发育不成熟；金融服务体系单一，信贷资金供给不足。不仅如此，广大农村贫困地区本已捉襟见肘的资金还通过储蓄被城市和发达地区抽走，逐渐导致农村地区的投资软硬环境较差，基础设施薄弱。

（二）山东农民更具有中国农民代表性

山东省是孔孟之乡，儒家文化的发祥地，山东农民更具有中国农民温良质朴的代表性。山东农村受孔孟儒家文化影响深重，"圈层文化"更加

[①] 数据来源于《中国统计年鉴2012》。
[②] 数据来源于《山东农村统计年鉴2012》。

典型，传统文化和乡土文明对于中国农民的组织文化影响既有积极作用又有消极影响。再加上由于其特殊的自然、经济和历史的原因，山东的大部分贫困农村长期处于一种相对封闭的状态，社会关系不发达，甚至在某种程度上具有"贫困文化"的特色，使得贫困具有代际相传性。因此，选择山东农村作为调研地区，更能看出中国农民在公益性小额信贷机构中不同于其他文化背景的典型特点。

六 山东省扶贫互助资金合作社试点发展快且较稳

与其他省份相比，山东省开展互助社试点较早，各级财政投入较大，发展速度较快。2012年年底各级财政已累计投入27616.73万元，成立试点互助社1347个。2013年年初国务院扶贫办外资中心对全国已经开展试点的省份进行考核，认为2012年山东省互助社试点运行态势相对较好，绩效考核排名第一。不仅如此，在四川、安徽等省份早期已经进行过各种模式的试点基础上，山东省的互助社运行模式一直较为成熟且相对稳定，其调研数据更能客观反映出互助社大规模稳定运行一段时间后的绩效水平。

如前分析，无论就经济发展状况、贫困人口分布特点、城乡收入差距还是就互助社运行成熟度等方面，选择山东省作为研究区域比较符合样本区域选择的典型性原则。

第二节 调研数据的来源、抽样方法和样本说明

一 调研数据的来源和抽样方法

本次调查大致可分为五个部分：第一部分是山东省互助社整体发展情况调查，时间为2012年7—8月，相关数据主要由国务院扶贫办外资项目管理中心和山东省扶贫办提供；第二部分是互助社管理人员问卷调查，时间为2012年4月，利用山东省扶贫办开展互助社管理人员培训之机，发放《互助社管理人员问卷》752份，由各互助社管理人员独立填写，收回有效问卷624份，涉及624个互助社（一村一社，一社一份），占当时全省互助社总数的58.1%；第三部分是互助社社员问卷调查，我们要求参加培训的互助社管理人员根据本社情况和培训中讲述到的几种典型互助对

象，自行选取具有代表性的 3—5 名社员发放《互助社社员问卷》，并由 98 名当地学生利用暑期时间分别到各社进行面对面回访并收取问卷。通过这种方式，以有限的人力和财力完成了对 337 个互助社的回访并收取 1050 份问卷，其中有效问卷 832 份，从而保证了社员样本的覆盖率和代表性；第四部分的数据主要是对泗水县部分互助社的贫困社员进行的问卷调研，具体调研方法见第八章；第五部分为个案数据采集，本书第十章关于山东省淄博市沂源县悦庄镇王家泉村互助社和临沂市临沭县青云镇互助社的相关资料和数据均来自研究人员对两社的实地考察。

二 样本说明

调查样本涉及了山东省全部互助社试点的地市（以下样本说明主要是针对第二次调研数据而言）；涉及试点县市区 23 个，占所有试点县市区的 59.0%，其中经济发达地区、一般地区和欠发达地区的县市区[1]所占比例分别为 22.5%、34.8% 和 42.7%。总体而言，本次调查涉及的样本社所在地区，无论就地域分布还是经济状况差异，都较具有代表性，具体见表 4.1。

表 4.1　　　　　　　　样本的区域构成

地区	鲁北		鲁中山区			鲁西			鲁南			合计
地市	滨州	东营	淄博	潍坊	泰安	聊城	菏泽	德州	济宁	枣庄	临沂	11
样本个数	52	27	64	37	9	10	6	17	87	125	190	624

样本互助社所在试点村的地形特征较为多样化，平原村、丘陵村和山地村各占 45%、29.0% 和 26.0%。试点村的经济状况差别较大，年人均纯收入最低的村为 1806 元/年，最高的村为 7690 元/年（见表 4.2），最高平均值仍未达到山东省农民平均收入水平，说明样本的经济水平总体较具有贫困代表性。

---

[1] 根据《山东省统计年鉴 2012》，2011 年山东省农村居民平均可支配收入为 6990 元。本研究将山东省各县市划分为三类：2011 年农村居民平均可支配收入高于 6000 元的为经济发达地区，介于 4000—6000 元之间的为一般地区，低于 4000 元的为欠发达地区。

表 4.2　　　　　　　　样本互助社样本经济状况

样本数量	年人均纯收入	最高值	最低值	标准差
624	3340	7690	1806	1126.46

人均年纯收入分布

范围（元）	2500以下	2500—3000	3000—4000	4000—5000	5000以上	合计
样本数量	115	159	199	109	42	624
百分比	18.5%	25.4%	31.9%	17.4%	6.8%	100%

为了使搜集的数据资料更能体现互助社中低收入社员群体的真实意愿，在各村委会协助下，本次调查所选择的样本社员家庭的经济水平在本村主要处于中等及下等，各占所调查样本社员的38.2%和45%。另一方面，通过社员问卷可知，调查样本互助社社员主要收入来自种植业和养殖业，共占样本的83.3%，以打工及其他收入为主要收入来源的样本社员占16.7%（见表4.3），这样的收入比例较符合山东贫困地区农民以传统农业为主的特色。以上几方面分析表明本次调查所选择的样本社员的确具有一定的典型性和代表性。

表 4.3　　　　　　　　样本互助社社员主要收入来源

主要收入来源	种植业	养殖业	种植和养殖业	打工	其他	合计
样本数量	256	163	274	125	14	832
百分比	30.8%	19.6%	32.9%	15.0%	1.7%	100%

第三节　山东省扶贫互助资金合作社总体发展状况及其特点

山东省互助社自2007年开始，试点以来发展较快（见表4.4），并呈现出以下特点。

一　总体发展迅速，区域间规模差异大

调查资料显示，山东省互助社试点由2007年的50个发展到2012年年底的1374个，年均增速为128.62%，遍布在39个县市。互助资金总额29475.3万元，其中中央财政拨款3431.5万元，省级财政出资16608万

元，市级财政出资1500万元，农户出资7657.8万元，其他资金来源（主要为社会捐赠）278万元。互助资金规模和财政资金投入年均增速分别为133.43%和126.72%，二者与互助社数量增加趋势基本保持一致。

表4.4　　　　　　　山东省扶贫互助资金合作社发展状况①

统计年份	互助社总数	互助资金（万元）	财政资金（万元）	入社农户数（万元）	农户入社率（%）	贫困户入社率（%）	农户自愿出资（万元）	累计借款农户总数（万户）	累计发放借款（万元）
2007	50	1150	750	—	78.2	—	400	—	—
2008	168	3346	2120	3.4	73.8	—	2031	—	—
2009	364	10002	5594	9.1	71.0	83.5	4408	1.1	6800
2010	413	11400	6939	10.3	78.3	72.2	4600	6.4	28900
2011	1024	26200	16400	21.3	79.1	73.4	9800	16.8	78300
2012	1374	29116	20039	—	78.8	73.2	—	22.3	79911

山东省平均每社持有互助资金25.6万元，略低于每社25.1万元的全国平均水平（根据表3.4数据计算所得）。截至2012年年底，全省共有入社农户共21.8万个，其中贫困户68819个，建立互助小组16524个，2012年度最高利率12%，最低7.2%；2012年当年借款户55641户，占入社农户的31.76%，其中共有18427个贫困户有借款行为，占当年借款人次的33%；试点6年来累计发放贷款79911万元，累计还款68551万元，借款占用费收入累计2218万元，其中2012年占用费收入为历年最高，达1004.38万元，种植业、养殖业、加工业、商业及运输业在借款用途中占比累计为56.92%、35.77%、6.46%、5.15%，其他用途占0.32%（如图4.2）。自试点以来全省互助社共有逾期还款32笔，累计15.5万元。

尽管从整体来看，山东省试点互助社起步晚、发展快，但从地市横向对比来看，发展却较为不均衡。如临沂市在全省开展互助社试点最早、发展速度最快，目前全市共建立互助社718个（其中省级以上418个，市级300个），互助资金总量达2.2亿元，约占全省互助资金总量的75.82%，入社农户15万户，6年来互助社累计为6.48万农户发放借款3.74亿元。

---

① 资料来源：根据山东省扶贫办提供的材料整理所得，含山东省全部国家级、省级和市级互助社，截至2012年12月。（——表示当年没有数据统计）

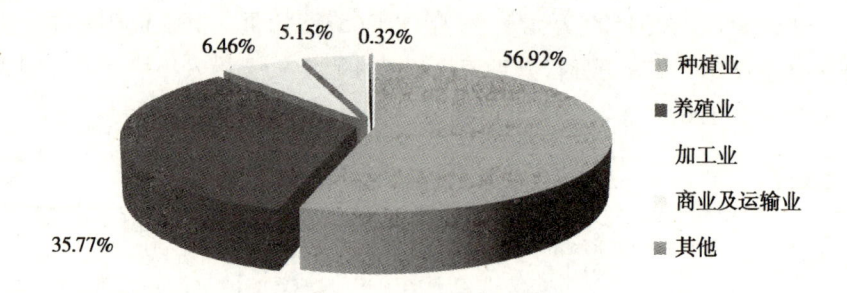

图 4.2　2007—2012 年山东省扶贫互助资金合作社累计发放借款去向

相比之下，贫困人口居全省各地市之首的菏泽市，自 2008—2011 年开展试点以来只成立了 7 个互助社，不足全省总数的 1%，2012 年和 2013 年后起勃发，全市新批准成立的 130 个互助社，其中有 101 个现已在民政部门完成了注册。

二　益贫效果良好，发展空间广阔

根据山东省扶贫办提供的数据，互助社试点六年来山东省累计有 17.04 万户农户受益，其中贫困户有 72854 户次借款，占所有借款笔数的 42.75%；共发放借款 7.83 亿元，贫困户借款 3.5034 亿元，占发放借款总额的 44.70%；户均借款 4661 元，平均按期还款率 99.23%。以上数据表明，互助社较好地解决了农户发展生产面临的资金困难，改善了农村金融环境。

截至 2012 年年底，互助社已覆盖了山东省全部 10 个八七扶贫攻坚计划贫困县；涉及 302 个省级贫困村，占全省 3035 个省级贫困村的 9.95%；入社贫困人口 20.64 万，占全省 467 万贫困人口[①]的 4.42%。这表明互助社要实现对山东省贫困地区和贫困人口的全覆盖尚存在很大发展空间。

三　农户名义参与水平高，但贫困户实际参与水平较低

调查资料显示，农户入社积极性普遍较高，全省试点村的农户名义参与水平即农户入社率 6 年来一直保持在 70% 以上，超过 44.4% 的全国平均水平。由于 2009 年后一部分没有借款需求的"零劳动力"贫困户社员

---

① 山东省统计局 2011 年公布，执行 2010 年之前的贫困标准，即年人均纯收入 1500 元。

被转而纳入农村低保,导致贫困户入社率从2009年的83.5%下降至2010年的72.2%,之后总体保持该水平。

农户实际参与水平则表现出以下特征:一方面,截至2011年年底已入社的21.3万农户中,有16.8万户有过借款行为,即总体上社员实际参与水平①为0.79,明显高于2010年的0.62;另一方面,通过单独分析贫困户社员的借款活动可发现,贫困户名义参与水平②平均为1.00—1.25,但贫困户实际参与水平③低于总体水平,平均为0.63。可见,尽管社员农户整体上借款积极性较高,但贫困户社员似乎更多的是在"旁观"而非"参与"。

四 财政拨付逐年递增,且居主导地位

(一) 财政拨款逐年递增

如表4.5所示,2007年山东省财政为互助社拨款不足0.08亿元,以后逐年递增,2012年达到2.00亿元。截至2012年年底,省级以上互助社发展到1074个,互助资金总规模为2.76亿元,其中,省级以上财政拨款约2.00亿元(其中中央财政拨款3431.5万元,省级财政16608万元)元,农户自愿出资及社会捐赠0.76亿元,各部分占比如图4.3,说明财政拨款在互助资金中占主导地位。

表4.5　　　　　山东省省级以上互助社资金总规模及构成④　　　　(单位:万元)

	中央试点社	省级试点社	合计	在互助资金中占比(%)
互助社总数(个)	176	874	1047	—
互助资金总规模(万元)	4616.733	23000.228	27616.96	—
中央财政扶贫资金(万元)	3151.5	280	3431.5	12.43
省级财政扶贫资金(万元)	21	16587.45	16608.45	60.14
农户交纳及社会捐赠(万元)	1354.109	6303.724	7577.01	27.43

---

① 社员实际参与水平 = 借款社员/总社员数。
② 贫困户名义参与水平 = (入社贫困户数量/入社农户数)/(贫困户总数/农户总数)。
③ 贫困户实际参与水平 = (获得贷款的贫困户数量/获得贷款的农户数)/(贫困户总数/农户总数)。
④ 数据来源:山东省扶贫办,截止日期:2012年12月31日。

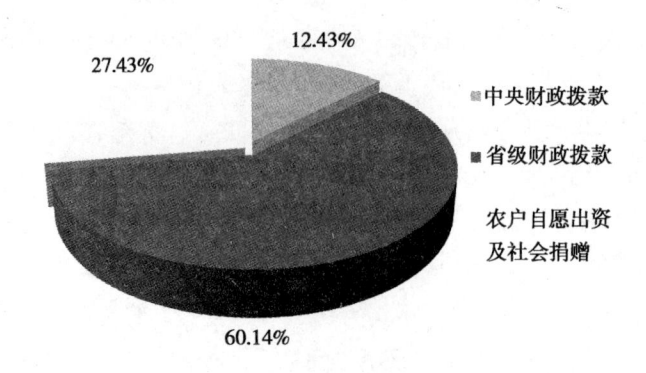

图 4.3　2011 年山东省互助资金构成比例

(二) 财政拨款与互助社同步增长

如图 4.4 和图 4.5 所示,尽管财政拨款在互助资金所占比例经历先下降再回升的过程中一直保持在 55% 以上,但仍低于 78% 的全国平均水平[①]。可以说,山东省政府持续的财政支持对互助社发展起到了至关重要的作用,但与其他省份相比仍有差距。

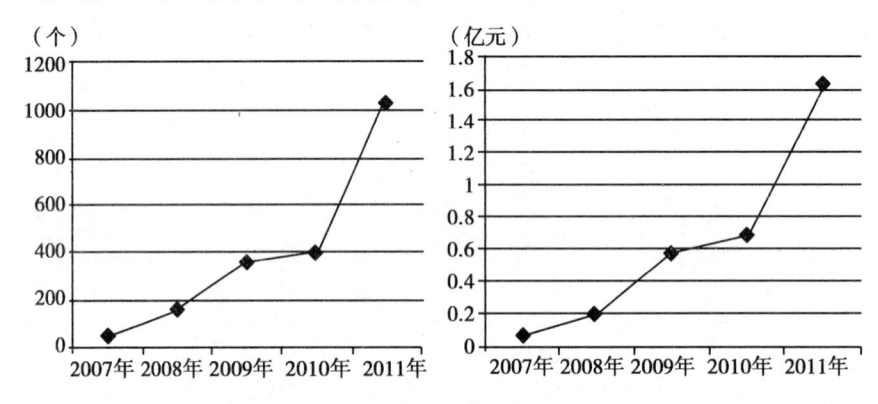

图 4.4　扶贫互助资金合作社数量与财政拨款增长趋势及其对比

(三) 与中央财政相比,山东省用于互助社的财政资金比重较大

以 2012 年为例,当年中央在山东省投放财政专项扶贫资金总额为 4265 万元,而中央财政拨给山东互助社试点的财政资金为 400 万元,占财政专项扶贫资金总额的 9.38%;山东省 2012 年在 32676.18 万元省财政专项扶贫资金中共安排 9767.05 万元用于发展互助社,占比接近 29.90%。以上数据说明省级财政拨付对互助社的重视远大于中央。省级

---

① 数据来源:国务院扶贫办外资项目管理中心,2011。

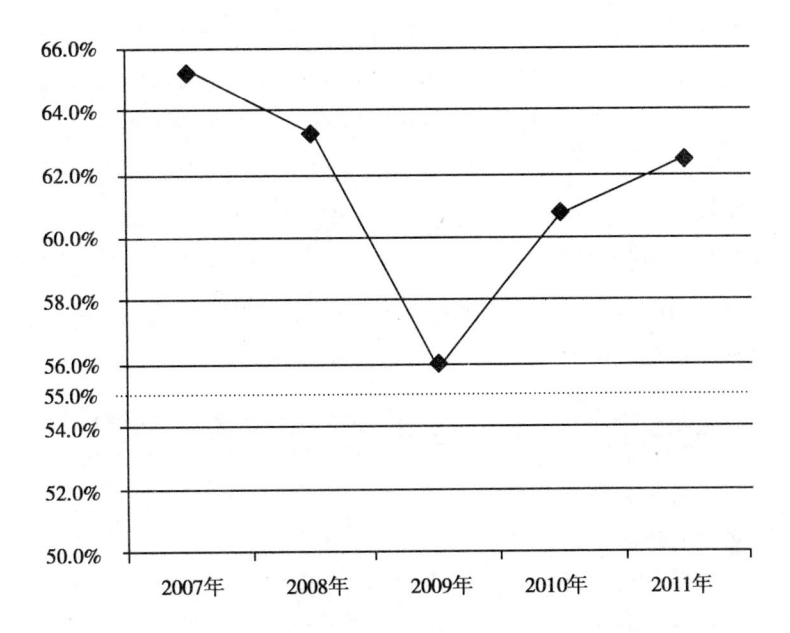

图 4.5　财政拨款在互助资金中所占比例变化趋势

财政补助资金一般分两个阶段拨付，第一阶段拨付补助资金总额的 60%，第二阶段拨付其余的 40%，两次拨款时间一般间隔不少于 3 个月。

五　财政资金拨付与贫困人口分布不匹配

财政拨付为每社 9 万—25 万元，拨付金额与互助社社员多寡和贫困程度无明显关系，具体表现在社员户均财政拨付[①]和贫困社员户均财政拨付[②]这两个指标上，前者最高为 2995.6 元，最低为 197.3 元，后者最高为 12875.2 元，最低为 312.5 元（见表 4.6）。

表 4.6　　　　　　　　样本社人均可利用财政资源情况

	计算方式	平均	最大	最小	标准差
社员人均可利用财政资源	财政拨款数额/互助社社员总数	732.10 元	3000.00 元	197.37 元	392.57
贫困社员人均可利用财政资源	财政拨款数额/互助社贫困社员总数	1705.35 元	12857.00 元	312.50 元	1705.35

---

① 社员户均财政拨付 = 财政资金总额/总社员数。
② 贫困社员户均财政拨付 = 财政资金总额/贫困社员数。

以上数据说明财政拨付既非根据互助社规模进行，也没有依照各互助社贫困程度给予倾斜，对人数较多、产业发展较好、贷款需求大的村并没有加大资金安排比例，因此，财政扶贫资金的利用效率值得怀疑。

此外，在访谈中可发现，人均调拨资金较多非但没有促进互助社发展，反而产生了一些负面效果，在多长期投放扶贫资金的试点村，仍然存在"扶贫资金就是救济金，白送白给"的传统依赖观念，而且社员担心由于本村人均占有资金较多，财政资金会有随时被调整或收回的可能，更是"有权不用过期浪费"，存在信贷资金财政化的潜在风险。

六 试点村的经济水平差异显著，与互助社数量比例稳定

对于扶贫互助社试点村的甄选，《指导意见》政策一直是：通过竞争入围、综合考察的办法择优确定试点村。山东作为东部沿海发达省份，贫困人口比例为10%左右，然而在调查中发现，有部分试点村的贫困程度比平均水平要低很多，甚至有12%的试点村的人均年纯收入为7000元以上，接近山东省平均水平，而这些试点村村民入社率却高达70%以上，照此推算互助社员中贫困户实际占比非常小。由村民自愿交纳互助金构成，一般来说，应体现两头小中间大的梭形结构，即富户参股和特困户赠股应各占5%—8%左右，其余部分为配股。但有相当数量的试点村由于过于富裕，社员中的富户参股比例已经超过15%。尤努斯认为："如果某个规划将穷人与非穷人混在一起，除非在一开始就设立一些保护性措施，否则非穷人就会攫走所有那些以扶贫为名义所做努力中的实际利益。"[①]在实地探访中也发现，较富裕的试点村在推行利率市场化、小组联保、分期还款和去股份制等方面难度都较贫困村更大，因为这些具有小额信贷特色的做法都是非贫困群体所不需要的，甚至反对的。因此，试点选择的村过于富裕对真正推广互助社是十分不利的。

2009年之后，山东省扶贫办要求互助社试点只能选择在省重点扶持乡镇的贫困村来进行，因此新试点的村年人均收入只有3500元左右，且社员经济状况构成一般呈现出较为合理的梭形结构。从样本社的情况来看，富户、中等收入、低收入农户和贫困户，分别占7.2%、40.3%、41.5%和11.0%。

---

① [孟加拉]尤努斯：《穷人的银行家》，上海三联书店2006年版，第200—210页。

从试点村与互助社数量比例来看，2009年以前山东省内有若干家跨村设立的互助社（主要集中在临沂市），其中规模最大的青云社由5个行政村合并建社，有1553户社员，互助资金总额155万元。这一做法的初衷是通过扩大互助社单体规模降低运行成本，但运行一段时间后，管理费用和风险系数增大等诸多弊端逐渐显现，熟人社会的优势也不再明显，于是2011年在省扶贫办的干预下按一村一社要求青云社被重新拆分成5个社（在本书第十章有详述）。其他跨村建社案例多与之类似，截至目前山东省内互助社试点都是"一村一社"。

第四节 社员和管理人员对扶贫互助资金合作社的看法及期望

一 社员的看法及期望

如图4.6所示，从社员对互助社的认同态度来看，接受调查的832个

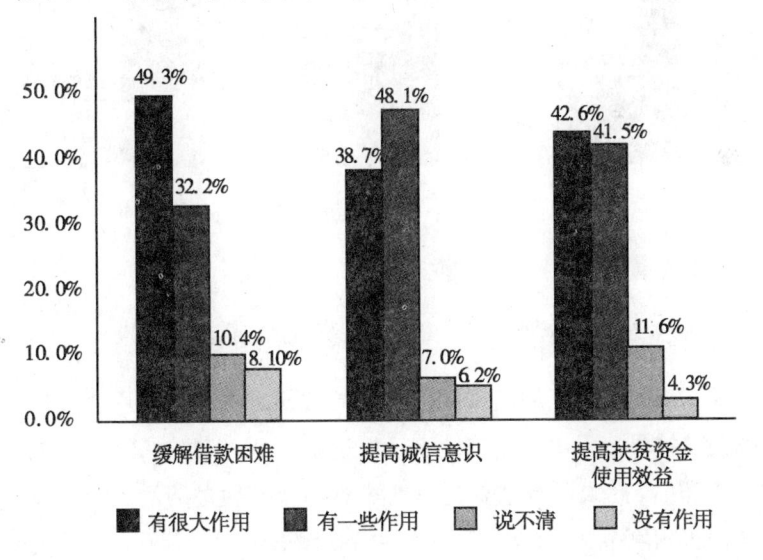

图4.6 社员对扶贫互助资金合作社作用发挥的看法

社员中，认为加入互助社对于"缓解农户发展生产资金短缺困难"和对于"增强农户诚信意识"作用很大的分别占49.3%和38.7%，认为有一些作用的分别占32.2%和48.1%，只有极小部分社员认为没有什么作用。

有42.6%左右的社员认为建立互助社对于"提高扶贫资金的使用效益"有很大作用,认为有一些作用的占41.5%,只有不到5%的社员认为没有作用。

从社员对于所在互助社信息透明度满意程度来看(见图4.7),可以发现社员对于财务信息透明度满意度较高,平均为74.2%,而对管理信息透明度和重大决策参与度满意度较低,平均分别为62.5%和55.4%,这反映出互助社在管理机制以及重大决策形成机制方面或存在一定改进空间。

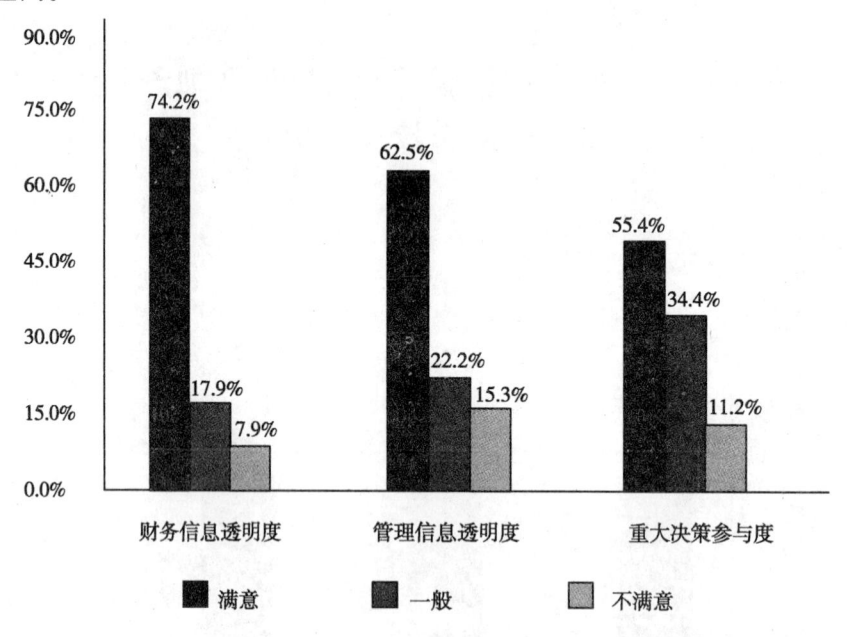

图4.7 社员对扶贫互助资金合作社信息透明度满意程度

当问到"您是否希望互助社允许借款用于非生产用途"时,有76.0%的被访社员表示非常希望,8.3%表示"无所谓",其余被访社员表示"不希望"。此项调查结果与温铁军等学者所做过的研究结果较为相似,即从需求角度分析,农户的生活性借款比重较大,若互助社无法解决此类需求,则仍会有大批有生活性借款需求的贫困群体转向其他非正规金融机构寻求帮助。

当问到"您对目前本社借款占用费率的期望"时,回答"希望降低"的社员占80.4%,回答"维持现状"的占19.6%,没有社员希望互助社提高借款占用费率。这表明尽管目前大部分互助社的借款占用费率已经维持在低水平，但社员普遍对此仍希望降低。

当问到"未来一年您是否有借款的打算"时，79.4%的社员给予肯定答复，其中有80.5%的表示在"银行、本村互助社、信用社、亲友、高利贷"这些借款途径中首先会考虑本村互助社，主要理由是从互助社借款手续简便、省时省力、不用花人情费，这说明与其他正规及非正规农村融资途径相比较，互助社在满足社员借款需求方面的确具有诸多相对优势，是社员借款的首选途径。

当问到"您对目前单笔借款限额的期望"时，回答"希望提高"的社员占71.2%，回答"维持现状"的占28.8%，没有社员认为应当降低单笔借款限额。这反映出随着扶贫标准和地区经济发展水平逐步提高，农户发展生产借款规模扩大，目前大部分互助社实行的每户5000元借款规模已不适应经济发展和实际需要。

当问到"您对目前本社实行的还款方式是否满意？是否愿意改变"时，回答"满意，不愿意改变"的占96.7%。尽管"分期还款"是公认的可以有效提高互助社资金周转速度，缓解资金压力的还款途径，但进一步的访谈表明，在目前实行"到期偿还"的互助社，大部分社员认为这种还款方式基本上与农业生产周期和劳动力流动性的实际相适应，可以预见未来这些互助社若想要改变还款方式，将面临一定阻力。

二 管理人员的看法及期望

从管理人员态度来看（见图4.8），624个样本互助社中认为互助社的建立对于"缓解农户发展生产资金短缺困难"、"增强农户诚信意识"和"提高扶贫资金的使用效益"作用很大的，分别占69.4%、85.1%和72.8%。管理人员对于互助社各方面作用的评价明显高于社员，此差异一方面可解释为管理人员与社员看待这一问题角度不同，另一方面或也表明互助社"四民主义"尚未真正深入社员心中。

当问到"您认为目前本社的借款占用费率是否应降低"时，管理人员的看法与社员稍有差异，只有53%的管理人员认为目前的借款占用费率应降低，原因是部分管理人员对借款占用费率与贫困瞄准性之间的关系有一定认识。

当问到"您认为目前本社的单笔借款限额是否应当提高"时，有73.8%的管理人员认为单笔借款限额应提高，此数字略低于社员期望，

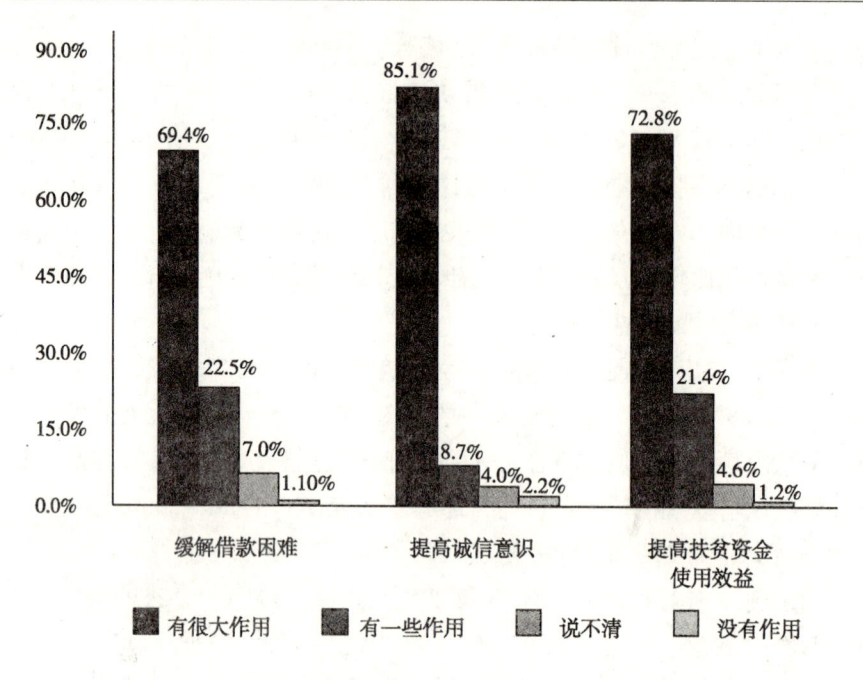

图4.8 管理人员对扶贫互助资金合作社作用发挥的看法

25.4%的管理人员认为单笔借款限额保持目前水平即可，原因主要是考虑到限额提高会相应提升管理成本和风险，认为就目前互助社的管理水平而言，单笔借款限额全面提升到一万元为时尚早。

当问到"您认为目前本社发展瓶颈是什么"时，有78%的互助社管理人员认为目前互助社发展瓶颈是资金缺口："互助金总量有限，无法满足社员贷款需要。"这表明大部分互助社对于资金的需求仍较为迫切，随后选择人数较多的依次是"互助社发展项目的引导和选择"、"资金管理风险"。

当问到"您对本社发放的管理人员误工补贴看法如何"时，回答"满意"的仅占17.0%，认为"太少"的占83.0%。认为"太少"的管理人员表示，尽管担任互助社理事或会计名义上是兼职，但由于社员人数多借款活动零散，工作量大耗时多，每人每月仅100—200元的误工补贴和工作人员完成的工作量不成正比，相当一部分互助社会计表示，自己之所以还在努力工作"完全是奉献精神使然"。

当问到"您希望未来政府提供除资金以外的何种支持"时，82.6%的管理人员希望政府能够为互助社的运行提供法律制度环境；85.6%希望政府进一步增加投入支持产业发展，认为目前本社社员特别是贫困社员借款不活跃的主要原因是没有产业或项目引导即"想致富没途径"。

第五节 本章小结

山东省的总体经济状况、贫困人口分布和互助社发展规范性在全国范围内都具有一定代表性，因此较适宜作为中国互助社的样本研究区域。通过总体的调查，发现山东省境内的互助社发展状况呈现以下特点：总体发展迅速但区域间规模差异大；益贫效果良好且发展空间广阔；农户名义参与水平高，但贫困户实际参与水平低；财政拨付逐年递增且居主导地位，但与贫困人口分布不匹配；试点村的经济水平差异显著，试点村与互助社数量比例趋于稳定。从问卷调查结果来看，社员和管理人员对于互助社的作用基本持肯定态度，对互助社信息透明度也较为满意，但在资金供给、决策形成和利率设置等方面互助社仍无法满足社员自身发展的需求。

第五章 山东省扶贫互助资金合作社筹资机制及产权制度的分析与优化

第一节 山东省扶贫互助资金合作社筹资机制分析

长期以来，由于农民合作金融组织发展滞后，农民特别是贫困地区农民贷款难的问题一直得不到有效解决，农村金融处在缺血和失血的双重困境之中。一方面，金融主干"大动脉"在城市；另一方面，农村有限的资金资源又通过各种方式和渠道被虹吸到城市金融的大动脉上，进而导致农村资金洼地的形成。这种洼地形态决定了农村需要且离不开外部资金支持。正是上述客观现实条件，决定了互助社现有的以财政扶贫资金为主、试点村村民自愿出资为辅、社会资金来源为补充的筹资结构。由于目前仍处在试点阶段，互助社筹资机制在全国呈现多样化的特点，而筹资机制的稳健运行是互助社健康发展的基础和前提，因此，要厘清互助社筹资机制的脉络，就有必要从筹资主体、筹资结构、筹资方式、资金分配调节几方面对其进行具体剖析。

筹资主体及结构分析

（一）筹资主体

筹资主体是指由谁来承担资金筹集的责任问题或指资金的供给途径，即资金的来源问题。根据国务院 2009 年《指南》的相关定义，扶贫互助资金指以财政扶贫资金为引导，村民自愿按一定比例交纳的互助金为依托，无任何附加条件的社会捐赠资金为补充，在贫困村建立的民有、民用、民管、民享、周转使用的生产发展资金。据此，互助社的互助资金主要有：财政扶贫资金、村民自愿交纳的互助金、社会无条件捐资和互助资金的增值部分。因此，从本质上讲，互助社是由外部资金与农户共同出资构建的社区基金,也是一种具有合作性质的社区金融机构。由于社会捐助资金在资金总量中所占比重非常低,因此互助资金的筹资主体可视为政府和试点村村民(如图 5.1)。

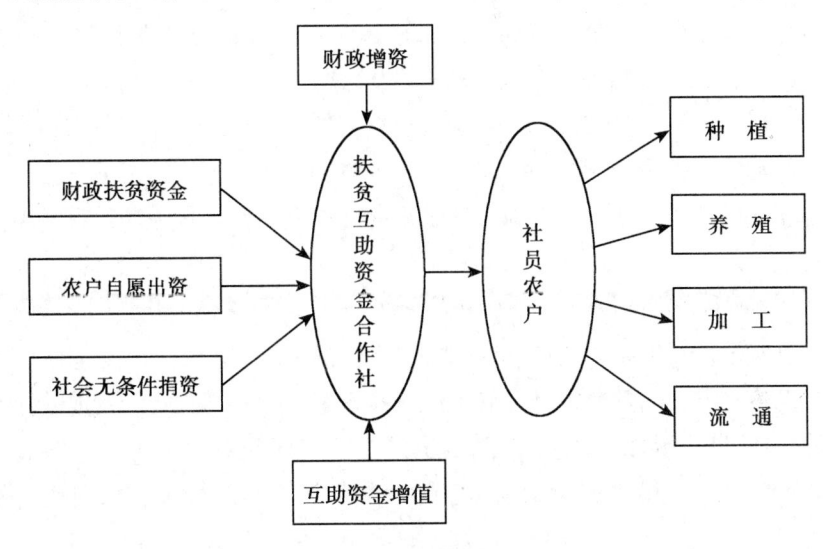

图 5.1 扶贫互助资金合作社扶持贫困户作用示意图

(二) 筹资结构

尽管各地互助社的资金筹集方式多种多样,形式不一,但无论采取哪种筹资方式,山东省互助社的筹资结构都较为相似,除了本书第四章第三节提到的"财政拨款占主导地位且趋于稳定"之外,还大都具有以下特点:

1. 社会捐助资金在资金总量中占比都非常低

依照《指南》,互助社鼓励社会捐助的条件是捐助资金不附加任何条件。捐助资金通常来自关心本村的成功企业家或社会上其他个人或单位,从山东省的调研结果来看,社会捐助资金不足全省互助资金总量的10%,其中大部分社会捐赠来自2011年启动的"第一书记"项目所带来的资金。全省已成立的1000余家互助社,社会捐赠资金注入超过5万元的仅有一家,即沂源县悦庄镇王家泉村。该社在成立互助社之初,村支书利用自己的社会资源动员热心于本村发展的企业主和在外工作人员,向他们宣传互助资金的运作方式和对本村发展的意义,在互助社成立当天,获得7.78万元个人捐款,捐款的五人均为本村同乡。

2. 贫困户大多免于出资而得入社扶持

互助社因贫困农户而生,为贫困农户而设。因此,几乎在所有的互助社中都有相应的特殊制度设计，从而保障互助社对贫困户的入社扶持。互助资金主要由扶贫资金和农户交纳的股金构成，采取"贫困户赠股、一般户配股、富裕户入股"的方法，以1000元为1股，分为3种方式：全额出资、部分出资和全额资助。富裕户自愿入股者，按每股1000元全额出资；一般农户自愿入股者，按每股500元部分出资，政府按1：1配股，对于建档立卡的绝对贫困户，给予建档立卡的绝对贫困户予以赠股（限1股，财政扶贫资金全额补助1000元），即贫困户不需要缴纳互助金，自动成为互助社社员，享有与其他入社农户同等权利，甚至优先获得资金和技术支持。

（三）筹资方式

政府推行互助社试点的主要目的在于提高政府财政扶贫资金使用效率、以信贷方式向农户提供发展生产所需资金、为提高扶贫开发成效探索新的途径，以上目的决定了互助资金的主要来源为财政渠道。根据《指南》所涉及的互助社组建原则，互助社应设置在行政村或自然村内，不得跨行政村设立；农户入社、退社完全自由自愿；加入互助社的村民，以户为单位需缴纳互助金。但由于国家并未规定互助社具体的筹资方式，目前从山东省来看，各地互助社主要存在以下几种筹资方式。

1. 财政扶贫资金＋农户入股＋社会捐赠

这种模式最早于2006年在四川省仪陇县开始试点，因此一直以来被称为"仪陇模式"。互助资金主要由扶贫资金和农户交纳的股金构成，采取"贫困户赠股、一般户配股、富裕户入股"的方法，以1000元为1股，分为3种方式：全额出资、部分出资和全额资助。富裕户自愿入股者，按每股1000元缴纳；一般农户自愿入股者，按每股500元缴纳，政府按1：1配股；对于建档立卡的绝对贫困户给予赠股，限1股，由财政扶贫资金全额补助1000元。每个村按10%以内的比例确定绝对贫困户，赠配股的户由村筹备小组按民主程序、公告公示无异议后予以确定。此模式在2009年国务院《指导意见》出台之前比较普遍，但由于其较为强调股金和分红的概念，引起了银监会的关注和反对，认为其有变相吸储的嫌疑，因此在2009年《指导意见》出台之后，"仪陇模式"逐渐淡出历史舞台。

目前在山东省，仍有部分县在采用"仪陇模式"。例如，在泗水县，互助社的农户交纳入社费较低，为每户200元左右，政府按一定比例配股;在沂源县,农户交纳入社费较高,为400—1000元之间。多数被调查互助社农户借款与其交纳的互助金并无挂钩关系。调研中发现,农户交纳入社费较低的互助社,由于农户以较低的入社费就可以分配到较高的政府配股资金(有些地方农户交纳资金与政府配股比例达到2∶8),因而可以获得借款的农户数量实际相对减少。此外,较低的农户入社费也使互助资金总额相对较少,农户的拥有感和互助社整体运行效率都相对较低;而当农户入社费较高时,由于农户对互助资金的拥有感更强,互助资金总额也更多,互助社运行相对更具活力。

2. 财政扶贫资金+互助金+社会捐赠

这种模式于互助社试点初期在四川省旺苍县开始试行,因此一直被称为"旺苍模式",也是《指南》主要推荐的模式。在这种模式中,互助资金主要来源于财政扶贫资金,通常每个试点村得到10万—15万元财政扶贫资金作为互助社的种子资金,村庄干部或能人带头,以多缴纳互助金的方式支持互助社的发展。缴纳互助金的额度在各个村庄存在差异,一般在100—500元之间,有少数社员缴纳的互助金达到1000元甚至更高,村民交纳的互助金原则上不高于财政扶贫资金总额的75%,具体比例由村民大会确定,社会捐赠资金作为互助资金的补充。此类互助社不存在"股份"和"分红"的概念,也不会为入社农户颁发股权证。2009年之后成立的互助社,多采用此类模式。

3. 财政扶贫资金+农户入股+金融机构贷款

从现有的文献和调研结果来看,互助社的确在一定程度上缓解了贫困地区农户生产资金短缺问题,但由于其资金总量偏小,很难满足部分农户较高额度资金需求的难题,为了缓解这一难题,在地方政府和金融部门的配合下,部分互助社已经开始尝试与金融机构展开各种合作,目前较为常见的合作方式有以下三种。

(1) 金融机构向互助社批发资金,互助社负责发放、回收和管理,由此构建农村正规金融机构和非正规金融机构之间的垂直金融联结。通过这种联结,金融机构可以利用互助社所充分掌握的农户信息,有效降低放贷风险,增加对农户的资金供给;而互助社可以降低融资成本,从而改善农户所面临的贷款条件,增加农户信贷资金的可获得性。例如,着眼于互助社试点以来若干年的安全运行,无棣县金融机构对互助社的借贷模式产生了极大的兴趣,该县农业银行为此专门到互助社试点村庄进行了现场考察，并借鉴小额贷款的联保模式，通过"三户联保"为逯庙东、于辛店等村的社员农户共发放了400余万元贷款，改善了当地农村地区金融资源匮乏的状态。

（2）互助社充分利用金融部门的惠农政策，通过开展互助资金与扶贫贴息贷款、互助资金与小额信贷相结合的业务，来扩大资金规模。

从全国范围来看，采取此类模式较典型的是宁夏回族自治区，2011年12月，该区扶贫办和宁夏黄河农村商业银行共同实施两个金融产品捆绑的"千村信贷·互助资金"金融创新扶贫工程。截至2012年年底，全区启动实施项目村125个，为4845户互助社社员捆绑金融机构信贷资金1.4552亿元，户均贷款3万元，在此基础上，2013年开始又对这批信贷资金给予了500万元左右的贴息。

山东省目前也已有部分县市开始尝试类似的筹资创新机制。例如，沂源县已经在小试扶贫贴息与互助社小额贷款到户相结合的模式，配合其所在地级市淄博市出台的《关于支持沂源县开展贫困村村民互助资金与农民小额贷款结合试点工作的意见》，这种创新得到了政策上的支持。该县将贷款贴息与互助资金借款相结合，以互助社运行情况为依据，对全县互助社借款社员农户就借款占用费进行扶贫贴息。2011—2012年沂源县共扶持6500户贫困户从互助社借款3000万元，发放贴息资金共计60.15万元。同时，该县扶贫办协同县农行先后在9个互助社运行好的村开展了小额信贷业务试点，发放小额贷款2000余万元，目前这9个互助社皆运行良好，无一例不良贷款发生。这些创新举措不但有效地优化了农村信用环境、解决了贫困农户发展生产的资金瓶颈，也为互助社的筹资机制拓宽了思路。

（3）将互助社的资金（包括财政扶贫资金和农户入股资金）作为抵押存入金融机构，金融机构按一定的倍数放大贷款额度，发放给互助社社员，资金的具体发放、回收和管理都由金融机构负责（见图5.2）。较为典型案例在山东夏津县，县扶贫办与县人民银行合作，以互助资金为担保基金，县农村合作银行按1:8的比例为农户提供贷款，同时，农村合作银行与互助社签订《担保承诺书》，对贷款质量进行控制。据该县扶贫办统计，2012年年底，该县4个互助社共筹集股金146万元，加上政府财政扶贫资金33万元，存入农村合作银行的资金规模达到179万元。互助社社员按其缴纳的股金，以互助社借款限额放大八倍的比例从县农村合作银行获得贷款，最高借款可达到 10 万元。

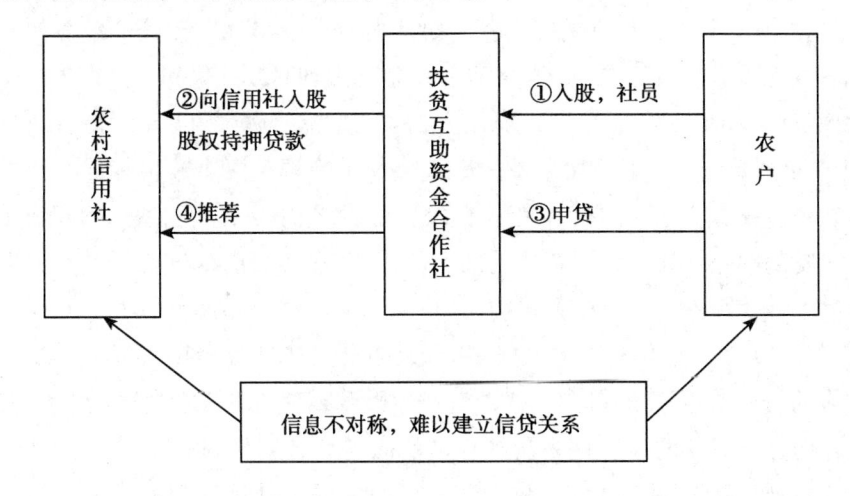

图 5.2 扶贫互助资金合作社与金融机构合作示意图

（四）资金分配调节

作为一个政府主导设立的社区基金试点项目，随着互助社自身不断发展和壮大，筹资结构、筹资方式等各方面也需要进行不断地调节以适应其发展的需要。政府作为重要的筹资主体对内外部条件变化所采取的调整，或曰应变机制，应是以互助社利益机制为基础而形成的应变和调节过程。这种调节既有宏观调节，也有微观调节，具体体现在增资和调资两个方面。

1. 财政增资以奖代补

2010 年以来，随着互助社试点运行渐入正轨，山东省财政扶贫资金对互助社的外部资金补给方式也在发生一些改变，主要采取以奖代补的方式有序扩大互助社的资金规模。由于在全国各省市互助社试点工作中绩效突出，2010 年山东省财政厅扶贫办获得中央财政奖励 1700 万元，该笔资金被全部用于新建 85 个互助社试点；从 2012 年开始，中央取消了对东部省份互助社试点的奖励政策，改由省级部门自行筹集资金进行奖励。2012 年 9 月，山东省共向 2011 年绩效考评获得优秀和良好的 78 个互助社奖励共 400 万元，平均每社获得 5 万—7 万元用于扩大互助资金本金；2013 年年底，山东省再次向 17 个县、47 个互助社奖励 285 万元用于增资。对于获增资奖励的互助社，其管理人员和社员都得到了相当程度的正向激励，农户诚信意识不断提高，互助社的运转进入良好循环。

2. 财政调资

在 2010 年以前成立的互助社，财政拨付资金与互助社社员多寡和贫困程度无明显关系，在不同的互助社，社员户均财政拨付和贫困社员户均财政拨付这两个指标上差异均较大，这点在前面章节已有所提及。从 2010 年开始，山东省开始从政府财政层面不断调整资金拨付方式。如为解决财政扶贫资金平均投入大小不一的互助资金项目村所引致的管理和运行风险的问题，在广泛调查的基础上，从 2010 年起山东省的扶贫资金投入标准开始与项目村的人数挂钩，500 人以下的村 10 万元，500—1000 人的村 15 万元，1000 人以上的村 20 万元的财政扶贫资金投入标准，取代原来的每村 15 万元的单一方式，旨在使财政投入方式其更加适合实际需要。但是，对互助社管理人员和社员的问卷调查结果显示，当问到"您认为目前本社发展瓶颈是什么"时，有 78% 的互助社管理人员仍然认为是"资金"问题，但具体到每村的互助资金应设定为多大规模，依据什么标准来设定，多数回答都模棱两可，有的说按照户均 1500 元的标准，有的说按照一个村 50 万—100 万元的标准，这些方案的可行性需要通过数据计算来验证。

第二节　山东省扶贫互助资金合作社产权制度分析

一　产权制度理论

产权作为制度安排中的核心部分，是其他制度安排的基础。Harold Demsetz 认为："产权指的是自己或者他人受损或者受益的权利。"[1] 产权是由于物的存在和使用而引起的主体之间被认可的行为关系，产权的分配格局框定了行为主体与物相关的行为规范[2]。在经济学中对稀缺资源产权的研究其实质是对使用这些资源权利的安排。一般认为，完备的产权是以复数的形式出现的，它包括使用权、收益权和转让权等；产权也是可以分解的，包括使用权、收益权和转让权之间的分解，产权的分解性可以使同

---

[1]　Harold Demsetz., Towarda Theory of property rights [J]. *American Economic Review*, 1967, (2): 347—356.

[2]　Eirik G. Furubotn:《新制度经济学》，上海财经大学出版社 1998 年版，第 5—7 页。

一种资源满足不同主体的需求。产权具有资源配置、降低交易费用和激励等功能，而这些功能总是通过一定的产权安排来实现的。不同的产权安排决定和影响着组织的运行效率，也影响着资源配置。对于互助社而言，资金的产权问题是涉及政府、"村两委"与农户之间权力安排的最重要环节，权力分割和权力边界的确定是赋权的基础。

本研究的理论依据主要源自科斯的三个关于产权制度的定理。

科斯第一定理的实质是如果交易费用为零，不管产权初始如何安排，交易双方总能够通过协商谈判达到资源配置有效率状态。

科斯第二定理揭示了产权界定的重要性，即当存在交易费用时，可交易权利的初始配置将影响交易效率。科斯第二定理强调的是交易成本会对产权配置下的经济效率产生影响，即如果交易成本为正，不同的产权界定必然会带来不同的资源配置，必然会影响经济效率。不同的产权制度和法律制度，会导致不同的资源配置效率，产权制度是决定经济效率的重要内生变量。

科斯第三定理提出，当存在交易成本时，由政府选择某个最优的初始产权安排，就可能使福利在原有的基础上得以改善，并且这种改善可能优于其他初始权利安排下通过交易所实现的福利改善。

因此，要厘清互助社的产权制度及其效果，就必须从产权的界定方式入手进行分析。

二 产权界定方式

互助社的互助资金共由四部分构成：财政扶贫资金、村民自愿交纳的互助金、社会捐赠资金和互助资金的增值部分。关于互助资金中财政扶贫资金和农户资金的性质，国务院扶贫办和财政部于2009年颁布的《指导手册》对此作了界定："互助资金中财政扶贫资金和捐赠资金及其增值部分归所在行政村的全体村民所有。村民缴纳的互助金及其增值部分归其本人所有。"即互助社在归属上由使用者——所有者拥有、在管理上由使用者——控制者（民主）控制、其利益由使用者——惠顾者按照使用情况进行分配。但由于手册缺乏明确的法律规定，因此在实践中，存在不同的做法，且存在争议。农户出资部分的所有权归个人所有，这是各地的共同点；主要的区别在于对财政投入资金所有权的界定上。主要的做法有：

（一）股份合作形式

股份合作形式即将全部互助资金转为股份形式，由每个社员按照自己的出资额多寡占有股份并持有股权证明，一户最多可持三股，贫困户无须出资入社但仍可占有一股，所有股份不得转让（具体运作机制如图5.3所示）。624个样本中以股份合作形式运行的互助社有441个，占70.7%。目前此类互助社普遍仍存在年终分红做法，持股社员户可领取30—100元不等的收益，尽管每年分红数目较小，但互助社运行几年后大部分社员都能够收回入社时缴纳的"本钱"。股份合作制互助社产权量化清晰，组织产权关系非常清楚，社员依照各自所占有的资金数额享有所有权和收益权，对互助社有较强的主权感。这一类互助社实际上体现了十分鲜明的合作金融的特点，即实行的是所有权归社员所有，实行一人一票的民主决策机制。

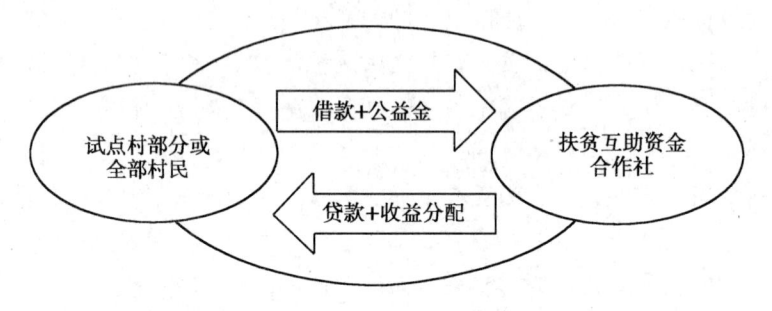

图5.3 股份合作制扶贫互助资金合作社运行的一般机制

（二）共同共有形式

共同共有形式即将全部互助资金视为共同共有，不存在股份和分红的概念。被调查的此类互助社有158个，占样本社总数的25.3%。互助社将每年的借款占用费收入提取一部分用于组织各种形式的社员活动，如妇女节召集女社员开茶话会及发日用品、儿童节为社员子女购买文具、重阳节买礼品慰问村里老人、春节购买年货接济低保户等。在此类互助社，尽管没有股份和分红，但形式多样的社员活动在密切干群关系、提高社员对互助社认同感、促进乡村和谐等方面起到了十分积极的作用。

（三）与农民专业合作社合并运营

互助社建立在试点村农民专业合作社内部，面向互助社和合作社成员进行资金互助。本次调查涉及该类互助社24个，占样本社总数的3.8%，主要集中在临沂市。这种将专业合作与资金互助相结合的运作方式，不但可在成员中间开展资金调剂业务，有效降低两社的管理成本，还可抵御由市场风险、生产风险导致的资金运营风险，从而推进互助社的可持续发展。

三 产权主体的行为特征

(一)"熟人社会"带来的产权功能强化

目前生活在农村地区的贫困群体,从出生、成长到终老,整个人生的过程中很少能够跳出一个"本人—亲人—族人"有限的圈子即熟人社会①。互助社正是利用了这种非正式制度的优势,设置合理的产权结构,产生正向的行为功能效果,主要体现在节约交易成本、强化监督、强化约束等方面。

1. 与正规金融机构相比,互助社具有一定的信息优势、担保优势、交易成本优势,并能够充分利用本地知识（local knowledge）,具有强大的社区规范软约束力。"乡村社会信誉机制"带来的贷款人对借款人资金用途、风险状况的高度知情,对借款人的"4C"②状况也有比较清楚的感性了解,借贷的供给者更了解借款人的信用和收益状况,基于个体间所存在的一定亲族血缘、地缘、业缘关系会起到一种非正式制度的约束作用,从而在意识形态方面施加影响和规则,减弱个人的机会主义倾向,从而克服信息不对称带来的道德风险和逆向选择。从网络角度看,互助社是一个社会网络,社区成员间是彼此之间相互联结、相互影响的,它的外部联系所构成的社会网络,经济行为和其他社会行为一样,不是孤立存在的,而是深深地嵌入在社会网络之中。

2. 由于属于集体产权,村民间形成利益共同体。村民拥有充分的激励去监督和维护资金的使用效率和安全。财务信息定期公开制度和"三会"(社员大会、理事会和监事会)制度使得民主管理成为有效的"防腐剂"。

(二)产权的有效赋权与分权

从制度安排视角,由于政府无法全面地了解试点村的具体情况和民众的意愿,在出资的同时需要对互助社的运行和管理进行赋权和分权。充分的赋权和分权意味着互助社管理层对资金的规划、借款对象的选择、章程

---

① 宋丽娜:《论圈层结构——当代中国农村社会结构变迁的再认识》,《中国农业大学学报》(社会科学版)2011年第3期,第51—54页。

② 4C：Character（品格）、Capacity（能力）、Capital（资本）和 Collateral（担保品）。

的执行、监测和评估具有真正的掌控权,意味着给予社员发表意见和获取信息的权利,促使其去参与和协商项目的运行管理,还意味着更好的社会融入与社会参与,更强的社会责任及组织力量。与此同时,在社区内部,通过群众出资入股成为社员,不仅能够扩大资金规模,加快资金循环运转的速度,更重要的是形成所有社员对资金共同所有的剩余控制权和剩余索取权,建立和强化合作制下社员对互助社的集体决策机制。农户入股的股金归个人所有,这是农户行使财权权利的基础。但也应当注意到,2012年以后,大部分互助社中的扶贫资金归行政村村民所有,没有折股到户,明确到个人,这就很容易使社员产生一种观念:这些财产属于国家,即便亏损与己没有太大关系。

四 产权制度中存在的问题

产权不清是中国小贷机构所有的通病[①],而互助社较好地解决了这一问题,但同时,以下问题却是不可忽视的:

(一)产权的转移和出让受限

原则上农户参与互助社是完全本着自愿的原则,可以进出自由的,国务院扶贫办亦有同样的规定。农户以户为单位加入互助社,并且每户只能加入一个人,体现的是公平和民主,强调的是组织的成立需要有贫困人口的参与,而社员需要缴纳的基准互助金必须以货币出资。互助社成员只能是互助社所在行政村内的农户,农户有自由加入和退出的权利,被确认的贫困户可以免交或以配股的方式,由投入到该村的财政扶贫资金承担起互助金。然而,在退出时却设置了"社员加入本会至少三年以上"的退出门槛。这种严格意义上的股金均等化使得农户在互助社中的地位几乎是平等的,成员是所有者、控制者及使用者的几种角色的综合体。但是,这种合作金融的组织形式是扶贫意境下的制度安排,从资金增值分配比例来看,农户获得的惠顾返还要少得多,农户作为惠顾者的角色体现相对较弱。

(二)所有权在一定程度上存在双重持有

既有外部资金注入,又有内部成员通过自愿出资的互助社,其有效运

---

① 程恩江:《金融扶贫的新途径?中国贫困农村社区村级互助资金的发展探索》,《金融发展评论》2010年第2期,第59—72页。

行需要有符合贫困社区特点和社区基金组织特性的制度安排。政府和社会等外部力量向互助社注入资金，尽管声称放弃了资金所有权和使用权，但政府依旧在一定范围内掌控着互助社的资金运作。从某种意义上来看，互助社具有双重的所有者，即政府和社员，尽管其参与互助社运营和管理的目的和方式并不相同，但二者与互助社之间都存在着双重委托—代理关系。

一方面，政府作为外部注资者，以委托人的身份，将资金委托给互助社，旨在助其建立可以自我管理、自我发展的社区金融组织，改变穷困人口远离信贷权利的局面。互助社的管理者，为实现政府（委托人）的目的对互助社进行管理和运营。

另一方面，社员通过自愿出资入股互助社，目的是为了获得便利、不需要抵押的信贷服务。此时，互助社社员可被视为委托人，互助社管理人员可被视为代理人，通过民主化、参与式、自我组织管理，实现社员的目标。

因此，政府、互助社和社员三方之间就可能存在双重的委托代理问题。从委托—代理的视角来看，由于所有权和控制权的分离，委托人和代理人之间有可能出现目标不一致、信息不对称以及信息成本与监督成本，从而使代理人有可能偏离委托人的目标函数而损害委托人的利益。这种委托—代理问题在互助社的具体运作中主要体现为：如果外部机构只对互助资金的所有权和使用权进行赋权，而不给予适当的风险约束和监管，则有可能在社区管理中出现精英俘获（精英政治），资金无法到达最需要的贫困户手中；如果社员对互助社的参与不充分，没有形成社区群众广泛参与和对重大事宜集体决策的机制，则也有可能出现精英控制使互助资金不能很好地体现大部分社员群众的要求。在现实中，乡村精英往往与村两委重合性较高，而村两委与互助社之间的关系又是十分敏感而重要的。

第三节 山东省扶贫互助资金合作社筹资机制及产权制度的优化

一 筹资机制的优化

在目前互助社的运行框架中，尽管部分互助社已经开始创新融资模式，与金融机构开展金融联结，但大部分互助资金来源仍然渠道单一、总量有限、不能吸收存款、不能开展借款之外的其他金融业务，内部资金融通渠道的封闭必将限制其进一步发展。因此，可以考虑从以下几方面对筹资机制施以改进。

（一）根据各地扶贫对象规模及分布，优化财政资金投入比例

明确财政专项扶贫资金分配的主要因素，这些主要因素应包括各地扶贫对象规模及比例、农民人均纯收入、地方人均财力和扶贫资金使用管理绩效评价情况等，取消原来自然条件、基础设施等难以计量的指标，使分配因素设置更加合理。为此，本研究采用了两种方法对互助社的财政资金投入需求进行计算：

1. 根据互助社现行的两种主要借款担保方式，对互助资金的需求规模进行推算

两种借款担保方式：一是采取小组联保方式借款。假设某村有350户农户，入社率为40%，即140户社员入社，5人组成一个联保小组，则共有28个联保小组，按每个小组一次只能有3个人借款，每人最多能借5000元计算，采取小组联保方式借款的互助社需要互助资金总额为42万元；二是采取个人担保的方式借款。同样该村有140户社员入社，1户借款需要3户担保（这3户不能同时借款），即每次借款每4户才能借款5000元，如果以4户作为1组来看，则共有35组，即采取个人担保的方式借款，该互助社需要互助资金17.5万元。考虑到并不是所有入社农户都有借款需求，再乘以80%（即假设入社农户的受扶持率为80%），那么单个互助社实际需要的互助资金分别为33.6万元和14万元。

可见，尽管各地普遍反映资金量不足，部分农户的借款需求得不到满足，但事实上很多互助社都存在资金未能"尽其用"、使用效率不高、有钱贷不出去的情况。针对这种情况，有必要针对互助社的实际用款需求，结合其具体借还款方式，确定资金规模，既要尽量满足中低收入农户的小额借款需求，又要适度控制规模，切实提高互助资金的使用效率，以最少的投入产生最大的效益。

2. 根据不同借款限额进行计算

调研中发现试点村人口规模越大，入社农户越少，农户入社率越低，等量资金覆盖面越小。以笔者所调研的一个互助社为例，该社资金总规模16.3万元，全村总户数100户，入社农户54户，农户入社率为54%，实

际借款农户39户，如果不考虑借款需求等其他因素，按照户均借款额3000元计算，那么该村现有的资金规模可以覆盖全部入社农户，平均每户一年左右就可以获得一次借款；而按照户均借款额5000元计算，54户入社农户平均2年才可获得一次借款机会。

由此可见，资金规模、借款覆盖面与人口规模具有一定相关性，实施互助社试点的贫困村人口规模是否合理，与之相匹配的资金规模是否适度，会直接影响借款覆盖面和资金周转次数。此外，互助社试点若干年来，有的村经济情况已经逐步好转，所以，可以推测出目前有相当一部分试点村已经没有或很少有资金需求。再加上农村信用社等正规金融机构作风转变，服务质量提高，农村金融服务不足的矛盾有望得到缓解。所以，对于缺乏小额信贷需求的试点村，应指导其互助社进入退出程序。

（二）构建多元化筹资体系，构建"大扶贫"投入格局

公益性小额信贷是国际上公认的一种行之有效的重要扶贫方式，但是，其财务上可持续发展能力不足也是一个世界性难题，给予财政补贴和募集社会捐助是各国通行做法。同样地，当前互助社主要靠有限财政专项扶贫资金投入维持的局面是不可持续的，可以考虑开放运作，建立专项公募基金，面向国内外公众募捐，动员全社会力量支持互助社的发展，并在此基础上，坚持市场化、多样性、可持续原则，形成"商业银行+财政+民间资金"模式（见图5.4），即商业银行通过将适合的信贷产品批发给互助社，形成规模市场，取得规模效益；财政通过给予互助社必要财政贴息或补贴开办费以解决其运行成本问题。由此可有助于财政资金与金融资金协调配合，逐步形成政策金融、商业金融和合作金融分工协作，民间资金等为补充的多元化金融扶贫资金供给保障体系，促成"大扶贫"投入格局。例如，可以利用互助社分级制度，支持运行2年以上的A类互助社，经扶贫办推荐和扶助银行审核，获互助资金借款额度3—5倍的信用贷款，并享受优惠利率。同时，各省级扶贫办、财政厅出台给予利用贴息支持政策给予捆绑贷款，增加金融联结的吸引力。如此可充分调动互助社机制的内在活力和试点村信用环境的资源优势，突破互助社普遍面临的资金瓶颈，实现其运行与发展的良性循环。

（三）指定适宜的扶助银行，与互助社共同实现双赢

除了财政扶贫资金的注入，当前也可考虑由国家为互助社指定适宜的扶助银行，在资金供给和业务指导方面给予其支持。而在我国现有的金融

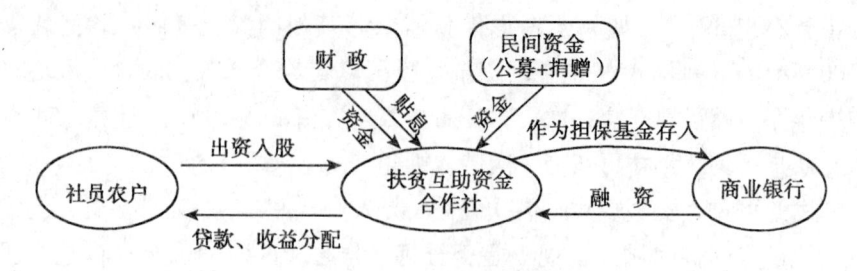

图 5.4　改进后的扶贫互助资金合作社筹资机制："商业银行 +
财政 + 民间资金"模式

体系中，究竟明确哪家银行作为互助社的扶助银行较为适合呢？笔者认为，适宜的扶助银行，必须同时符合两个基本条件：第一必须是农村金融机构，便于密切参与互助社发起组建以及之后的日常管理与服务；第二必须是具有政策性扶持功能的金融机构，能进行政策性的支农融资业务。从我国现有的金融体系来看，各国有和股份制商业银行的体制机制不适合也不愿意对互助社进行扶助；国家开发银行和进出口银行两家政策性银行的经营机构和业务服务方向都不在农村；农村信用社无政策性服务功能和融资能力，且现在已逐步转为商业性金融机构。因此，目前比较适合作为互助社扶助银行的是国家农业政策性银行，即农业发展银行（农发行）。

从行使功能来看，扶持合作金融组织而非龙头企业更符合政策性银行的应有之义，更可形成"政策性银行 + 互助社"模式，即将国家对"三农"的部分资金投入（如农田水利改造资金、扶贫开发资金等）通过互助社转贷（或委托）给农民。农发行可以对互助社提供农业政策性贷款流动性融资支持，并对互助社提供资金存放和结算的优惠支持。具体而言，农发行对互助社的支持可包括：①互助社在创办初期和经营中一旦出现流动性风险，农发行可适度给予其流动性支持；②当互助社资金略有结余时，可向农发行上存，上存利率可以比照央行一年期存款加活期存款的平均利率水平执行；③当互助社融资来源不足时可向农发行申请短期贷款，贷款利率可比照央行对农村信用社的支农再贷款利率执行。从而支持和促进互助社可持续发展，为服务"三农"做出应有的贡献。

从服务优势上看，选择农发行作为互助社的扶助银行，有利于更充分地发挥农业政策性银行的支农职能，具有三大优势：①农发行可为国家行使支农资金的管理职能。对上，农发行通过互助社可为替代国家对扶贫资金的使用起监护作用；对下，无论是互助资金本金，还是农发行对互助社批发的贷款,都可调控在农发行封闭运行的系统之内,确保支农资金良性循环,不游离出农村;②农发行可对互助社起到服务和管理的重大作用。农发行是我国农村金融机构中唯一的国家农业政策性银行,比较适合作为"扶助银行",实现对互助社融资扶持和对业务经营管理进行具体指导、管理与服务的不可替代的作用。同时,互助社由农发行进行日常管理和服务,可有效防止乡村行政干预,确保互助社在保持互助金融性质不变的前提下,实现稳健经营和可持续发展;③农发行可通过扶助互助社延伸其自身的农村金融支农服务领域。农发行在乡镇以下未设经营机构,支农贷款没有放给农户生产经营环节,互助社完全可以利用农发行融资平台,实现二者优势互补,共同做活农户、小企业和小型农田水利基本建设的信贷业务。由此实现一方面互助社获得促进发展,另一方面农发行在农村金融业务领域被拓宽的双赢格局。

二 产权制度的优化

现阶段,在我国经济体制由计划经济向市场经济逐步过渡的转轨经济背景下,保留互助社的集体所有的产权结构是较为可取的方案,而在保留这种产权结构的基础上,如何对产权制度进行设计才能实现一种帕累托改进呢?或许我们可以利用科斯定理来探寻这一问题的答案。

虽然科斯第一定理中前提条件(即交易费用为零)在现实中市场是不可能存在的,但是根据科斯第一定理,我们可以得到的一个推论是:只要具有明晰的初始产权界定,互助资金可以在市场中得到有效配置,即如果能够明晰入社农户因自愿出资而获得的股权,降低其股权流转的交易费用,市场机制便能够实现互助资金资源配置的帕累托改进,此时互助社的产权归属问题成为次要问题。

科斯第二定理强调产权制度是决定经济效率的重要内生变量。在我国政治运动中诞生的农村土地集体所有制和集体经济所有制,实际上存在先天的制度缺陷。集体所有制是人民公社时期特定历史条件下的产物,原先的集体是实的,它融生产经营和所有权为一体。但目前农民集体经济组织大多已经不复存在,因此,复制以往做法,将互助社的互助资金作为集体所有,基本上没有考虑到农户自愿出资那一部分的财产权利应该具备的法律主体问题,这对社会资源的优化配置和社会公平正义是不利的。

因此,若要实现科斯第三定理所提出的"由政府选择某个最优的初始产权安排,从而使福利在原有的基础上得以改善"。就应当在互助资金的初始产权安排中,视国家调拨的财政扶贫资金为赋予试点村农户的财产权利,同时基于农户由于自愿出资所应得的产权,将互助资金清晰量化到农户个人,并给予"股权证明"作为权力流转的依据,通过此举方有可能实现福利最大化。

第四节 本章小结

由于处在试点阶段,互助社的筹资机制在全国呈现多样化的特点。具体对山东省互助社筹资机制进行分析,发现筹资各主体地位较为明确,财政拨款占主导地位且趋于稳定,社会捐助资金占比较低。尽管部分互助社也已经开始尝试创新融资模式,与金融机构开展金融联结,省级财政部门也不断在进行以奖代补的增资和调资,但由于法律框架内互助社不允许吸储,目前大部分互助资金来源渠道仍较为单一,资金总量有限,且对外界的资金依赖性较大。要解决以上问题,一方面可通过"商业银行+互助社+财政+民间资金"模式,从而拓宽融资渠道,形成"大扶贫"格局;另一方面政府应当考虑将农发行作为互助社的扶助银行,为其提供农业政策性贷款流动性融资支持、资金存放和结算支持。

互助社基本原则在于社区村民对互助资金的充分拥有,同时遵循自我决策、资源配置结构的自我管理和社区范围内的资源自我循环利用和滚动发展,合称"四民主义"[①] 运行原则。从互助社的产权制度来看,目前主要有股份合作、共同共有、与专业合作社合营三种形式,较为明晰的产权界定方式强化了产权主体的行为特征及组织绩效,也印证了社会资本力量立足于农村社区时产生的强大约束性;然而互助社在产权的转移和出让方面界定模糊,甚至互助资金的所有权在一定程度上存在双重持有,互助社与村两委之间的复杂关系也在影响着互助社民主管理的有效实现。在我国经济体制由计划经济向市场经济逐步过渡的转轨经济条件下,保留互助资金的集体所有的产权结构是较为可取的方案,但同时应当强化股权制度设计,方有可能实现互助社的福利最大化。

[①] "四民主义"即"民有、民用、民管、民享"。

第六章　山东省扶贫互助资金合作社管理机制的分析与优化

管理机制，是指管理系统的结构及其运行机理，其本质上是管理系统的内在联系、功能及运行原理，是决定管理功效的核心问题[①]。互助社的管理机制可分为外部管理机制和内部管理机制两部分。

第一节　外部管理机制分析

一　外部管理机构及职能划分

互助社是由国务院扶贫办和民政部在全国范围内联合发起的，但其具体管理主要由国务院扶贫办和财政部农业司共同完成，民政部门在互助社注册成立之后几乎就不再参与互助社的管理和监督。互助社在民政部门注册为独立的社团法人，因此主要采取的是独立运作的管理模式，同时在县级扶贫部门和乡政府的监督和指导下开展借贷业务，互助社的外部管理机构见图6.1。

(一) 扶贫部门职责

扶贫部门主要包括各省及下属县市的扶贫办，是互助社的业务主管单位，负责对互助社的制度执行情况、业务技术、财务等进行日常性管理和监督。《指南》明确规定，建立互助社，由省扶贫办统一规划、市县扶贫办具体指导、乡（村）组织实施，村民民主管理，财政、审计部门监督。因此，互助社实际上主要由乡（镇）政府和所在县市扶贫办进行双重管理和监督。

(二) 民政部门职责

根据国务院相关规定，互助社成立后统一在当地民政局注册备案为非

[①] Stephen P. Robbins：《管理学》，中国人民大学出版社2012年版，第5页。

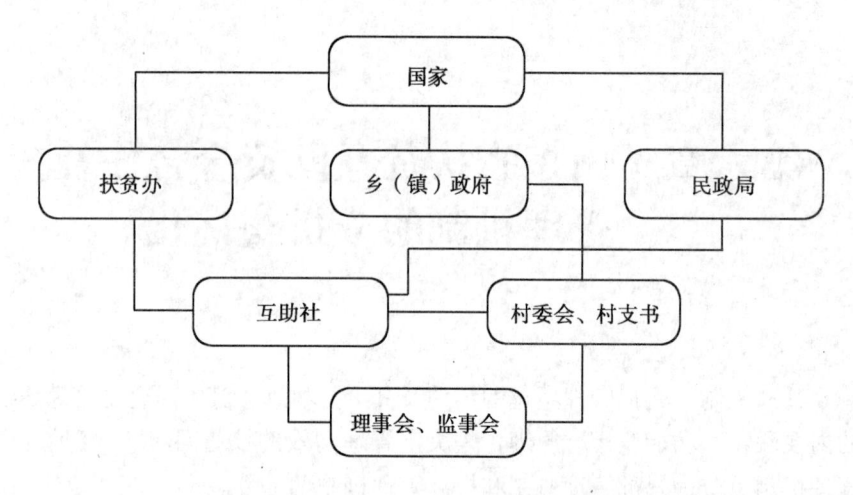

```
                    ┌──────────┐
                    │   国家   │
                    └────┬─────┘
        ┌────────────────┼────────────────┐
   ┌────┴───┐      ┌─────┴─────┐     ┌────┴────┐
   │ 扶贫办 │      │乡(镇)政府 │     │ 民政局  │
   └────┬───┘      └─────┬─────┘     └────┬────┘
        │                │                │
        │         ┌──────┴──────┐         │
        └─────────┤   互助社    ├─── 村委会、村支书
                  └──────┬──────┘
                         │
                  ┌──────┴──────┐
                  │ 理事会、监事会 │
                  └─────────────┘
```

图 6.1　扶贫互助资金合作社的外部管理机构

营利性质的社会团体，目前我国对此类社会团体实行"归口登记，双重负责，分级管理"的管理制度，"归口管理"是指，只有国务院的民政部门和地方县以上的各级民政部门负责社团的登记，其他任何机关都无权处理登记问题，经过审核，民政部门颁发《社会团体法人登记证书》；"双重责任"是指，成立社团先要经过业务主管部门的审查同意；获得同意后，再根据《社会团体登记条例》到民政部和县级以上地方各级民政部门登记；"分级管理"是指，全国性社团到国家民政部门登记，而地方性社团则需要到地方县以上各级政府民政部门登记。民政部门主要职能是根据国务院《社团登记管理条例》《民办非企业单位登记管理暂行条例》和省民间组织管理局《社会团体年度检查暂行办法》《民办非企业单位年度检查办法》的规定，每隔两年对社会团体进行年检，年检的主要内容为章程制度、财务管理、组织管理三个方面，没有通过年检的社会组织，给出具体的建议或者整改措施。除此之外，民政局还负责对所管辖范围社会组织的性质和资金来源进行统计，还有对社会组织的党建情况的统计、进行纪律监督等。总之，作为互助社的发起单位之一，民政部门基本只负责互助社的注册登记和年检，而对于其实际业务甚少关心。

二　外部制度供给

（一）法律制度供给

论法律性质，至今为止互助社属于一个法律上的"怪胎"，因为其一直不具备明确的法律地位，主要表现在以下几方面。

1. 互助社的属性不明

互助社的属性一直没有得到官方的明确界定。在互助社试点的前三年，即2006—2009年，由于国务院财政部、民政部等发起部门并未明确界定其基本属性，因此互助社从产生之日起就被理解为一种新型农村金融机构，各省"以金融之名，做金融之事"。2010年年底，在国务院扶贫办、财政部发布的《关于做好2011年贫困村互助资金工作的通知》（国开办发〔2011〕71号）中，人民银行首次将互助社定性为具有合作性质的非金融机构，由此，在国务院扶贫办的要求下，2010年年底各省扶贫办开始要求互助社在民政部门注册登记，但部分地区的民政部门对互助社的社会团体性质一直不予以认可。以山东省为例，截至2013年9月底，全省2012年新建的314个互助社中，仍有46个在民政局注册受阻，即接近15%的新建互助社的合法身份得不到认定。以上事实表明，民政部门和扶贫部门对于互助社基本属性认定仍存在较大分歧。

2. 互助社在民政部门注册的合法性值得质疑

互助社即便能够在民政部门注册成功，其从事金融活动的本质与相关规定仍存在冲突。我国于1998年颁布的《社会团体登记管理条例》（国务院令〔1998〕第250号）中有以下规定："第二条本条例所称社会团体，是……按照其章程开展活动的非营利性社会组织；第四条 ……社会团体不得从事营利性经营活动；第二十九条……开展章程规定的活动按照国家有关规定所取得的合法收入，必须用于章程规定的业务活动，不得在社员中分配。"互助社在民政部门注册，性质上理应属于非营利性社会团体组织，但其同时却又承担着发放贷款、收受利息、入股分红等金融机构的职责，集社团性和经营性于一体，其活动既找不到具体的法律条文进行约束和管理，又存在着法律意义上的"真空"地带。由于互助社是一个非营利性的法人社团组织，政府金融监管部门无权对其进行业务指导和监督管理，互助社成员的剩余索取权并不合法，限制了互助社在金融运作上的自由度。

3. 互助社无现行的可适用法

由于身份特殊，互助社找不到可适用法。尽管被人民银行定性为合作性质的非金融机构，但无论怎样回避，都掩盖不了互助社所从事的是农村金融活动的事实。在其他国家，鉴于合作性金融组织的特殊性，许多国家都出台了专门的合作金融法对其进行规范和引导,而类似法规在我国国内目前尚为空白,即便是已出台的《农民专业合作经济组织法》也没有将这类组织纳入其中,可见互助社所从事的一系列金融活动缺乏法律的认可、规范和保护。

事实上,互助社的法律身份难以得到确认,从政策层面上也反映出政府和金融监管部门对合作金融的认识还存在较大差异。2009年国务院扶贫办和财政部联合下文明确规定,农村扶贫互助社属于非营利性社团组织应在当地民政部门登记注册。但银监会发布的《农村资金互助社管理暂行规定》《农村资金互助社组建审批工作指引》等文件,将农村资金互助社界定为独立的企业法人,应到工商部门注册。到目前为止,从中央层面上来看,一号文件和十七届三中、五中全会都有明文鼓励支持农村合作金融的说法,但是从微观政策法规的层面来看,从2006年年底银监会发布《关于调整放宽农村地区银行业金融机构准入政策更好支持社会主义新农村建设的若干意见》(银监发〔2006〕90号),到2007年年初《农村资金互助社管理暂行规定》(银监发〔2007〕7号),以及国家和省有关文件,只是在政策层面对农民资金互助合作组织提出框架性规定,既没有任何具体表现,亦无任何实际支持。到目前为止,绝大部分互助社的运作执行参考的仍旧是国务院扶贫办和财政部2009年发布的《关于进一步做好互助社试点工作的通知》(国开办发〔2009〕103号),除此之外,还没有任何对互助社的发展方向、目标等相关规范性、指导性文件出台。

(二)政策支持供给

作为政府主导推广建立的小贷机构,互助社从一开始就有着比较完整的制度框架。国务院扶贫办、财政部于2006年5月下发《通知》,2008年5月国务院扶贫办规划财务组和财政部农业司联合下发《指导意见》推动和规范贫困村互助社的发展。由于可使用国务院扶贫办统一制定的运作办法和《指导手册》,互助社在发展过程中节省了一部分制度试行成本,但也在一定程度上约束了互助社的自主创新活力。

(三)分级评级机制

为了探索扶贫项目精细化管理和分类指导的途径及方法,国务院开发司委托国务院扶贫办外资项目管理中心于2012年7月20日—10月10日,主要依据《指导意见》,对全国已开展互助社试点的28个省(区、市)中所有2011年年底前启动的中央和省级扶贫互助社进行分级评估,并根据评估结果将互助社分为 A – E 五类，具体分类依据见表 6.1。

表 6.1　　　A – E 类扶贫互助资金合作社分级标准

类别	性质描述及管理方向	分级依据
A 类互助社	规范操作，运转正常或良好	A_1：在民政等部门正式登记注册； A_2：贫困户入社率达到 50% 以上且入社农户总数达到 50 户以上； A_3：累计贫困户借款人数达到入社贫困户的 50% 以上； A_4：借款原则上用于农户增收项目； A_5：单笔借款额度不超过村民大会讨论决定的最高限额； A_6：最长借款期限不超过 12 个月； A_7：近一年内累计发放借款额占互助资金总额的 90% 以上； A_8：到期还款率达到 100%； A_9：互助社收支平衡或略有盈余； A_{10}：建立了规范的财务管理制度和贫困户档案
B 类互助社	运转基本正常，有待进一步规范	按 A 类标准评估，有一项不符合且不属于 C 和 D 类的，为 B 类
C 类互助社	运转不正常，需加大规范和整改力度	互助社出现以下任何一种情况，即被评为 C 类。 C_1：存在吸储或从事其他未经许可的金融和经营活动； C_2：占用费收入用来分红； C_3：跨行政村设立互助社； C_4：将互助资金集中借给企业或大户经营，且获利后进行分配； C_5：不良借款率达到 15% 以上（不良借款率指逾期 30 天及以上的借款）； C_6：最近半年，连续 6 个月的借款余额低于互助资金总额的 50%； C_7：贫困户入社率低于 10%，或贫困户借款户数占入社贫困户的比例不到 10%
D 类互助社	目前已明确准备退出	D_1：由于管理不善导致出现《指导意见》中规定的运转不正常情况，且经整改无明显好转，已明确纳入本省（区、市）退社名单的互助社； D_2：由于互助资金项目及其他扶贫项目实施后互助社所在行政村经济社会发展较快导致农户对小额借款需求明显下降，资金周转和借出率低，互助资金项目完成历史使命，已明确纳入本省（区、市）退社名单的互助社
E 类互助社	强制退社	此外，自从 2011 年建社，截至 2012 年 6 月底，发放首笔借款的时间不足一年的互助社统计为 E 类

尽管这种分级评估只是探索式的，却为互助社的未来发展明晰了具体

路径和方向，即按照"送出去、留下来、退出去"三类指导，对于运行良好，且互助资金已经无法满足现阶段生产发展需要的互助社，或可升级为新型农村金融机构，但这一转变的可实现性取决于互助社一系列的因素和持续不断的监管和能力建设，故期待所有互助社成功升级是不切实际的；对于运行正常且互助资金规模符合现阶段生产发展需要的互助社，继续加强对其监管；对于因各种原因导致失败而不能实现预定目标的互助社，最终应选择合理的退出方式。

第二节　内部管理机制

人民银行把互助社界定为具有合作性质的非金融机构。根据《指南》的相关规定，互助社社员的权利规定为有明确的知情权、参与权、决策权、监督权。因此，互助社的内部管理体制亦应充分体现民主管理的原则。

一　内部组织构架及岗位设置

如图6.2所示，社员代表大会是互助社内部管理的核心机构，社员主要通过参加社员大会来参与互助社的主要问题讨论和管理，互助社社员大会负责在本社组建之初选举产生互助社理事会及监事会成员（见图6.3），表决实行一户一票制，表决通过的各项决议应当有2/3以上的社员出席并同意方有效；理事会负责领导主持互助社全面工作，组织成员积极参加组织培训、会议等活动，负责互助资金安全规范管理、有偿有效公开、公平、公正使用，整理会议记录等；会计和出纳则在理事长领导下，主要负责互助社的财务管理工作，积极组织参与互助社培训、会议、催款等工作；监事小组（监事会）在监事长的领导下负责开展监督工作，一方面监督本社成员按照章程制度借款和还款，另一方面监督理事会依照章程和其他规制管理和运行互助社。

二　内部管理机制的特点

经过深入调查分析，笔者发现山东省互助社的内部管理机制普遍具有以下特点：

（一）"三会"建制较全，但运行效果不容乐观

问卷调查资料显示，所有样本社都设立有社员大会、理事会和监事

第六章 山东省扶贫互助资金合作社管理机制的分析与优化　　107

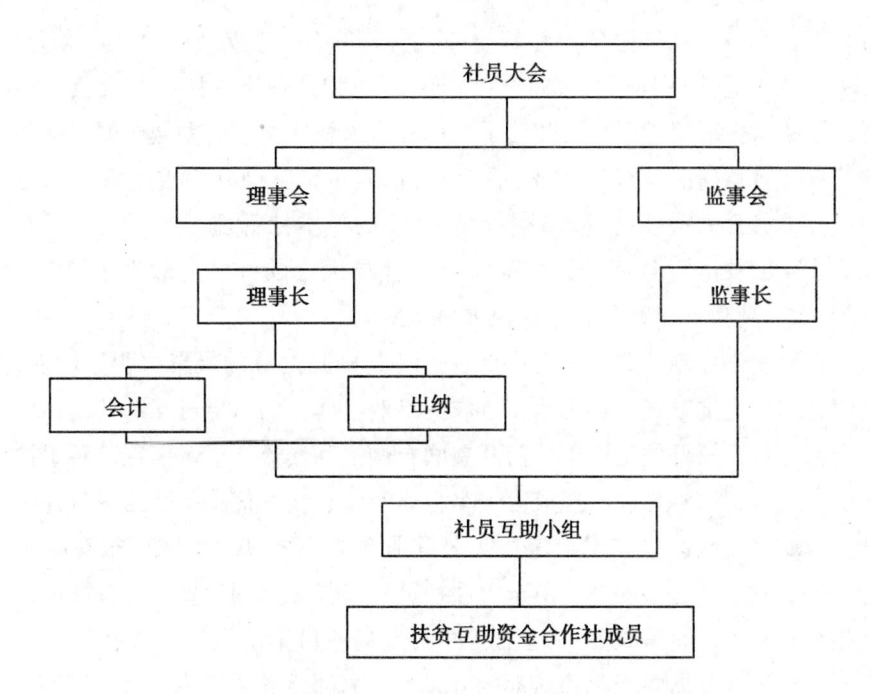

图 6.2　扶贫互助资金合作社内部组织构架及岗位设置

会，即"三会"。理事会和监事会成员均由社员大会民主选举产生，较符合《指南》的相关规定。尽管试点初期有少数互助社的理事会和监事会由村两委指定，但这一做法很快被当地扶贫办纠正并在其监督下选举产生。

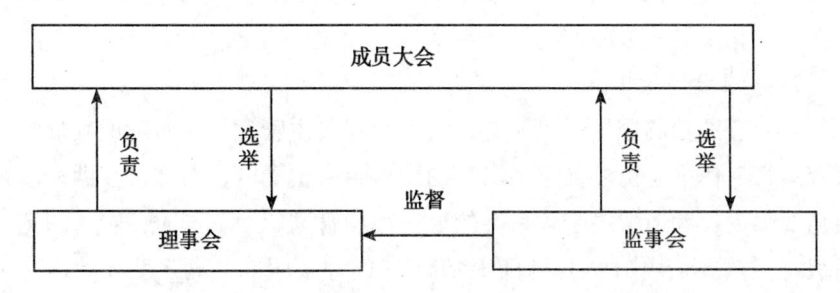

图 6.3　扶贫互助资金合作社内部治理结构的分权制衡

1. 社员大会运行情况

624 个样本社中，大部分社都在组建初期下发相关文件，召开群众动员大会，印制了"互助资金 60 问答"，采取多种渠道进行宣传。有 488 个社自组建以来每个季度至少召开一次社员大会，占 78.20%；有 108 个每半年召开一次社员大会，占 17.31%，有 28 个一年召开一次社员大会，占 4.49%，这表明样本社都符合《指南》的相关规定。社员大会负责对互助社的重大决议进行表决和公示，如社员入社情况、互助金额度、借还款信息、效益情况，有 79.2% 的被访社员表示，互助社的重大事项都是通过社员大会来审议通过，但也有 23.6% 的样本社管理人员表示除了互助社成立以及进行年底分红之时，出席社员大会的社员人数都不足 2/3（满足这一比例要求社员大会决议方可生效）。

在调查中发现，若试点村有支柱产业，则互助社的凝聚力明显增强，组织管理也更加顺畅。特别是在有农民专业合作社的试点村互助社，社员大会的常规性议题便是讨论如何开展联合购销和交流技术、信息，对于社员农户来说，这种会议已经成为一个合作经营、技术信息扩散的平台，弥补了目前农村地区在技术、信息等公共服务方面的缺位，因而很有吸引力，极受农户欢迎。此外，由于男性社员外出打工比例较高，女性社员参会相对更积极，时常聚在一起相互讨论自家和村里的发展，相互传递信息。而在没有开展联合购销活动的互助社，社员大会往往很难组织起来，社员多反映开会"没内容、没效率、不愿去"，致使这一会议制度难以贯彻下去，因此社员之间也难以形成合力。

可见，互助社为试点村村民的制度化汇集与协商搭建了平台，为公共讨论与信息交换开辟了一个空间，在此基础上，可以以很低的成本实现村民在产供销、文化娱乐生活等领域的合作，进而提升试点村在社区经济、社会、文化生活等方面的组织化水平。

2. 理事会运行情况

尽管互助社归全体村民所有，实行自我民主管理，而实际上其日常的管理运行工作都是由社员选举出来的理事会来负责的，因此，互助社能否成功在很大程度上取决于理事会的公正性和管理能力。同时，农村的基层组织"村两委"，代理着党和政府在农村的许多职能，对互助社的运行也发挥着重要作用。

理事会一般由 3—5 名成员组成，包括理事长、会计、出纳等。尽管理事会是由社员大会选举产生，而实际上基于组织管理能力"借脑"和运作费用降低的考虑，在山东省，几乎所有的互助社管理要职都由村两委成员担任，其中不乏乡村能人和精英。多数理事长，特别是较为年长的理事长，都经历过 20 世纪 90 年代农合会的风波，对互助社普遍怀有机遇感，谈起互助社的管理工作充满了感情，对工作忠诚度较高，做事勤恳，他们的参与可有效带动贫困户共同发展。但也有例外，特别是在经济条件比较好的试点村，村两委成员对互助社管理工作的深度介入引发了一些负面效应：兼为互助社理事长的村干部日常业务繁忙，无暇顾及互助社管理工作，在开座谈会时，对本社情况所知甚少，更根本无所谓对互助社的感情。访谈发现有15.52%的理事长不清楚本社的《互助社章程》细则，有近1/3的理事长甚至答不出"本社有多少贫困户社员"，"上个月的借出款项大概有多少"等基本问题。

3. 监事会运行情况

有215个样本社（占34.46%）的监事会与理事会存在人员重叠，非独立的监事会难以发挥其应有的监督作用，尤其在某些借款占用费率水平较低的互助社，监事会的虚置易导致"信贷寻租"现象的出现，多种因素共同造就培育"顶替户""冒名户"的土壤。

(二) 内部规制表面健全，实则缺位

互助社内部规章制度主要包括《互助社章程》《理事会职责》《监事会职责》《社员权利和义务》《互助金借款申请与审批程序》《互助金借款原则》。在所调查的样本社中，有82.3%建立了较为健全的内部规章制度，业务操作、内控制度也都较为统一。这表明全省互助社"三会"建制较全，并体现了其"四民主义"的参与式特征。

《互助社章程》规定了互助社的总则、入社、借款和还款、组织机制、会计制度、财务管理方面的要求。它不但是对国家制度的复制和本土化的进一步延伸，同时也是互助社运行的准则，是互助社的稳定运行的前提保障。按照民政部门有关规定，对于成立对象大于50户的社团，在登记注册时要明确提供完整健全的协会章程、财务办法及管理办法等。然而在调查中可以发现，很多互助社的规章制度虽然有，但却不够健全，更多只是简单概要性的；也有相当数量的互助社章程尽管貌似较为规范，但事实上，由于都是依据官方样本统一制定，通常并没有考虑到互助社所在试点村的实际情况，很难谈及操作过程中的具体指导意义。因此，在调查中发现，样本社的《互助社章程》普遍形同虚设，现实中的管理具有较大的随意性。诚然，在一个熟悉的乡村社区，用制度化的章程去约束社员的行为，确实显得较为僵硬，由此需要非正式制度作为补充，而当前大部分互助社的非正式制度都是较为抽象的，并不具备有效的实现载体，《互助社章程》仍然有其存在和依照执行的必要性。

三 内部管理机制存在的问题

互助社内部管理机制的"三会"制度设计,使之初具现代企业的制度内核,其赋权式的民有、民管、民享的定位,也使互助社初具现代企业制度产权明晰、权责明确、政企分开、科学管理的基本特征。但是,小额信贷额度小、笔数多、户多分散、不易管理的特征,对互助社这样立足于村社层面的"草根金融组织"的管理力量和管理手段构成了挑战。而从调查结果来看,现阶段大部分互助社并不具备能够应对这些挑战的条件,具体表现在其内部管理机制仍然存在种种问题,部分甚至可视为隐患。

(一)管理人员的业务素质较低,能力建设存在不足

问卷调查结果显示,由于高素质年轻劳动力大多在外打工,互助社管理人员普遍年龄偏大,理事长平均年龄为52.38岁,会计为46.63岁;会计中具有初中及以下学历水平的占19.77%,具有高中学历水平的占60.21%,中专学历的占15.04%,具有大专学历的仅占4.98%;从职业能力看,平均每社有专职会计1.24名,专职会计中有58.42%持有会计资格证。不可否认,年纪较大、文化较低的理事长和会计人员多具备较强的责任心,热心为民做事,但在互助社财务管理、发挥理事会作用、项目资料建档管理等方面的能力则较为滞后。

表6.2　　　　扶贫互助资金合作社会计学历水平统计表

会计学历水平	初中及以下	中专	高中	大专及以上	合计
人数	119	100	374	31	624
占比	19%	16%	60%	5%	100%

财务管理作为互助社管理中的重要部分,直接关系到互助资金能否正常运作。尽管目前绝大多数互助社都有会计,这些会计人员也大都接受过相关业务培训,但由于缺乏系统的专业知识和规范的会计实际操作经验,他们的业务能力与互助社的财务管理要求相比存在较大差距。会计核算管理的不规范主要体现在账簿建立不完整、科目设置不统一、业务核算不准确、原始凭证要素不全、风险准备金未计提等会计账务核算方面,仍有少数村的财务管理工作人员不能独立完成记账结账工作,存在信息上报不及时、不准确,上下情况不对称的问题。互助社在财务管理方面尤其是会计

基础工作方面的薄弱性直接影响互助资金的高效使用和风险防范。

由于当前互助社所处的经济社会环境都较复杂,因此互助社管理涉及金融、财务、法律、产业等诸多方面,对基层管理人员的综合素质要求较高,以上几方面因素或对未来的互助社管理信息化构成潜在约束影响。

因此,在上述背景下,互助社管理人员的能力建设显得至关重要。调查中可发现,所有的样本社的理事长和会计在互助社成立第一年都曾经参加过山东省扶贫办和财政厅联合主办的互助社管理人员培训,此类集中式培训一般为期五天,其培训内容主要包括:①互助社的基本知识和理念;②宣传、组织和参与式发动;③互助社财务管理;④互助资金的发放、回收和管理技术;⑤互助社的风险控制技术;⑥互助社的产品设计和创新等,也包括一些优秀互助社运行管理经验报告、专业合作社知识和对于当前农业政策、法律法规的讲解。2010—2013年,山东省各互助社理事长、会计及有关县扶贫办、财政局工作人员共计1800余人参加过此类培训。尽管部分管理人员认为类似培训确实提升了管理人员的综合能力和业务水平,但大多数年纪偏大的理事长都称"培训内容有的很高深,有的还算比较浅显,接受程度差异很大",而且"听的时候觉得什么都好懂,回来操作发现很难"。调查人员同时发现,由于互助社多采用一次性发放和回收借款的方式,平均一年资金周转1—2次,虽然简化了管理程序,但由于没有充分的能力建设过程,管理人员无法从小规模的资金管理中学习和积累经验,其资金管理和财务管理能力根本无法提高,而使用专用财务管理软件对互助社运营进行管理更是无从谈起。

在调研中,研究人员也发现,年龄和学历并非一定会对理事长或会计的能力建设构成不可逾越的困难,不甘失败、勤奋好学的个人特质才是关键因素,以下就是一个典型事例:2011年,淄博市沂源县五井镇垛庄村互助社先后为种植佛手瓜的100多户社员发放借款40多万元,该村互助社会计尹东林,时年57岁,由于年龄原因,在互助社刚成立时会计业务熟悉较慢、账务处理不规范,曾一度受到了县扶贫办和镇分管人员的批评。但是,自此之后老会计积极学习互助社会计业务,经过半年的努力,该村互助社的会计账务处理开始规范有序,多次得到了市、县扶贫办的好评。由于借贷规范、会计核算出色,2011年该村互助社获得了省里1万元的奖励资金。这个具有代表性的个案也说明,对基层互助社管理人员给予充分的能力建设是保证互助社可持续发展的关键所在。

（二）管理手段较落后

2012年，在全国135个互助社管理软件示范县中，山东省有4个（分别是泗水县、沂源县、沂水县、临朐县），仅占3.70%，但由于种种原因以上4县中目前也仅有2县的互助社都使用专用的管理软件，沂源县97个，泗水县65个，共计162个互助社，占全省总数的11.79%，即便是这162个社，也由于各试点村办公资金紧张，没有配备专用电脑，到目前为止所有信息系统数据暂放在各乡镇财政所操作，而财政所工作繁忙，无法专心此项业务，加之由财政所用一台电脑一个系统程序反复注销、新建、录入多个村的信息，很容易使信息数据交叉失误，无法保证数据的准确性。

（三）管理成本不断上升

一个金融机构的成本通常体现在几个方面：一为资金成本，主要是需要支付储蓄存款的利息，通常占总成本的主要部分；二为人员成本，金融机构管理和业务人员的工资水平都相对较高；三为经营场所及其相关设施的成本。通常来说，普通小贷机构的内部管理成本要远低于金融机构。在外界看来，互助社在这几个方面成本都很低：首先，互助社的本金主要来自无偿的财政扶贫资金和社员出资，没有利息成本，只有采用入股分红的互助社才有部分资金成本；其次，互助社主要由理事会管理，理事会成员都是非专职人员，不需要领取全额工资，通常只需要少量的补贴，因此人员工资成本也较低；此外，互助社的办公场所一般是村委会的办公室，不需要支付额外的费用，也不需要购置昂贵的安全和办公设施，因此办公费用理应较低。

然而现状是：一方面，互助社本身的组建和管理费用高过贫困村的承受能力。每个互助社组建初期，仅干部业务培训、印发相关文件、办公用品、宣传建档、配备印章、标牌和办理各种登记注册手续等前期费用一般就在5000元以上，按照相关规定，这部分费用不能从互助社本金支取，只能由试点村或县乡财政来负担；另一方面，互助社运行初期往往资金少、周转慢、效益缓，导致管理人员得到的工资报酬极低，难以构成有效激励。假设某互助社的管理人员共有理事长、会计、出纳3人，每人每年为互助社服务要付出约50个劳动日，按当前的劳资水平每人每工作日100元计算，每人每年应得补贴5000元，但实际每人每年获补贴不足2000元，这在一定程度上挫伤了工作人员的积极性。仅靠管理人员奉献精神、热情来维持运转的激励机制缺乏长效作用和可持续发展的动力。

互助社向农户提供的是一项技术强、流程细、成本高、利润低,且需要一定人力、时间和精力去开发、维护和管理的金融服务。在每个互助社成立初期,政府一般拨付10万—15万元作为其种子资金,却没有安排任何工作经费,而互助社是立足于单村单社的小贷机构,机构的运行和成长必定需要资金不断供给,这些经费都是试点贫困村难以负担的。尽管中央明确要求"对偏远地区新设农村金融合作组织给予费用补贴"[①],但对此部分庞大费用的支出来源却并未明确规定。以上制度设计缺陷更是随着近年来物价上扬而不断凸显,持续上升的运作成本将会给互助社的发育和推广带来较大阻力。

第三节 山东省扶贫互助资金合作社管理机制的优化

一 加强外部制度供给

优质而充分的外部制度供给,是互助社可持续、健康发展的前提。因此,政府应当从以下几方面考虑给予支持。

(一)将全国范围内的互助社统一名称

可考虑将互助社的名称统一为"农村扶贫资金互助社",以明确互助社的公益性小贷机构属性,以及其与农村资金互助社的区别。

(二)明确互助社的法律性质和地位

尽管互助社目前仍然处于试点探索阶段,但部分社已经具备"转正"的条件和趋势,如不给予其明确的法律地位和与之匹配的法律制度规范,将会对这一部分互助社的后续发展构成诸多约束,例如在目前的体制和政策规定下,在民政部门注册的互助社不具有成为合法承贷主体的资质,因而无法与金融部门进行更密切的合作,需要相关法律法规的出台给予支持。

(三)进一步完善互助社分级管理

在对互助社进行分级评估的基础上,考虑其今后的发展方向,据此进

---

① 《中共中央、国务院关于加大统筹城乡发展力度,进一步夯实农业农村发展基础的若干意见》(国发〔2010〕1号文件)。

行分类指导。应当注意的是，目前国家对于互助社的退出程序并未规定，这或为其分级管理留下隐患。因此，应明确规定互助社启动退出程序时，理应清算所有社员账务，只有在借款户出现意外伤亡或极端贫困的情况下，才允许不归还借款，村民当初入社时所缴纳的互助资金应如数退还，财政资金可用试点村的公益事业，或用于运行绩效良好的互助社增资扩股，或者在本镇其他村新开展互助社。总之，必须防止出现的结果是少数人最终占有互助资金，导致社区矛盾的加剧，不激化社区矛盾应成为互助社成功退出的标准之一。

（四）与时俱进地更新和完善互助社相关政策

互助社政策规定应紧跟大扶贫形势，针对不断变化的新情况、新问题，为互助社的建立和运行把握大方向。这些政策应在扶贫部门的地位和作用、对互助社的监管手段、退出机制、创新机制，以及占用费规定、贫困户优惠等重要问题上，与互助社的发展保持尽量同步的更新。同时，政府应信守承诺做到"参与不包办、指导不指令"，从指挥者转变为指导者、协助者和服务者，完成由管理型政府向服务型的转变。

二 创新财务管理模式

针对基层互助社管理力量普遍不足的情况，政府可考虑在各试点县成立互助社管理中心，在互助社数量达到5个以上的乡镇成立互助社管理办公室。强化乡镇参与互助社管理的职责，在保持互助社性质和宗旨不变的前提下，与当地农村信用社合作，对互助社财务管理实行"社财乡管、管而不代"的托管模式（如图6.4）。

互助社的账目财务管理由乡镇一级的互助社管理中心统一管理，但决策权、项目调查认可权、借款审批权、监管权等仍归互助社，乡镇只承担其"记账本"的角色。

具体可采用两种托管模式：

（一）资金托管模式

由农村信用社担任互助社的"专职出纳"管理资金。互助社每年从借款占用费中向农信社支付一定比例的托管费，由各乡镇农信社对本乡镇范围内的互助社资金进行收支管理。由互助社负责借款人资格的审定；农信社按照互助社的审核意见，全面负责借款合同的签订、资金的发放、报表的报送等业务工作。对互助社审核同意放款的农户，农信社直接将资金

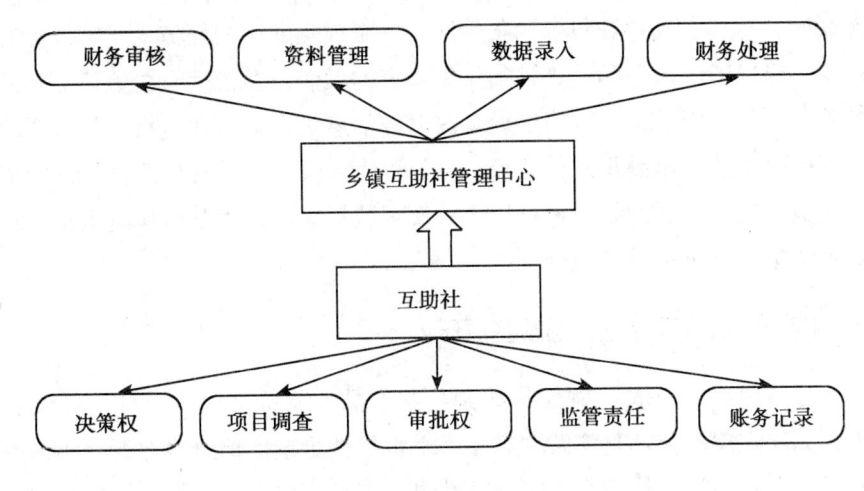

图 6.4　社财乡管模式

打入农户"一折统"账户，还款时农户直接将资金存入互助社在农信社开设的互助金专户，农信社负责反馈互助社进行下账。互助资金存放农信社期间的利息全部计入互助社专用账户进行滚动使用。

（二）账户专管模式

在县、乡农信社设立互助资金专户，从互助社占用费支付部分资金，由农信社全程监管和记录资金运行情况。扶贫资金到县财政扶贫账户后，由扶贫办拨付到县农信社互助资金专户，县联社拨付所在地乡农信社互助资金专户，封闭运行、独立核算。互助社成员提出申请，经互助社审查批准后由农信社放贷。农信社指导互助社建立和健全档案的立卷、归档、保管、调阅和销毁等管理制度。此外，可以考虑建立互助社专职会计制度。县级财政部门可以设立互助社会计服务中心，由中心直接委派专职会计同时为几个村的互助社进行服务。

通过这种"社财乡管"模式，可将基层互助社难以胜任的财务管理工作上移到乡镇，由专业人员做好账务处理、收益分配和财务决算工作。由此，除了可以缓解互助社财务管理困难，还有利于互助社的规范化运行，更有助于互助社管理人员将主要精力投入发展生产和互助社运营等常态性管理事务。

三　利用移动网络技术，建立管理信息微平台

山东属于经济相对发达的东部省份，但目前仍有相当数量的村没有通

互联网，再加上硬件和技术的条件制约，实现互助社全面信息化管理确有难度。可以考虑借鉴印度、孟加拉等国家的做法，在偏远农村地区由互助社管理人员采用手持远程终端设备对财务信息进行录入和上报，只需要一台智能手机就可以满足硬件要求，不但可大大降低互助社信息化管理的成本，更可在没有通网络的偏远地区，实现数据集中，由县级扶贫机构进行数据的集中分析和风险预警。

四　增加管理补贴，缓解基层压力

尽管厘清"三农"领域哪些是公共产品、哪些部门需要政府持续投入，无论在理论上还是实践中都是一个世界性难题。但毋庸置疑，中国的农村金融是弱势群体的金融，互助社更是服务于欠发达农村区域弱势群体的小贷机构，因此，必要的外部资金支持，是实现其可持续发展的保障。针对启动经费少、互助社启动难的问题，可由财政为每个互助社补助1万元左右财政资金，用于开办费（如购买点钞机、保险柜等）、办公费和管理人员误工补贴等。

五　通过内培外引激发互助社内生动力

互助社能否正常有效地运转，制度的合理设计并实施是重要基础，管理人员对相关制度和法规的理解和运用亦十分关键，因此需要通过内部培训和引进人才提高互助社管理人员素质。

（一）外引

互助社可以通过引进外部专业人才（如金融机构的退休人员等）与技术，同时，应鼓励有志于服务基层的大学生到试点村参与互助社的管理，从而摆脱对村干部的依赖，提高互助社的管理规范化和运转效率。

（二）内培

内培即面向互助社内部，注重管理人员的能力建设。地方性高校应发挥学科专业优势，与当地扶贫部门通力合作，对互助社基层管理人员进行有针对性的金融知识培训和专业技能培训，帮助互助社提高经营管理水平。针对部分管理人员年龄偏大、电脑操作不熟练的情况，可将互助社管理软件操作培训课程制成通俗易懂的视频资料，简化学习过程，同时通过在线学习进行后续的培训和辅导。

同时，应通过设计激励机制引导会计人员逐步持证上岗。当然，与将互助社财务管理工作全部"外包"相比，这种智力支持所需的外部投入较高，如支持一位有初中学历的会计人员接受中专教育，直至最后获取会计资格证书的费用大概为 1000—1500 元，全省互助社会计若都实现持证上岗需要至少 150 万元的财政投入。但此举不仅可以从根本上解决互助社管理层能力不足的问题，更可为互助社所在试点村培养一批专业会计人才，具有长远的意义。

第四节　本章小结

一个运转良好的组织必须具备良好的管理机制，本章对互助社的外部与内部管理机制进行深入分析，发现：

一　目前互助社存在双重管理困境

民政局对于互助社的管理实际上只有两个动作：批准注册登记和进行两年一次的年检。除此之外，民政局对于互助社没有任何实质性的日常业务指导和监督。而扶贫办作为互助社业务主管单位，负责业务指导、文件下发，并通过月报表和季度查账对互助社的财务进行管理和监督。与此同时，扶贫办与民政局之间没有业务往来，使得二者无法对互助社进行联合管理，分散了二者的外部管理责任。

二　如何激发互助社自身活力是值得研究的问题

由于外部法律供给缺位，互助社成立初期只能依托政府部门获取制度资源，短期内确实有利于其自身的组织发展。而作为典型的自上而下成立的社会组织，互助社的业务主管单位表面上看只是在运作中扮演监护人的角色，但实际上却掌握着互助资金的分配权，即互助社的命脉。换言之，互助社的资金来源于其业务主管单位即扶贫办，基本上仍然是官办、官管、官运作，就是放开了点，也不过是向官办民助的方向努力了一点点，自然难以摆脱政府的控制和影响，表现出鲜明的行政化思维和行动。

三　互助社内部管理机制中存在内部冲突

以民主协商为准则的组织结构、相对清晰界定的产权结构以及对贫困群体赠股等制度设计，有效缓解了组织内各相关利益主体之间的冲突，但仍存在内部规制欠完善、管理人员能力建设和激励均不足等实际问题。因此，如何为互助社营造适合其发展的法律环境、如何激发其内生的民主管理动力，切实提高管理人员的能力和水平，是关系到互助社能否实现可持续发展的最关键因素。可以通过加强外部制度，特别是法律层面的制度供给、创新财务管理模式、利用移动终端实现互助社管理信息化等措施，结合管理层的能力建设，达到管理机制优化的目标。

第七章　山东省扶贫互助资金合作社运营机制的分析与优化

尽管互助社为了彰显其非金融机构的身份，在业务操作中一直以"借款"代替"贷款"，"借款占用费率"代替"利率"，但实际上，替代词的本质是相同的，即是向社员发放和回收贷款是互助社的主要活动。因此，互助社的运营机制应包括：借款、还款、担保方式、收益分配四方面。

第一节　借款状况分析

互助社借款状况可包括借款限额和期限、借款占用费率、借款用途三个方面。

一　借款限额和期限及其变化趋势

（一）借款限额和期限

互助社的设计理念主要来自小额贷款，而小额贷款运作的特征之一就是控制借款额度。将控制额度控制在较低水平有多个方面的好处：①可以防止少数富裕农户大额借用资金，挤占其他农户特别是贫困户的利益。贫困户一般需要的借款额度都比较小，小额度的借款符合贫困户的实际需要，额度越大，贫困户越不可能获得借款；②小额借款意味着农户多次借款，因此资金周转会较快，容易使多数人受益；③有利于分散借款风险，提高互助社的资金安全性和供给的可持续性。

问卷调查结果表明，借款期限更加侧重于短期。借款期限一般为6—10个月，最长不超过12个月。有98.56%的样本社对社员首次借款额做出限制（见表7.1）。2007年成立的互助社，一般规定第一次借款上限不超过2000元；2008年成立的互助社，大多数规定第一次借款额度上限不超过3000元，首笔借款按期还清后，第二次借款限额一般可提升至5000

元；2010年成立的互助社，第一次借款上限不超过5000元。分阶段提高借款限额的做法不但可逐步提高社员的诚信意识，还能将资金风险控制在一定范围。此外，也有的试点村根据社员出资额设立相应的借款限额，如，临沭县蛟龙镇坡石桥村，按照互助社章程规定，社员借款上限以其入社缴纳股金的25倍为标准，若农户入社出资为500元，则该社员农户最多可从互助社支取12500元的借款。

表7.1　　　　　　　　　样本社借款限额情况

单笔借款限额	涉及样本个数	所占比例
3000元	9	1.44%
5000元	583	99.39%
10000元	32	5.13%
合计	—	624	100%

（二）借款限额的变化趋势

从目前的借款期限和限额来看，互助社的做法基本符合小额贷款的"小额短期"的基本原则，但是通过调查却发现，有相当数量的农户反映现有的借款额度和期限并不能满足他们的借款需求。主要原因是在几年前的建社初期，一次借款3000—5000元尚可解决一户当季度的生产资料资金缺口，但随着农村经济的不断发展，农资价格在不断上涨，依照目前的市场行情，5000元人民币在农村的生产资料购买能力十分有限。

表7.2　　　　　2011年山东省农村5000元人民币购买力估测[①]

借款金额	借款户	购买能力
5000元	肉猪养殖户	3头仔猪，半间猪圈
	畜牧养殖户	4只羊羔
	种植户	1/2个春暖式大棚
	种植户	1/10个冬暖式大棚
	种植户	1/3个冬枣大棚

通过调研人员对部分互助社的访谈资料可知，5000元对农户发展现

---

① 该估测是根据调研人员与山东省济宁市、枣庄市部分互助社管理人员访谈资料整理所得，访谈时间：2011年7月。

代农业的投入来说可谓杯水车薪（见表7.2），而大部分互助社的单笔借款上限都集中在这一区间。因此，农户普遍认为，目前的借款额度明显偏低，已不适应社员经济发展的实际需求，要真正扶持农户发展产业，借款额度需要全面提高到1万—2万元之间。然而，如果决定提高借款额度，互助社将会面临捉襟见肘的困境。在六年前的试点初期，一个互助社有20万元左右的本金，尚勉强能够满足农户的借款需求，也能解借款的燃眉之急，成为农村金融服务缺失地区的有益补充。但目前来看，每村20万元的资金规模在产业发展过程中的作用杯水车薪，形成了需求多、覆盖小的局面。调查显示，以目前全省平均每社24万元左右的资金水平，只能满足160户左右的基本需求，试点村户数若超过此数字，则覆盖率会明显偏低。

二 借款占用费率

互助社运营的基本职能是持续地为社员提供有偿资金借贷服务，在增加农民收入的同时维持自身的可持续运转。因此，互助社虽然不以营利为目的，但自身必须讲效益，这就意味着其产品定价，即借款占用费率，必须满足成本覆盖的原则。因此，《指导意见》第三十一条规定，互助资金管理运行中可收取适当资金占用费，供正常管理运行开支。同时规定，借款占用费率应按照能够覆盖互助社运行成本的原则确定，一般不得高于同期银行一年期贷款基准利率。

（一）借款占用费率分析

互助社的金融产品定价特色是在非营利性的前提下，还原小额贷款的真实成本，利用市场机制调节资金借出的去向，从官方统计数字来看（见表7.3），2011—2012年山东省互助社最高年利率12%，最低7.2%。

表7.3　　山东省扶贫互助资金合作社借款占用费率统计表[①]　　（单位:%）

启动年份	2007年启动		2008年启动		2009年启动		2010年启动		2011年启动		2012年启动	
互助社类型	中央	省级	中央	省级	中央	省级	中央	省级	中央	省级	中央	省级
平均占用费率（年息,%）	10.8	9.51	9.6	10.06	10.3	9.3	9.85	9.14	10.5	9.82	10.5	10.08

---

① 数据来源：山东省财政厅扶贫办，2013年启动的试点村未统计。

续表

启动年份	2007年启动		2008年启动		2009年启动		2010年启动		2011年启动		2012年启动	
互助社类型	中央	省级	中央	省级	中央	省级	中央	省级	中央	省级	中央	省级
最高占用率（年息,%）	10.8	12	10.8	12	12	12	12	12	12	13.2	12	12
最低占用率（年息,%）	10.8	7.2	8.4	7.2	8.4	6	7.2	6	7.2	6	7.2	7.2

本研究实地调研取得的数据结果与财政厅提供的数据基本一致（见表7.4）。

表7.4　　　　　　　　样本社借款占用费率情况

		涉及样本个数	所占比例	合计
月借款占用费率（‰）	<6	175	28.04%	100%
	6—7	184	29.49%	
	8—9	222	35.58%	
	10<	43	6.89%	
实行阶梯占用费率	是	383	61.38%	100%
	否	241	38.62%	

（统计时间：2011年8月—2012年8月）

从借款占用费率来看，有4.80%的样本社借款占用费率高于当地农村信用社同期同档贷款利率（2012年农信社一年期一般为12%左右），约1/5的样本社基本持平，其余大部分则低于当地农信社贷款利率。以滨州市惠民县辛店镇为例，该镇5个互助社的月占用费率都为0.8%，较接近于全省的平均水平，此费率略低于当地信用社的同期贷款，比当地民间借贷利率低20%左右。纵向比较，在全国范围内，山东省互助社的借款占用费率水平基本处在较高位。全国其他大部分省份费率水平都低于农信社利率2—3个百分点，例如浙江互助社平均年借款占用费率为8.3%，重庆为5%—6%，广东平均为年息7.5%[1]，甘肃省仅为4%[2]。

从借款占用费规定方式来看。有42.47%的样本社对借款占用费率实

---

[1] 国务院扶贫办外资项目管理中心：《全国互助社交叉检查情况报告》，2011年10月，第1—2页。

[2] 甘肃省的商业银行贷款年利率是9%，而互助社借款占用费率为4%，数据源自徐福祥：《西北少数民族地区贫困村村级互助社发展模式研究》，西北师范大学，2013年硕士论文，第95—96页。

行一年一变；有45.83%的实行浮动制，即随着银行利率的调整而变动；为鼓励短期借款，有61.38%实行阶梯占用费率[①]，即采取分段计息的运作模式面向全体社员发放借款，如，夏津县小石堂村，借款期在3个月以内的按月息6.9‰计息，3个月至6个月的按8.1‰计息，6个月至12个月按9.6‰计息；临沂市临沭县3个月期、6个月期和1年期的借款占用费率分别为月率9‰、9.6‰和10.2‰。可见，无论就借款占用费率水平还是设置方式，全省各社的做法存在较大差异。

（二）关于借款占用费率市场化的讨论

市场化利率是小额信贷机构鲜明的特色之一，而互助社虽然在民政系统注册登记，其本身从事的仍然是小额信贷的金融活动，应当遵循小额信贷机构运营的规律。受贫困地区农民心目中长久以来"扶贫款就是救济款"观念的影响，很多入社农户对借款占用费率"不低于当地农信社同期利率"的安排表示不理解，甚至至今持有非议。那么，利率市场化与扶贫真的是本质对立的吗？市场化的利率水平是否与互助社的非营利特性相违背？穷人真的无法接受高于银行的贷款利率吗？

从广义上讲，互助社是我国农村金融市场的一种公益性小贷机构，分析其占用费率的影响因素的思路与小额信贷机构相同。

1. 根据科斯的交易费用理论，任何经济活动都会产生交易费用和信息成本，交易费用通过直接影响经济活动的成本支出，进而对经济决策产生重要影响。农村金融市场的一个显著特点是信息不对称问题严重，广大农户信息具有隐蔽性、模糊、难于传递的特点，缺乏易于编码、量化和传递的"硬信息"，导致农户小额信贷与其他正常商业贷款相比，分配和回收贷款的交易费用更高。因此，互助社的利率理应高于农信社同期商业利率，政府对其利率的市场化放开实际上是还原了小额贷款利率的真实成本，维持了该模式自身的经济可持续性。

2. 要使得互助社的资金要能持续发挥效益，本金规模不能缩小。在目前通货膨胀率达到6%以上的情况下，过低的占用费率将使互助资金本金不断贬值，不利于互助社的发展。此外，与金融机构不同的是，互助社在一定程度上起到了农村基层资金蓄水池的作用，由于所收取的借款占用费收入都留在村内，而不像金融机构的利息那样从村里流出，所以较高的

[①] 即占用费率随着借款期限的长短而定，借款期限越长，占用费率越高，设置级差。

占用费率从长远看对村民是有利的。

3. 理事会的管理成本也需要靠借款占用费来覆盖。如果占用费率过低，扣除了必要的办公经费外，将导致给管理人员发放补贴过低，而从长远而言，过低的补贴会影响管理人员的积极性，不利于互助社的规范管理和持续发展。所以，互助社的借款占用费率通常需要超过当地信用社的利率，才能维持自身可持续发展。

4. 允许利率浮动于农信社同期商业利率之上，实际上等于设置了扶贫资金的使用门槛，从而为互助社的资金的使用权创造了良好的排他性，避免了有相当资金实力的富户对稀缺扶贫资金的过度占用，将信贷权利归还到真正需要依靠财政信贷力量致富的广大贫困人口的手中。

5. 从世界范围的经验来看，大部分的成功小贷机构都把利率定得较高，如孟加拉 GB，其贷款利率虽然通常高达 20%，拉丁美洲、南亚国家的年利率一般为 30% 和 20%，但上述小贷机构的还款率却都超过 98%。与这些国家相比，我国互助社的贷款年利率已经处于相对较低的水平。

6. 利率水平的确定除了与该国该地区的基准利率水平有关，也要根据服务对象所从事的行业，以及还款能力来确定。在我国，由于小额资金投放于贫困家庭的边际收益较高，因此这些家庭往往愿意为此支付相对较高的费用。如果从表 7.5 来看，目前互助社的借款占用费率水平仍在农民可接受的范围之内。

表 7.5　　　　　　　农户可以接受的贷款利率水平[①]

农民年人均纯收入	最高可接受利率出现的概率				实际发生的大于15%利率比重	实际执行的贷款利率
	小于15%利率（合计）	等于15%	15%—20%	大于20%		
10000 元以上	15.29	0.00	0.00	15.29	11.67	10.92
8000—10000 元	32.00	0.00	12.00	20.00	15.38	11.43
5000—8000 元	32.38	4.76	12.38	15.24	22.22	11.55
3000—5000 元	39.39	10.61	12.12	16.67	34.48	11.81
1000—3000 元	75.00	22.37	9.87	42.76	34.12	12.86

---

① 数据来源：汇丰—清华"中国农村金融发展研究"项目报告（2009）。

续表

农民年人均纯收入	最高可接受利率出现的概率				实际发生的大于15%利率比重	实际执行的贷款利率
	小于15%利率（合计）	等于15%	15%—20%	大于20%		
1000元以下	48.23	7.80	9.93	30.50	32.97	14.63
加权平均	45.16	10.00	9.53	25.63		

总之，以上几方面的分析都证明互助社的利率市场化是实现其可持续发展和贫困瞄准的要求，而且目前互助社的利率水平是可以被农户所接受的。然而，从调研中对互助社管理人员的访谈情况来看，一部分管理人员仍然将互助社看作是一个扶贫项目，并理所当然地认为应该设定较低的借款占用费，这样才能够体现扶贫宗旨。事实上，可以推测部分管理人员此番言论背后存在"权力寻租"动机，在部分样本社，由于采取政府配股以及低占用费率的运作模式，使那些原本可以从正规金融机构获得贷款的富裕农户，也优先考虑从互助社借款，以减少利息支出，获得更大收益（调研中发现，在绝大多数贫困村中，部分条件较好的农户都能够从当地的农村信用社获得额度较大的信贷资金），而正是这种利益驱动，使得互助社借款资源分配出现了"寻租"的可能。

三 借款用途分析

互助社借款管理的重要指标之一是互助社的资金借款余额质量，即尚未收回、尚在借款者手里的借款质量。影响借款质量的因素贯穿在互助社管理的整个过程，其中较为关键的一个因素就是借款用途，因此《指导意见》第四条规定，互助社服务对象为本社社员，以贫困户为主体开展生产性项目借款服务。

（一）借款用途的规定和实际去向

农户借贷资金的使用可分为生产性借款、生活性借款和非正常借款。基于互助社成立的初旨，出于确保资金回收率和安全的考虑，《指南》对于互助社社员借款的去向作出了明确的规定："互助社试点的目标是缓解贫困村和贫困户获得生产性贷款难的问题，所以其主要用于生产性用途。互助社的借款，原则上用于增加收入的项目，并对环境没有负面影响"，山东省政府提出"提倡政府参与不干预，主要由借款人自主选择，但必须是生产性投入，互助社不干预借款人的自主权，也不允许各地方政府和村委及互助社管理人员利用行政干预的手段将互助资金集中从事统一购销经营活动"①。

根据《指南》规定，借款应该用于生产创收项目，包括：种植业、养殖业、家庭作坊、小买卖、交通运输、商品贩卖，等等。不能回收的项目或修路修桥等基础设施建设和其他非生产性项目（如农户用于企业入股、子女上学、治病、改善居住条件等）则不得使用互助资金。

调查结果表明，样本社的借款使用用途基本与本地域内主导产业一致。借出款项平均有54.32%和35.47%分别被用于种植和养殖，有6.91%被用于个体经商，只有3.30%的借款被使用在生活消费方面，以上调查结果与2011年年底全国互助社交叉检查的结果较为类似。然而，经过深入访谈，我们发现，在实际操作中，由于资金的可置换性，各互助社不同程度存在着将借款用于消费用途的现象，且消费用途的实际比例要远高于5%，甚至有可能超过10%，其中解决农民生活、生产困难的贷款占了很大一部分，包括生病住院、孩子上学、婚丧嫁娶、修屋等不一而足。

（二）生产和消费用途的可置换性分析

作为生产单位和生活单位的统一体，农户的资金使用要同时服从生产和生活两方面的需要，因此资金的两类用途在实际中经常发生转换：生产性资金或者生活性资金内部转换，生产性资金和生活性资金相互间转换。如种菜的钱用来养鸡、买化肥的钱给孩子交学费、买电视的钱用来买猪崽，这些情况在农村是十分常见的。

事实上，早在互助社试点运行之前，学界的相关研究资料也显示，随着农村经济水平的提高，农村居民对消费贷款的需求相比较对生产性贷款的需求要更加强烈。朴之水、任常青、汪三贵认为，随着农户变富裕，传统农业的信贷需求呈下降趋势，除非农户为实现规模经济或种植新的投入密集型作物而需要大笔的资金投入②。然而，这种转变在中国的贫困地区不太可能发生，原因是当地人均耕地面积较小，且土地多半是坡地，细碎化程度高且土地质量较差。根据以上三位学者对中国陕西、甘肃、四川和

---

① 《山东省2011年贫困村村民发展互助资金试点工作方案》，鲁贫办发〔2011〕13号。
② 朴之水、任常青、汪三贵：《中国的小额信贷、扶贫和金融改革》，OECD"中国的农村金融和信贷组织基础"研讨会，2003年10月，第25—32页。

贵州 4 个省贫困农户贷款需求的结构的跟踪调查，发现从 1997 年到 2000 年，低收入组消费贷款的比重相对生产性贷款的比重显著上升了。他们认为教育、医疗和建房成本的快速增加是导致消费性贷款需求增加的重要原因。实际上，谢平和徐忠（2006）也发现，在他们所调查的样本农户的贷款用途中，上学和看病费用占据了 29.7%。

由图 7.1 可发现，尽管近十年来我国农村居民收入水平不断提高，但若考虑到价格因素，2008—2012 年中国农村居民的人均纯收入一直处于低水平的增长，相比之下，农村居民的生活消费支出却一直保持高增长的态势（见表 7.6），2012 年山东省农村居民人均生活消费支出的年增速甚至已经超过了农民人均纯收入（见表 7.7），以上事实或可以解释农民对消费贷款的需求持续膨胀之根本原因。

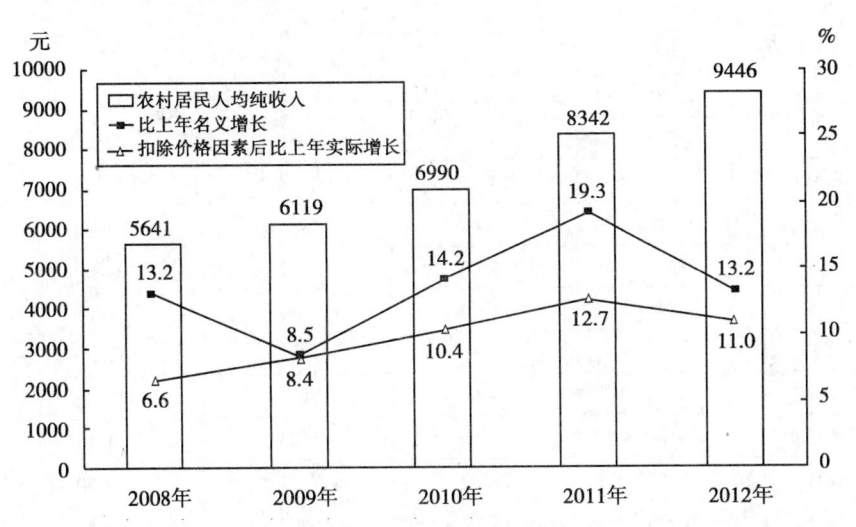

图 7.1　2008—2012 年农村居民人均纯收入及增长速度①

表 7.6　　　　　　2005—2010 年中国农村居民消费增长情况②

年份	农村居民生活消费支出（元）	比上年增加值（元）	比上年名义增长率（%）	扣除价格因素影响比上年实际增长率（%）
2005 年	2555			

---

① 数据来源：《中国农村贫困监测报告》（2012）。
② 资料来源：《2006—2010 中国农村统计年鉴》。

续表

年份	农村居民生活消费支出（元）	比上年增加值（元）	比上年名义增长率（%）	扣除价格因素影响比上年实际增长率（%）
2006 年	2829	274	10.7	9.1
2007 年	3224	395	14.0	8.1
2008 年	3661	437	13.6	6.6
2009 年	3993	332	9.1	9.4
2010 年	4382	389	9.7	5.9

表 7.7　　2012 年山东省各地市农民人均纯收入与农村居民人均生活消费支出比较[①]

地区	农民人均纯收入（单位：元）	比上年增长（%）	农村居民人均生活消费支出	比上年增长（%）
全省	9446	13.20	6776	14.8
济南市	11786	13.20	6932	17.40
青岛市	13990	13.10	8653	12.90
淄博市	12378	13.80	7334	13.60
枣庄市	9606	14.40	5640	11.70
东营市	11489	14.60	7102	21.80
烟台市	13298	13.50	6603	12.20
潍坊市	11797	13.30	7487	17.30
济宁市	10002	14.80	5437	15.20
泰安市	10194	13.60	5588	15.10
威海市	13962	13.20	7547	10.60
日照市	10026	14.50	4897	12.50
莱芜市	10887	13.20	6093	17.30
临沂市	9149	14.10	5536	17.90
德州市	9602	15.00	4938	19.20
聊城市	8872	14.70	5190	14.00
滨州市	10047	14.90	6994	17.20
菏泽市	8187	15.00	4696	13.40

[①] 资料来源：山东省农业信息中心，http：//www.sdny.gov.cn/art/2013/7/12/art_ 6921_343915.html。

表 7.8　　　　2012 年山东省农村居民人均生活消费支出分类表①

指标名称	2012 年（元）	比上年增减（%）
生活消费支出	6776.00	14.80
服务性支出	1799.00	18.59
其中：1. 食品消费支出	2322.00	10.20
2. 衣着	455.00	13.70
3. 居住	1400.00	24.24
4. 家庭设备、用品及服务	406.00	-1.40
5. 交通和通信	938.00	24.56
6. 文化教育、娱乐用品及服务	501.00	3.80
7. 医疗保健	635.00	24.91
8. 其他商品和服务	120.00	8.30

尽管截至 2012 年 8 月底，山东省居民医保和新农合参保人数覆盖面已分别达到 97.8% 和 99.9%，新农合基本实现全覆盖，但从表 7.8 的农户消费支出结构可看出，在 2012 年全省农村居民人均生活消费支出的所有项目中，医疗保健仍然是增幅最大的一项。这说明目前山东省农村居民在医疗保健方面的消费需求，仍不可小觑。

此外，调查中也发现，部分互助社管理人员并没有严格恪守"社员借款只可用于生产消费"的原则，而是在依据自身掌握的本地知识，灵活处理各种类型的借款申请。例如，枣庄市山亭区 S 社所在试点村村民陈远树（非互助社社员）的脚摔断了，住院治疗所需的 1 万元无处着落，互助社理事长想出了办法，让陈的两个儿子立刻申请入社，缴纳每股 300 元，因为入社第二个月才能借款，在理事长的授意下，二人在填入社表时把日期提前一个月，每人当即获批 5000 元借款，借款理由为"养猪"。一个月后陈伤愈出院，他的两个儿子对互助社理事长心存感激，四处筹措资金提前还清了借款。以上情况该试点村的村民都心知肚明，但也都表示理解，理事长也承认自己的做法是"合情合理不合规"的。类似案例在调研中还有不少，但由于在账目中很难发现其蛛丝马迹，一般不曾被当地扶贫办人员识破。

---

① 资料来源：山东省农业信息中心，http://www.sdny.gov.cn/art/2013/7/12/art_ 6921_ 343915.html。

第二节 还款状况分析

一 还款方式分析

（一）样本社还款方式

到期还款和分期还款是互助社主要使用的两种还款方式。以前者为主的互助社多成立于2010年以前，本次调查有474个样本社属此类，占样本社总数的75.96%；其余150个样本社以后者为主，占总数的24.04%（见表7.9）。

表7.9　　　山东省扶贫互助资金合作社还款方式种类

还款方式	到期还款（整借整还）	到期还本结息
		按季结息、利随本清（到期还本，按季度均额结息）
		到期结息还本
	分期还款（整借零还）	等额本金，息随本清
		等额本息
		等额本金，结息还本

在运行中，山东省大部分互助社采取"按季结息、利随本清"的方式，即社员在互助社借款后，每季度结算一次资金占用费，提前半个月公示还款人的还款本金及占用费，提前一周通知还款人，到期时还清本金及占用费，具体流程见图7.2。

（二）两种还款方式的比较

1. 到期还款的利弊

到期还款的优势是：①每季结算占用费的方式，能激发社员的创业潜力，促使社员养成勤俭创业的习惯。每次结算占用费后，社员都要对下次结算占用费做出安排，由此可在无形之中提高农户的经营能力，而且容易催生出农户更大的发展渴望；②在互助社开展集体活动时，社员当着大家的面归还借款，能引导社员养成诚实守信的品格。这样不仅充分尊重了农民的主体地位，也使贫困村农户在行使自主权、参与权、管理权、监督权的同时，提高了自我积累、自我管理、互助互帮和持续发展能力；③到期还款还可节省一部分管理成本。

第七章 山东省扶贫互助资金合作社运营机制的分析与优化

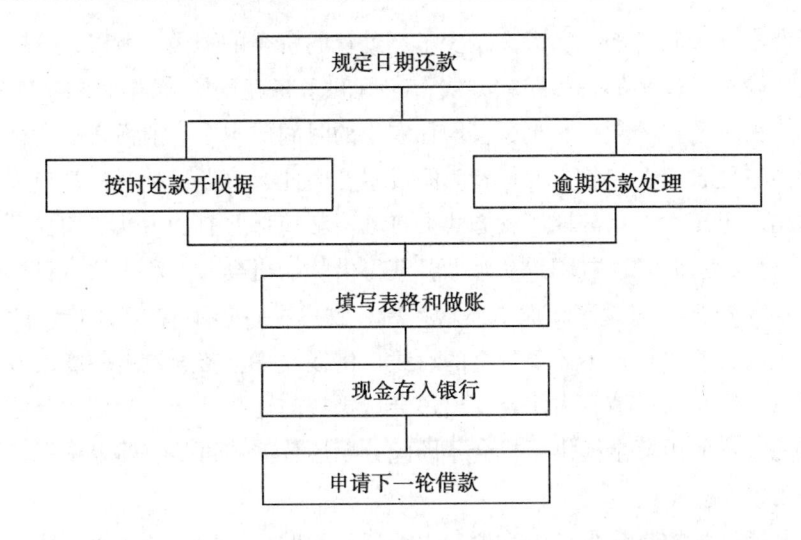

```
        规定日期还款
       /            \
按时还款开收据      逾期还款处理
       \            /
        填写表格和做账
             │
        现金存入银行
             │
        申请下一轮借款
```

图 7.2 山东省扶贫互助资金合作社社员还款流程图

到期还款的缺陷是：①由于一年只能周转一次，一般在年初发放，年底收回，资金不能滚动运转，这也是部分互助社的资金周转率偏低的主要原因之一；②与农户的实际需求脱节。农户对资金的需求在时间上存在较大差异，然而，也正是这种差异，可以引导资金在农户间通过互助合作进行流转，从而提高资金的使用效率。但是，在采用到期还款的互助社，若农户在年初放款时并无借款需求，几个月后需要借时却很可能发现互助社已无钱可借，于是来年该农户也变得跟其他人一样"聪明"，这正是"权力不用，过期作废"，如此一来，互助社的资金周转减慢、扶困救济功能也被大大削弱；③有悖于互助合作原则。从理论上来说，并不是所有社员都在同一时间需要同样数量的资金，将资金平均分配给每一个社员，即相当于把国家的财政扶贫资金用很小的占用费成本分给了社员，是一种不符合互助合作原则的资金发放方式。

2. 分期还款的利弊

分期还款的主要优势是：①可以减轻农户特别是贫困户还款的压力。贫困农户的资金需求一般都比较常态而迫切，分期小量还款较一次性到期还款相比，形成的经济压力更小；②能够培养贫困农户良好的理财能力。将小钱积攒为大钱，用于滚动发展和资产的积累，最终稳定地摆脱贫困；③降低风险。由于农户在借款期间不断偿还本金和利息，如果借款农户因特殊原因不能还款，也至少收回了部分本金和利息，与一次性还款会损失掉所有本金和利息相比，大大减少了互助社的资金的损失。所以，分期还款是风险相对较小的一种还款方式；④有利于将互助资金瞄准贫困农户。由于加大了还款的频率，至少会增加农户的时间成本。一般而言，富裕户比贫困户更吝于在借款方面耗费时间成本，因此，分期还款对富裕户来说成本相对更高。采用分期还款方式会自动屏蔽掉那些有能力从信用社借款的富裕户，从而增加贫困户从互助社获得借款的机会，有利于扶贫目标的实现；⑤资金使用效率和提前还款率高。农户在一年中有12次借款的机会，没有必要在年初不需要资金的时候也借钱。一旦资金没有较高回报率的用途，农户为了节省占用费支出还会选择提前还款，从而为别的有更好项目的农户使用资金提供了机会，因此分期还款方式可从总体上提高资金的使用效率。

分期还款的劣势是：①管理费用稍高。互助社管理人员认为分期还款会导致资金收支工作量剧增，对原本已经十分有限的财会人力资源构成挑战；②与农业生产周期有冲突。社员借款的主要用途是种植业及养殖业（共占87.5%），分期还款与农户生产周期难以相适应；③与劳动力流动性有冲突。近几年农村人口流动量加大，农户家庭成员一般为3—4人，由于懂经营的人不多，劳动力多外出打工，家里只留老少搞种养业，缺乏持续性收入来每月偿还借款。

表7.10　　　　　　　到期还款与分期还款的优缺点比较

	优点	缺点
到期还款	促使社员勤俭创业	资金周转慢
	符合农业生产周期	资金占用成本高
	节省少量管理成本	与农户需求脱节
		降低了互助资金的使用效率
		有悖于互助合作原则
分期还款	分散农户还款压力	管理费用稍高
	培养贫困农户良好的理财能力	与农业生产周期有冲突
	降低风险	与劳动力流动性有冲突
	瞄准贫户，屏蔽富户	
	资金周转快	

本研究选择 2011 年为观察期进行分析，选择典型的分期还款样本社①，即可以发现分期还款较明显优于到期还款。实行分期还款的样本社平均年资金周转次数为 3.24 次，年本金增值率②为 5.92%，借款轮换率③为 74.67%。实行到期还款的样本社平均年资金周转次数为 1.95 次，年本金增值率为 2.60%，借款轮换率为 39.33%。实行分期还款的互助社不仅自身收益能力较强，互助资金对社员的有效覆盖率也相对较高。

由于互助社植根于农村社区，因而社员的借款需求存在明显的季节性特征，即在农忙时期贷款的需求量猛增，贷款供不应求；而在农闲时期则因需求少而无处发放贷款，因此季节性借款需求造成了互助社的资金流动不畅，无法形成持续、稳定的资金流。该问题的产生原因与农村社会、经济的背景、农业生产的特性以及农民的投资、消费习惯密不可分。

被调查的互助社中有 85% 主要采用到期还款的还款方式，这使得社员特别是贫困农户社员在春耕夏种时节难以及时获得贷款，互助资金成了"定期洒水"而非"雪中送炭"。尽管政府正在逐步推广分期还款的做法，以满足不同农户不同时期的需求，但大部分社员仍然对分期还款模式表示抵制。

二 还款率变化趋势及其影响因素

（一）还款率变化趋势

对处于发展阶段的小额信贷项目而言，保持良好的还款记录、将拖欠控制在较低的水平对项目顺利转入持续阶段具有非常重要的作用。从问卷调查结果看，2011 年样本社平均按期还款率高达 99.23%，但实际上互助社成立时间越长还款率越低，即互助社成立时间与还款率呈负相关。如图 7.3 所示，样本社中建社第一年到第五年时的按期还款率分别为 99.41%、99.26%、98.88%、98.1% 和 97.32%，实际还款率分别为 100.00%、

---

① 即互助社成员通过小组担保的形式，向互助社中申请借款用于生产性创收项目，借款额度为交纳互助金的 10 倍，但最高借款额度不能超过 5000 元，月占用率 1‰（年占用率 12%），借款期限最长不超过 12 个月，每月分期偿还本金和占用费，宽限期两个月，即从获得借款的第 90 天开始每月等额偿还本金和占用费。

② 本金增值率 =（借款占用费总收入 - 管理成本 - 公益金 - 公积金）/ 互助金本金 × 100%。

③ 借款轮换率 = 当年新增借款农户 / 当年借款总户数。

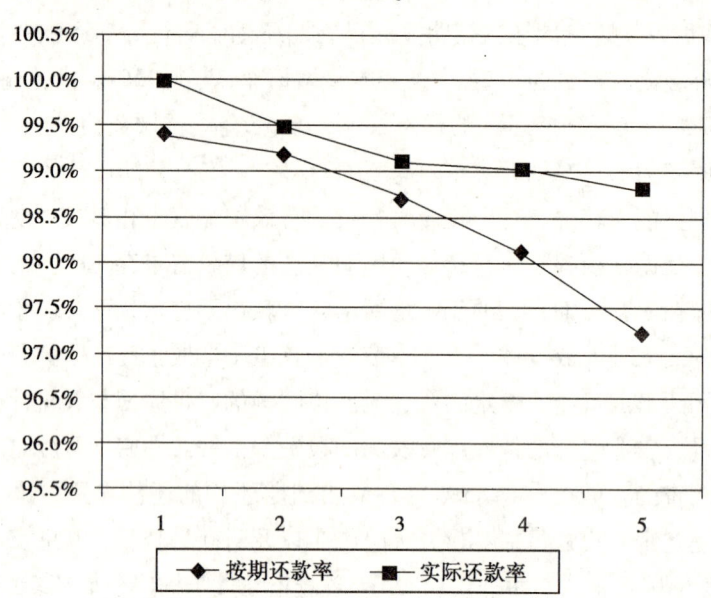

99.52%、99.16%、99.07%和98.89%。

图7.3 样本社还款率变化趋势

《指导手册》规定，互助社运转中发生以下情况之一，视为运转不正常，经整改仍无明显好转，应进入退出程序。其中包括：互助资金的逾期借款率[①]超过15%以上；互助资金的净值[②]低于财政扶贫资金和村民自愿缴纳的互助资金总额的60%。

山东省还款率较低的典型案例发生在莱芜市，自2009年互助社试点运行以来逾期还款27笔，共计12.8万元，还款率93.3%，低于全省整体水平，从2012年年底开始这5个互助社已全部进入退出清算程序。

（二）还款率降低的影响因素

造成还款率降低（或拖欠）的因素既有客观方面又有主观方面，而这些因素对于找到控制拖欠的途径非常重要。经深入访谈了解到，造成样本社还款率下降的主要因素可归结为：

1. 社员方面的因素

随着互助社的逐步发展，社员群体的自我管理热情开始有所变化，互助社运行第一年，社员十分关心互助金的使用和管理情况，机会主义行为

---

① 资金逾期率＝逾期借款额÷发放借款总额×100%。
② 互助资金净值＝借款余额＋银行存款余额＋现金余额－其他应付款。

出现频率极小；运行第二年及以后，部分互助社社员大会召开频次降低，社员对互助社运行管理的关注度明显下降，导致部分农户冒着道德风险，以外出打工或经营不力等理由出现逾期还款甚至拖欠行为。

2. 互助社的原因

为了鼓励社员积极借款，互助社通常都规定首次借款还清后下次借款可提高限额和延长还款期限，此做法无形中激励了社员对于高投入高回报项目的偏好，伴随着潜在的高风险，一部分社员下次还款质量很可能受到影响。

其他导致拖欠的原因往往来自管理层，包括：①借款占用费率过低导致借款者认为所借款项就是扶贫救济款，可以不用偿还；②互助社的管理人员未按照操作指南的要求严格审批借款人资格；③互助社管理人员对借款申请者的项目评估错误，没有预料到借款者的项目会失败；④互助社管理欠规范，对于按时还款和拖欠奖惩不力；⑤互助社管理人员对拖欠行为采取不适当的处理方式，例如采取重置借款或展期的方式，导致了风险不但没有降低，反而越来越大。互助社对拖欠现象刚刚出现时的认识不到位，以为拖欠的数额小，不会带来多大的损失，从而导致拖欠行为蔓延，最后出现失控的局面。

3. 不可控因素

如自然灾害、疾病、意外等。此外，最近几年农产品价格水平较不稳定，这也是造成某些农户经营失败无力还款的原因。此外，有些小额贷款和推广某种技术捆在一起，这样做的好处是效益大，但是也增加了风险。市场一旦变化，产品价格下降，还款就会大面积拖延。

第三节 小组联保状况分析

一 小组联保定义和流程

小组联保模式是国际小贷机构的经典贷款模式，一般是指由4—6个人自愿组成一个小组，小组成员肩负有连带还款责任，5—6个小组成为一个中心组，每周或每10天由小组长和中心主任组织这些小组成员开中心会议，汇报各自的项目进展情况、还款程度等。与之相配套的小组联保制度具体包括层级组织结构、小组中心制度、分期还款制度等。由于互助社未获得银监会的吸储许可，加之试点过程中各省都做了一些调整，因此如今大部分互助社使用的都属于改良过的小贷机构小组联保模式，其借款及回收具体流程如图7.4。

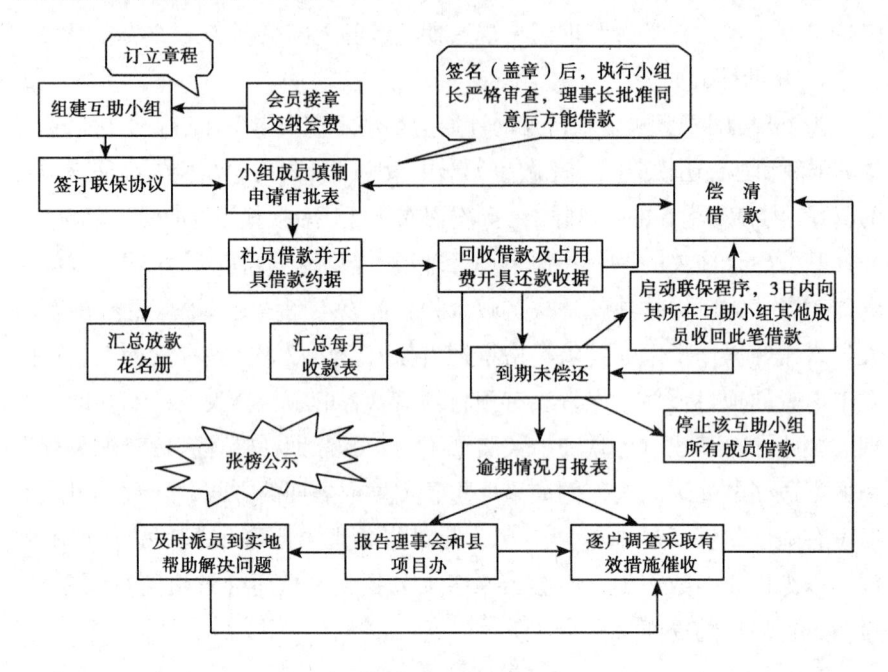

图 7.4 小组联保借款及回收流程

二 小组联保制度的变迁与改进

（一）小组联保制度的变迁

山东省在2010年以前所推行的是小组担保而非联保，即借款3000元以内需2—3个社员担保，借款3000—5000元需3—5个社员担保，且在借款尚未还清之前，担保人不得借款，也不得重复担保。以此规定，假设有1个社员借款5000元，有4个社员为其担保，则互助资金对这5个社员的有效覆盖率只有20.00%；假设有5个社员为其担保，覆盖率便不到17%；借款两轮后，即便能达到借款人"全部轮换"的理想状态，覆盖率最高也不超过40.00%。

在2010年后推广新试点时，政府开始推行小组联保制，即成立5—7户的联保小组，联保小组内2/3的社员农户可以借款，只有当小组借款全部还清时才能由下一个社员借出。为保障互助资金借得出、收得回，国务院《指导意见》鼓励互助社社员组建互助小组，采取小组联保方式借款。

尽管官方文件只出现了"鼓励"二字，但实际上山东各社对小组联保几乎都是作硬性要求的，即不联保便无法借款。

从问卷调查结果来看，平均样本社每百名社员拥有联保小组数5.73个，每个小组5—7名社员，已参加小组联保的社员占总社员数的40.26%。各样本社的联保小组数较为不均：一方面，在93个样本社（占14.90%）几乎全部社员都被理事会安排结成联保小组，最多的一个社有80个小组；另一方面，有424个样本社（占67.95%）仅成立了1—2个互助小组。在互助小组的组成上，相对比较松散，多数为临时性互助联保小组，一轮借款结束后，自动解散，下一轮借款时再重新组织。因此，有近1/5的被访社员并不清楚自己所在小组都有哪些组员，也不知道都有哪几个组员已借款。小组联保的推行效果尚需进一步的调查来考证。此外，有部分互助社小组联保机制出现随着互助社运转年限的增长逐渐淡化的趋势，有的试点村甚至出现多数互助小组内5户同时借款的情况，甚至部分联保人并非互助社成员。

（二）小组联保制度的改进

随着互助社运行的不断成熟和完善，部分互助社开始着手对联保模式进行改进，主要有以下两种类型：

1. 在原小组联保基础上的改进

以无棣县后坡徐村为例，该村的互助社按照5—7个社员组成一个互助小组的形式，将入社社员划分为26个互助联保小组，每个小组分别包括富裕户、一般收入户、低收入户或低保户，以确保亟须资金扶助的贫困户都能够借到资金。然后，由互助社按照规定程序，将互助资金平均分配到各个联保小组，由选举产生的各小组组长将互助资金优先借至本组有借款需求的组员，小组成员都需要借款时，由本组组员平均分配借款，利息由组员分担；本组成员无借款需求时，可由理事会决定将互助资金借至有借款需求且其所在小组互助资金无法满足使用需求的其他小组，利息由实际借款人承担。这一模式不仅保证了互助资金的公平、公正使用，而且有效解决了一般农户特别是贫困户发展资金短缺的难题，真正体现了互助合作的原则，让更多的贫困户长久得益于互助社的扶助。

2. "大联保体"模式

如山东省淄博市博兴县黄家村、盖家村结合信贷信用村优势，创建了"大联保体"互助资金使用新模式。其主要做法是：全村一个联保体，所有借款户互相担保，一荣俱荣，一损俱损。黄家村、盖家村采取大联保体方式分别发放借款78户和40户，借款户分别占入社总数的88.6%和58.8%。

三 小组联保的作用

长期以来，"缺乏抵押担保"一直是制约我国农民从正规金融机构获得金融服务的重要因素之一，山东省的境况亦是如此。王安国为深入了解影响农村金融支持的深层次原因，曾经对山东省3个县的1200个农户、120家乡企业和20家县域涉农金融机构（含乡镇基层农村信用社）进行了调查。调查中发现，366个有贷款申请的农户中，在选择贷款没能满足的原因时，有286位选择"缺乏抵押担保"，占78%。此外，由于多方面的历史因素，不少贫困村和贫困户曾经因农户信用不足或有不良贷款记录，被金融机构列为高风险区和不良信贷户，因此即便他们被安排了财政贴息资金，金融机构一般也不愿意向其放款。[1]

基于农户贷款普遍缺乏抵押担保的问题，小组联保是国际公认的可帮助贫困户获得信贷资源的办法。原因大致有三：

（一）小组联保充分利用了农村特殊区域内信息对称的优势。农户之间的借贷违约风险控制机制与一般金融交易行为所使用的法律及经济的约束和惩罚措施有很大的区别，它借由非经济的形式进行经济活动的风险控制，即通过农村地区"圈层结构"的舆论及社会影响来进行约束和限制。一旦借款不还的事实出现，则违约方所要面临的是除了法律和经济惩治措施之外的另一种对他们来说更有压力的约束，即舆论的约束。对于农村地区人们来说，口碑和名声是他们几辈人在当地赖以维计的一种信誉的体现，所以以此树立的形象对农民来说非常重要。说到底这是在农村这种特殊区间环境内，金融行为的发生基于信义，止于信义而产生的。

（二）小组联保把以前联系松散的农户通过经济手段紧密联系了起来，相互之间的互助联保和风险共担，使农民从主观上减少个体违规行为，同时，互助社本身规范的运作程序和完善的管理制度，有效促进了贫困农民诚信、合作意识不断增强。

（三）小组联保方式在客观上促进了农户之间的横向联系，通过互通

---

[1] 王安国：《当前农村金融发展存在的问题及对策：基于山东省的案例研究》，《吉林金融研究》2012年第6期，第43—45页。

信息、技术交流，形成"生产相互帮助，矛盾相互化解，困难相互克服"的互助合作关系，培育群众的诚信意识。

四 小组联保制度运行中存在的问题

在小组联保借款中，也暴露出不少问题。首先，理想状态的互助小组应分别包括富裕户、一般收入户和贫困户，以确保亟须互助资金的贫困户都能够借到资金，且富户对贫困户起到一定帮扶作用。而现实状况是，因贫困户债务偿还能力较弱，很少有富户愿意与之结为互助小组；其次，即便加入互助小组，贫困户受到的借款歧视依然存在，借款机会与富户相比仍相对较小；最后，互助小组成员借款受到诸多限制，无法充分利用市场机会。如若采用"五户联保"借款方式，每次有3/5以上的社员无法申领借款，必须轮流等待。

在调查过程中，也不断有农民在表达自己对于小组联保的排斥和抵制，原因是他们认为小组联保的假设前提是"互助社认为贫困户会赖账""是用小组约束来还款的"，结果"原来好好的乡亲邻居现在倒像是一根绳子上的蚂蚱，互相都盯着赶紧还钱，没了和气"，而且小组联保借款需要"找张三李四签字确认，现在年轻人都出去打工了，家里哪还有几个识字的"。调查结果表明，借款数额3000元左右的业务极少采用小组联保，相当数量的贫困户认为自己被小组排斥。

互助社章程一般规定："对不能偿还的借款，启动联保程序，小组成员承担连带还款责任；对不能按时还款的借款人及联保小组其他成员，在借款人未还清前，停止小组向成员发放借款。"小组联保体现的"连带责任"是一种非正式的监督机制。为了确保互助资金的回收，借款社员与社员、借款社员与互助社间的建立起了"三角"依附关系，确保资金的回收，将个人利益与集体利益捆绑起来。这种捆绑关系，体现出互助社的公平，但对道德的要求也很高。小组联保在降低了制度成本的同时，却增加了社员入社和贷款的风险意识，为了平衡这种偿还能力之间的差距和信任度，一个组员贷款需要三个组员担保，而且评价要好。正如涂尔干所言"凡是在私人利益归属于公共利益的时候，道德的性质就会凸显出来，因为它必然会表现出某种牺牲和克制"[①]，即道德在约束个人私利的同时维

---

① ［法］涂尔干：《社会分工论》，上海三联书店2013年版，第109—110页。

护了互助社这一公共利益组织。我们看到，这种贷款模式在互助社发展初期用道德的约束力来监督资金运行，但是无形中增加了贷款的难度和负担，不利于互助社的长远发展。

此外，如果小组联保成员内部存在冲突或矛盾，则会削弱联保小组的凝聚力，并进一步破坏内部约束机制。在存在内部矛盾和冲突的联保小组内部，当一个成员延期还款（这种行为可能是故意所为），则此类欠款很难清收，且很可能造成组员内部矛盾的激化从而导致更广泛的拖欠现象发生。另外，当联保小组成员之间有矛盾时，一些借贷者可能故意不还款以惩罚有矛盾的同伴。拖欠对于互助社来说是一件始终都要引起重视的事情，这是因为拖欠会给互助社带来不可估量的损失，如果不能得到及时的控制，就会让互助社遭受惨痛的代价。

第四节 收益分配状况分析

一 收益来源及分配原则

互助社通过向社员提供有偿的资金信贷服务，从而获得一定收益，这种收益除了用于必要的开支外，剩余部分都留在试点村用于扩大资金的本金或用于公益事业。与银行和其他小额信贷机构相比，互助社在利益分配机制更有利于全体村民，所有的利息都留在社区内部，作为管理人员的工资或用于壮大本金，从而减少了农村资金的外流。问卷调查结果显示，样本社2011年的借款占用费收入平均为4.25万元，资金收益率[①]平均为17.14%。实际上，全国有互助社试点的省份对占用费收取比例及其分配都各自进行了统一规定，但分别用于运行成本支出、公积金和公益金的分配比例各不相同，甚至差别很大。《指南》规定互助社办公费用和管理人员支取的误工补贴分别不可超过借款占用费收入的10%和25%。

二 收益分配实际做法及存在的问题

（一）管理人员误工补贴和互助社运作费用的支出

尽管《指南》对收益分配比例有着硬性规定，但实际上被调查的大

[①] 资金收益率 = 借款占用费收入/互助资金本金总额。

部分互助社在管理人员误工补贴和互助社运作费用两项上的支出都超出了规定的上限，平均约占借款占用费收入的40%以上，有5.77%的样本社超过50%或更高。例如，临沂市郯城县泉源乡的互助社2012年度仅给管理人员发放的误工补贴一项就占到全年占用费收入的39.35%；该县胜利镇互助社2012年度提取资金使用费用于办公费0.49万元，占当年资金使用费收入1.29万元的38.31%，超过10%的比例要求；用于发放误工补贴0.65万元，占当年资金使用费收入1.30万元的50%，超过25%的比例要求。

相比较而言，由于更容易被密切监管，使用管理软件的互助社在收益分配上往往显得相对较为规范。以沂源县的35个国家级互助社（都使用管理软件进行数据上报）为例，2013年上半年这些互助社共收取占用费232.5万元，累计支出136.4万元，其中86.3万元（占总支出的63.3%）用于扶持村内公益事业或公益活动，其余的36.7%用于支付互助社运行成本，可见这一部分互助社的收益分配较为合规。

（二）公益金和风险准备金提取及使用

借款占用费作为互助社的主要收益，在带来经济效益的同时，更取得了良好的社会效益。按照规定，互助社投入公共事业的公益金不能超过占用费总额的10%，用于扶助贫困户或村内公益事业，具体用途由社员大会讨论决定。"占用费用于公益开支，有利于一个村庄强班子、固根基，形成和谐局面"[①]。调查发现所有样本社的公益金的提取额度均不低于10%，但也发现有28.54%的互助社提取的公益金超过了10%，有的甚至达到25%。例如调查过程中发现，2011年6月28日—12月28日，山东省临沂市郯城县三合庄村互助社共收取占用费10494.96元，扣除6名管理人员的3600元误工补贴及2000多元的办公支出，绝大部分资金投入到了村里水渠、道路的整修，只有不足1000元滚入了互助资金本金，考虑到通货膨胀等因素，该社的互助资金本金实际规模已经缩减。理事长徐纯华说："我们是明显违规、超标了，村里第一次有了集体收入，感觉要做的事情太多。"

依照《指南》规定，互助社的借款占用费收入中，应提取一定比例用于风险准备金，此部分将在本书的第九章第三节有所详述。

[①] 引自2012年8月对泗水县扶贫办副主任马云河的采访。

三 入股分红状况分析

回望互助社的发展过程,从开始试点到如今大规模推进,尽管自2009年以来,国务院扶贫办和财政部下发了指导意见对互助社的运行和管理进行规范,但依然很难在全国统一模式和做法。社会各界对互助社的身份认定也一样存在各种说法,从一开始被地方政府认定为金融机构到后来各层面的模糊不定,再到如今被官方确认为从事金融活动的非正规农村金融机构,在民政局注册的性质为非营利性的民间社团,在这一过程中,伴随着互助社所带有的金融组织色彩由浓转淡,学界和实践界关于社员农户所有资金是否应该股份化、入股分红制度是否应当保留这两个问题的讨论一直不曾停息。

(一)互助社的身份认定回顾

1. 2006—2010年:金融色彩浓郁

尽管互助社是政府主导的金融创新组织,但在试点初期,即便是在国家层面,也仅仅是由国务院扶贫办和财政部共同下发的《通知》,确定在全国14个省的28个国家扶贫开发工作重点县进行试点,该文件并没有在制度设计上强调互助社的非金融机构特征,因此各级地方政府多根据名称,想当然地将互助社理解为当时刚开始热门的新型农村金融机构。因此,在互助社试点初期的建社和推广过程中,总是特别强调股份制和分红,并以此作为吸引农户积极入社的筹码。例如,彼时大部分互助社都明确规定:社员入股本金每年可以分红;满一年后,当在还款率达到95%以上时,按实际收益分红(或第一年可以按社员入股额获得3%的收益);当按实际收益分红时,财政资金以社区股的资格参加分红,红利原则上全部返回贷款本金。一时间,分红成为吸引农民入社的有力工具,在互助社试点早期,多省市都曾出现过"敲锣打鼓戴红花,县长为我把分红发"的热闹景象。

2. 2010—2012年:去"股份"和去"金融"化进程不断推进

试点初期的三年,入股分红的做法在吸引农户入社、迅速壮大本金规模等方面起到了一定的作用。然而,互助社试点的不断扩张和互助资金规模的迅速扩大,引起了以银监会和人民银行为代表的金融管理部门的密切关注,相关部门开始担心互助社正在面临非法吸收公众存款和高息揽存的法律风险,并担心其可能重蹈20世纪90年代农村合作基金会的覆辙。不仅如此,按照国务院《社会团体登记管理条例》第 250 号令第二十九条之规定:"社会团体所取得的合法收入,必须用于章程规定的业务活动,不得在社员中分配。"因此,互助社社员入股分红的做法的确与互助社非营利性的属性相悖。

然而,由于合作金融在我国并未上升到立法层面,互助社的运行发展实际一直处于无法可依的状态。2010 年年底,国务院扶贫办、财政部《关于做好 2011 年互助社工作的通知》(国开办发〔2011〕71 号),人民银行首次声明将互助社组织定性为具有合作性质的非金融机构,明确规定了"四条原则"和"四条红线",这意味着互助社被官方正式定性为具有合作性质的非金融机构,入股分红也不再合规。同年年底,国务院扶贫办设立了处级单位"互助社监管办公室",具体负责互助社试点技术指导、培训、管理软件开发和交叉检查等工作,并提出"通过两年的努力,使分红的互助社逐渐、稳妥地过渡到不分红"。

2011 年 3—4 月,国务院扶贫办会同财政部,对 28 个省(区、市)59 个县 117 个村组织开展了互助社运行交叉检查,根据坚持"不吸储、不分红"的原则,开始着手对已经分红的试点村提出统一整改的要求。同年 12 月,山东省扶贫办下发《关于对存在入股分红问题的试点村进行整改的通知》,对 2007—2009 年成立,采用了配股、赠股和入股分红的模式的 251 个互助社(包括国家级 46 个,省级 205 个),根据国务院扶贫办的要求完成整改,从 2012 年起不再进行分红。截至 2012 年 2 月底,山东省的 46 个国家级互助社已全部完成整改工作,但其余 205 个省级互助社只有少部分完成整改。

那么,既然互助社被定性为合作金融性质的非金融机构,为什么入股分红这样原本合情合理的做法难以得到支持和肯定呢?这一做法究竟应当被保留还是废弃?要回答以上问题,就需要深入分析入股分红的种种利弊。

(二)入股分红的优缺点分析

1. 在互助社的早期起步阶段,入股分红具有以下明确优点:

(1)有利于在互助社组建初期吸引农户入社,壮大本金规模。一般来说,持股社员户可领取 30—100 元不等的收益,尽管每年分红数目较小,但互助社运行几年后大部分社员都能够收回入社时缴纳的"本钱",这也是除了借款服务之外,互助社可以给社员带来的额外福利。

(2) 入股分红更加符合合作金融的本质特色,社员对互助社的拥有感更强。合作金融是按合作制原则组建起来的一种金融组织形式。1995年国际合作联盟对合作制确定了7条原则:自愿开放的原则;民主管理,一人一票的原则;社员入股,按交易量分配的原则;自主经营、自担风险的原则;教育、培训的原则;合作社间的合作原则;关心社区发展的原则。股份合作制互助社产权量化清晰,组织产权关系非常清楚,社员依照各自所占有的资金数额享有所有权和收益权,对互助社有较强的主权感,因此也更加有内生动力、有利于增加监督的激励。

2. 随着试点的推进,入股分红的弊端逐渐显现

在资金组织制度方面,实行个人股份量化能够激励农户参与互助社,但是收益分红有可能形成营利性驱动从而使互助社有偏离扶贫公益目标的危险。具体大致可归为以下几点:

(1) 入股分红政策使社员入股具有很大的利益驱动性。这种利益驱动因政府配股也能分红而被加倍放大,除了从其中获得借款服务外,社员还可以从股利分红和联合购销经营收入分红中直接获益。据估算,互助社平均可为全额入股的每户社员带来至少6.7%的年投资回报率,而对于那些仅支付了一半入股资金的配股农户来说,则意味着他们的资金年投资回报率可达13.4%或更高。假设某社员农户每股入400元可获得配股600元,一年每股分红67元,则入股资金的收益率为16.75%,是当年期定期存款收益的8倍以上。如此高的收益率必然增加互助社对试点村富裕户的吸引力,从而将贫困户挤出互助社的受益范围。

(2) 富户入股、利用配股垒大户等做法会系统地排除贫困农户的参与,因为贫困户往往无钱参与配股,所以互助社的配股比例越高,贫困户参与互助社的可能性就越小。

(3) 农户借款往往也与入股金额相联系,入股越多,能借到的互助资金也越多。在普遍采用低占用费率的情况下,可以从正规金融机构获得贷款的富裕农户也会优先考虑从互助社借款,以减少利息支出,获得更多收益。由此导致互助社的借款的利率被变相降低,从而鼓励较富裕的社员争夺资金,反倒使最需要被扶持的贫困户被架空,导致互助社的扶贫作用失效。

(4) 大额度的入股不但会占用公共资金的收益,同时也会增大管理的风险,若理事会管理不善,出现资金的损失,便容易引发社员的不满和

一系列社会问题。

总之，由于互助社是合作金融性质的小贷机构，其组织成员既是所有者和管理者，又是客户，持有股份的确理应是互助社成员身份的重要标志，也是成员行使民主权利的基础。但过于强调股份和分红的作用，带来的负面效应不可小视。此外，互助社目前仅仅是一个社团组织，既没有吸储的职能，也缺乏专业人才，"垒大户"必将导致资金被少数人利用，从而导致互助社被"异化"，从根本上改变互助社资金的性质和用途，长此以往，更有可能影响广大社员的积极性，导致出现退社现象。

第五节 山东省扶贫互助资金合作社运营机制的优化

本章的分析基本厘清了目前互助社运营机制各部分主要内容及其内在联系。当前互助社面临的挑战主要集中在还款模式的选择、借款用途的限制、借款占用费率的确定和小组联保本土化适应性等方面。因此，目前应着手从以下几方面对其运营机制加以优化。

一 拓宽借款用途

一直以来，我国金融扶贫的瞄准内容都是以为贫困户提供生产性资金为主，并且往往要求扶贫资金与投入项目相联系，这种带有局限性的扶贫思路不利于帮助贫困户脱贫解困。当农户无法申请到消费性贷款时，他们的选择不是将生产性贷款挪作他用，就是缩减家庭消费开支来维持生产。提供消费贷款的现实意义在于保证农户家庭再生产的顺利进行，缓解农户尤其是贫困农户在营养、健康以及人力资本等方面所受到的信贷约束，后者才是贫困群体能否最终走出贫困陷阱的关键。从持续发展与缓解贫困的角度来看，如果互助社取消对农户消费型信贷的限制，后者释放的生产能量和消费能量都将是非常巨大的，对"三农"问题的解决也将发挥积极作用。

二 进一步探索和推广与农民专业合作社联合运营模式

互助社为社员农户提供金融产品（或曰有偿的金融服务），金融产品只是农户发展生产必要的手段和工具，而并非发展生产的全部内容，因此，互助社若只是单纯性地开展资金借贷合作业务，则其综合的运行绩效将大打折扣，长期来看对农户的吸引力也会受到一定影响。此外，互助社发展到一定阶段后，必然要面对更大的市场风险，从而需要过渡成另一种与市场连接更加紧密的形式。因此，如何将金融要素与生产技术要素充分融合、如何将资金运作与扶贫开发有机地结合起来，开辟多元化、综合化的扶贫服务项目，是关系到财政扶贫资金效益最大化的关键问题。可以采取"互助社+专业合作社"的产业化扶贫模式，优先选择在农民专业合作社开展互助试点工作，如此可以产生的益处具体表现在：

（一）让资金找到技术，从而组合成有效的生产力。农民专业合作社作为一种使"小农户"进入"大市场"的有效组织制度安排，在促进产业结构调整、增加农民收入、提高农民抵御市场风险的能力、普及科学技术知识和提高农民素质等方面发挥着重要作用，其与互助社的主要功能是互补互利的。实践经验也证明，在大力推广主导产业的互助社，其运行绩效考评和资金使用效率都要明显好过其他只开展借贷业务的互助社。如沂源、泗水、临朐、平邑、沂水、冠县、夏津、山亭、沾化、无棣等县市，倡导村级产业化路线，鼓励互助社与农民专业合作社结合，遵循个性化发展路径（见图7.5）。以上县市的互助社在每年全省年底的绩效测评中都名列前茅，大部分互助社的分级测评结果都属于A类（即优秀级）。

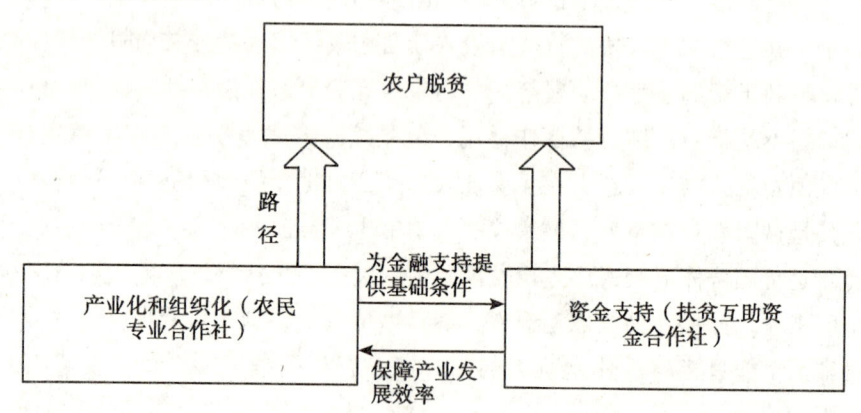

图7.5　现有的扶贫互助资金合作社与农民专业合作社联合促进农户脱贫机制

也正是上述实践经验，笔者认为现有的两社（互助社和农民专业合作社）合作机制（见图7.5）仍存在改进的空间。理论上，两社合作必会刺激社员农户的信贷需求，从而加速资金周转，促使互助社产生额外的占用费收益，如果将这笔额外收益单独核算，作为对借款社员的激励奖金，鼓励社员农户进一步扩大生产，则有可能进一步刺激社员产生更多借款需求，两社运营共同步入良性循环，其原理见图7.6。

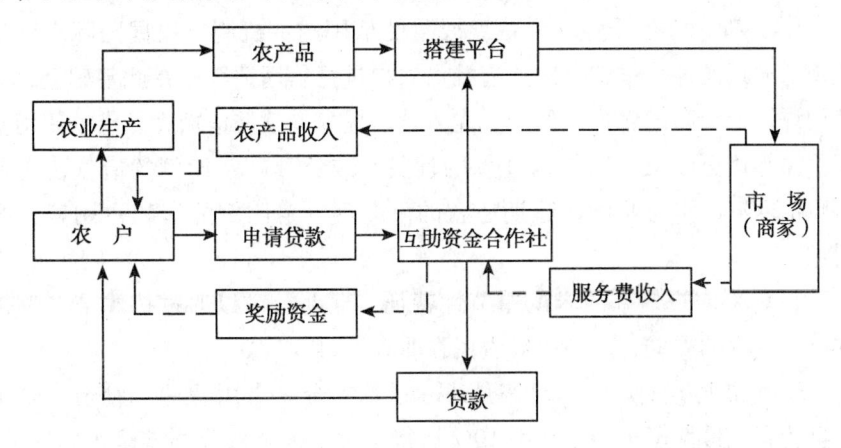

图7.6 改进后的农户资金需求刺激机制

注：①虚线表示激励资金来源及激励路线。
②短画线表示农户出售农产品获得收益。

（二）互助社的凝聚力明显增强，组织管理也更加顺畅。这方面的内容已在本书的第六章第二节有所涉及，在此不再赘述。

（三）互助社为进一步的产供销合作创造了契机，提升了农民组织化程度。由于互助社为村民的制度化汇集与协商搭建了平台，因而它实际上也为公共讨论与信息交换开辟了一个空间，在此基础上，可以以较低的成本实现村民在产供销、文化娱乐生活等领域的合作，提升社区经济、社会、文化生活的组织化水平。政府主动赋权给农民，农民通过专业合作和资金互助互动频繁，可从中学会以组织化的集体力量实现共同利益，反过来，共同利益的实现又会强化社员对社区的认同感，推动社区组织化程度和集体行动能力的增强。

但同时也应当注意到，在宏观经济波动和行业周期变化影响下所形成的农业产业风险，是互助社不可回避的市场风险之一。社员参与产业活动的同质性会导致：①当外界环境产生波动时，社员之间的互助能力下降；②一旦发生市场风险引发产业损失，互助社内的损失将有可能被扩大，甚至引发互助社的系统性风险。因此，产业发展应与社员的技能培训、金融培训相结合，从而提高社员农户抵御市场风险的能力。

三 灵活调整借、还款机制

（一）设置阶梯借款占用费率，具体可通过三种方法得以实现

1. 完善"守信受益、失信惩戒"的信用约束机制。根据国际小额贷款现行通用的评价框架，对所有社员农户进行信用评级，在此基础上，对信用评定等级高的农户，给予优先入社、提高借款授信额度、借款使用费率下浮等优惠政策；对提前还款的社员，减免其一定比例的借款占用费（例如20%）作为奖励；超期还款的，加收一定比例的借款占用费作为罚息。

2. 针对农户借款需求的季节性特征，互助社可以通过按季节调整借款占用费率的方式，定向引导农民在非农忙时节借款。

3. 为鼓励分期还款，对按月还"借款本金＋占用费的"社员，给予优惠费率，最低可按照年费率10%执行；对于本金部分整借整还的社员，采用普通费率，最高不超过15%，由此可有效引导互助社资金的周转率得到良性改善（见图7.7）。当然，对于因特殊原因无法按期还款的社员农户，特别是贫困户，应由社员大会表决通过，决定是否免除其还款义务，改由风险准备金补偿。

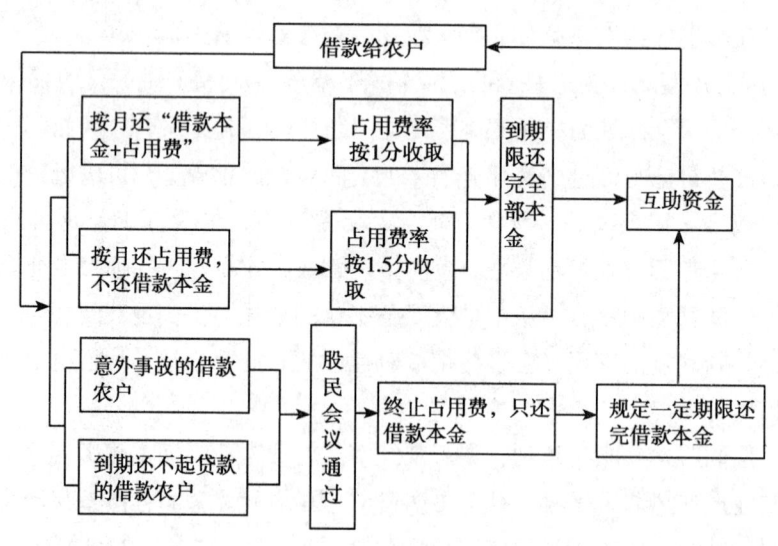

图 7.7 改进后的还款机制

（二）根据借款用途确定借款期限和还款期限

针对种养业的大致生产周期，结合当地农村劳动力外出打工的实际情况，将借款期限灵活设置为月、季、半年、一年4个级次。根据借款用途确定还款期限，如，用于养蚕的借款，一般按月或按季还款；用于养猪的借款，一般按半年期还款；用于外出务工的借款，则按半年或一年还款。

（三）提高单笔借款额度

近年来，特别是2010年中央1号文件提出消除农村金融服务空白乡镇以来，农村金融环境逐步改善，金融产品也日渐其多，部分村甚至已经安装了EPOS机，有贷款证的村民每天取款上限为1000元，互助社生存发展空间已经明显"受挤"。为顺应"产村相容"和农村金融环境趋好的新形势，也为了满足大部分社员的期待，应考虑将互助社借款限额提高到10000元。

（四）淡化联保，灵活担保

互助资金因贫而生、为贫而存，不应以牺牲社员特别是贫困社员的发展机会为代价，换取所谓的低风险或无风险。对无法加入互助小组的贫困户，应有所变通。农村地区乡土观念下的人际信任和社会压力是保障互助资金安全的重要因素，小组联保作为金融活动的一种技术手段，不应在试点中过分夸大其作用。针对农村绝大多数劳动力外出务工的实际，也为适应生产关系的新调整，维护农户尊严，方便社员借款，应调整现有的联保方式，将单一的5—7户连保调整为3—5户，同时不限制个人担保和资质抵押等形式。对极个别无任何担保的"无保户"，应有托底性的制度安排。通过一定程序，给予免担保借款待遇。不能让最贫困、最需要帮扶的互助社员成为互助制度的弃儿。另外，对加入联保的农户借款，也不应作过多的限制，从而让更多的互助社成员有更多的发展机会。

第六节 本章小结

从借款状况来看，本研究认为目前互助社的借款额度普遍难以满足农户需求，借款占用费率参差不一，部分互助社的费率设计难以体现对贫困户的有效瞄准，仅将互助社借款局限于生产用途的思路是短视的，互助社与农民专业合作社联合运营可以同时提升经济和社会效益，但也具有一定风险性。通过对还款方式的分析可以发现，互助社的资金周转效率与还款方式密切相关，但还款方式的选择除了考虑资金效率也应当考虑其实际可操作性；目前互助社的还款率普遍较高，但理应注意到潜在的拖欠风险；小组联保作为国际公认的小额信贷典型技术手段，其在中国互助社运营中的环境适应性值得质疑，也不利于从根本上维护农户尊严；互助社的收益结余分配基本规范，但政府强行取消社员农户入股分红这一做法是否值得支持仍存在讨论空间，本研究认为互助社是合作金融性质的组织，其组织成员既是所有者和管理者，又是客户，持有股份的确理应是互助社成员身份的重要标志，也是成员行使民主权利的基础。但过于强调股份和分红的作用，带来的负面效应不可小视。针对以上问题，可以考虑的优化途径有：拓宽借款用途、进一步探索和推广"资金互助＋专业合作"模式、设置阶梯借款占用费率、淡化联保、灵活担保和设置借款期限。

第八章 山东省扶贫互助资金合作社贫困瞄准机制的分析与优化

本研究在第二章已经讨论过互助社的性质归属，即无论从定义还是服务使命上来看，互助社都理应属于公益性小贷机构的范畴，因而其应具有两个直接目标：一是扶贫目标，即为穷人或中低收入客户持续提供使他们能获益的信贷服务；二是小额信贷机构的可持续发展目标，即实现服务机构自身的自负盈亏和持续发展。两个目标中，前者体现小额信贷的根本宗旨，而后者是前者的必要条件和保障。前述章节已经对互助社的运营机制，即第二个目标的实现作了较为深入的分析，本章重点通过对互助社的贫困瞄准机制进行分析来回答以下几个问题：互助社是如何界定和识别所谓的"穷人"的？互助社所提供的服务和支持是否真正瞄准了穷人？取得的益贫效果是否显著？存在的问题是什么以及如何能够改进。

第一节 扶贫对象的界定与识别

一 扶贫对象的界定

什么是穷人？世界各国小贷机构在对待"穷人"的标准上有一定分歧。有的把"穷人"的标准降得很低，几乎一无所有者都可以借贷，典型的如孟加拉国格莱珉乡村银行；有的将标准定位为"经济活跃"的穷人以及一些经济上脆弱的非穷人（如微型企业、个体工商户和"三农"等），我国也根据后者的标准进行操作，即并非所有的贫困户都在扶贫对象的范畴之内。无劳动能力、属于低保扶持范围的穷人没有能力承担债务，他们急需的也不是贷款，而是食物、药品、住所等。有劳动能力的低收入者往往被排除在传统的农村金融服务之外，而事实上，这些人更有创业的冲动,也更希望和需要得到金融的帮扶,如果给予金融支持,他们将获得发展和改变命运的机会。随着扶贫开发的纵深推进、农村最低生活保障制度与扶贫开发政策有效衔接的实现,需要创新入户扶持政策和措施,而互助社就是有效的入户扶持措施之一。

在中国,互助社服务对象为其所在试点村的全体村民,重点扶持对象是处在贫困线①以下的,具有劳动能力、负债偿还能力的经济活跃的村民。互助社的宗旨,正是通过金融手段,增加有劳动能力贫困者的收入,提高贫困户自我积累、自我管理、互助互济和持续发展的能力。

二 扶贫对象的识别

如何识别贫困人口,或曰用什么方法去识别贫困人口最为有效,长期以来在世界范围内都是一个公认的难题。

早在 2010 年年底笔者对互助社进行初步调研时就发现,在山东省广大农村,贫困户识别机制并没有很好地建立起来。当互助社管理人员被问及互助社内贫困户的比例时,多数管理人员都很难回答上来,更少有贫困户入社时的相关文字资料及公示情况的记录。经过询问我们得知,在 2007 年山东省刚开始互助社试点时,省扶贫办对各互助社对贫困户的认定方式曾做过统一要求,那就是在原有"建档立卡"贫困户名单的基础上,由各试点村的村两委负责对贫困户进行甄别,尽量鼓励有劳动能力、不在低保和五保范围之内的贫困户全部入社,应入尽入。而事实上,建档立卡是多年前的事情,时过境迁,很多当时建档的贫困户已经成功脱贫,而很多新增的贫困户没有在建档名单之列,需要理事会重新审核其资格,因此,上述识别机制只能等同于模糊识别。

在实践中,有部分民主基础比较好的试点村,既不依靠建档立卡,也不依靠村两委,而是完全凭借"群众的眼睛"来合理确定贫困户和低收入户。以山东临朐县为例,该县以试点村上年度各户的人均纯收入为基础,通过本户申报、各村民小组评选认定、村两委审查、村民代表大会投票表决等一系列程序,形成本村特困户、贫困及低收入户名单,由当事人签字确认后,张榜公示 5 天,最终按照总户数 4% 左右的比例确立特困

---

① 2011 年 11 月 29 日,中国国家贫困线标准被确定为年人均纯收入 2300 元;2012 年,山东省的贫困线标准为年人均纯收入 2500 元。

户，依此程序，临朐县 2007 年 45 个试点村共确定特困户 773 户，贫困及低收入户 10052 户。

类似上述的实践经验证明，即使在贫困户识别机制并不完善的情况下，也不排除村两委或者互助社管理人员和本村村民对本村的贫困户心中有数，但如果在互助社组建过程中，宣传发动不到位（调研中发现有相当一部分互助社管理人员是由村两委成员及部分村民代表会议选出的，并没有严格按照《指导意见》的要求在群众中进行广泛地宣传发动），很多农户对互助社的性质和作用认识不清，加之贫困农户对新生事物认识不够敏锐，而且缺乏积极入社的意愿，所以，那些真正有借款需求又不能从正规金融机构贷到款的贫困户很难参与其中。

从 2011 年开始，山东省开始要求所有试点村都要对低收入社员重新建档立卡，同时要求试点县扶贫办要有完整、规范的低收入农户档案，同时建立对这些农户支持发展的方案，这或可成为互助社实现对贫困户"精准识别"的良好开端。

第二节　贫困户扶持政策分析

各互助社对贫困户的扶持制度设计在山东省范围内不一而同，除了本书的第五章第一节所提到的入社扶持政策，山东省互助社对社员主要执行的是同等条件下"贫困优先、弱势群体优先"的原则。1/3 以上的互助社都采取了类似于"特殊资格社员"和"特困贷款"的做法，被社员大会认定特殊资格的贫困户社员，如果组成小组确实有困难，可以不需要小组成员的担保，而是通过临时担保人获得个人贷款；同时，特困贷款的发放范围被严格限定在社员大会选出的贫困户名单范围内，且所借款项必须用于生产活动。

在借款占用费率和还款方式方面，很多互助社也出台了相应措施来实现对贫困户的瞄准，部分互助社章程中列有贫困户借款免交借款占用费的条文，其他措施包括实行阶梯占用费率、鼓励小额短期借款、规定必须分期还款等，以增加借款的交易成本，借以屏蔽资金需求比较大，并且有条件从信用社贷款的富户。如山东省无棣县水湾镇东谷刘村互助社在章程中明确规定，同期借款的农户数原则上不超过成员总户数的49%。优先发放贫困户借款，每年获得借款的贫困户人数不能低于入社贫困户的 50%。

此外，互助社通过经济纽带将农民组织在一起，在村民间形成了互助合作关系，尤其在农户自愿组成的互助小组中，除了借款方面的风险共担、收益共享之外，还将这种互助合作精神推广到其他生产和生活活动中。部分互助社通过提供社会捐赠、技术支持、培训服务等来帮助特困户和贫困户并提高他们的能力。尤其在农村劳动力大量外出务工的背景下，互助社使原来被排斥在正规金融市场之外的贫困人口、老年人和妇女等弱势人群获得利益。

第三节　贫困户参与度分析

一　宏观层面

从国务院扶贫办提供的数据来看，贫困户得到了财政力量较好的精准扶持。以 2011 年年底的数据为例（见表 3.5），全国互助社 7 年来累计发放贷款 46.22 亿元，其中向贫困户发放借款 24.81 亿元，占发放借款总额的 53.68%；累计借款 108.68 万人次，其中贫困户借款 67.5 万人次，占 62.1%。来自山东省财政厅扶贫办的数据也显示，贫困户参与互助社活动较为活跃（见本书第四章第三节）。

二　微观层面

从本研究所取得调查结果（见本书第四章第三节）和其他学者从微观实践层面得到的数据来看，尽管农户入社积极性较高，但他们借款并不积极，尤其是贫困农户，他们更多的是在扮演"旁观者"而非"参与者"的角色。那么究竟是什么原因导致贫困户不愿意借款？是什么因素在影响贫困户的借款积极性？这是两个亟待研究的问题。

第四节　贫困户借款意愿影响因素分析

通过本章先前的论述，我们可以发现，目前学界较为一致认同的结论是互助社在对贫困户的瞄准扶持方面的确存在上偏现象，关于互助社为贫困人口提供的特色金融服务的供给研究也已经相对饱和，或许研究人员应当把视角转回到金融服务的需求层面来,即从贫困户本身的需求出发,探寻究竟是哪些因素对贫困户参与互助社借款活动造成了影响。

综观近三年的学术文献,关于农户对金融机构和互助社借款的行为和意愿分析的成果已较为丰富,集中涌现在硕士论文中,比较有代表性的是田李静[1]和罗剑朝[2]的相关研究,这些文献都为本书提供了良好的研究基础,但是细读以上研究成果也可发现,它们在研究思路、研究方法、研究结果都体现了相当的一致性和重复性。直到目前,学界似乎忽视了一个问题:互助社服务宗旨是带有浓厚的扶贫色彩的,而贫困户的行为和意愿研究却一直被忽视。把所有社员农户作为一个整体进行研究,其实是在忽略其中占10%—20%的贫困户作为特殊群体的存在,即仅仅研究普通农户的参与行为,并不会有助于提高互助社的贫困瞄度。因此,本研究决定将贫困社员从普通社员中分离出来,作为独立的研究对象对其参与行为进行分析和阐释。

一 研究假设

基于已有的文献分析,可从理论上获知影响普通农户对金融机构贷款意愿的主要因素包括农户自身特征、家庭组成特征、生产经营特征、农户收入和农户消费特征、农户财产和自有资金状况、对金融机构的认知水平、农户对金融机构提供服务的满意度等。由于本次的研究对象是互助社的贫困户社员,所以需要从上述因素中剔除部分不相关因素,再加上数据本身可获得性的局限,因此本研究通过决策者的个人禀赋、贫困户家庭基本特征、决策者对互助社的基本认知和评价这三个方面对具体影响方向进行定量分析,形成以下假设。

(一)个人禀赋对决策者从互助社借款意愿有影响

决策者是在家庭中掌握主要事务决定权的人,其基本特征主要包括性别、年龄、文化程度三个因素。

1. 女性比男性更具有风险偏好,对从互助社借款的意愿更为强烈。
2. 决策者年龄对于从互助社借款意愿的影响方向并不明确。传统理

---

[1] 田李静:《农户参与村级资金互助组织的行为及影响因素分析——基于浙江省缙云县五个试点村的实证研究》,浙江大学,硕士学位论文,2011年,第35—65页。

[2] 罗剑朝:《农户对村镇银行贷款意愿的影响因素实证分析——基于有序Probit模型的估计》,《西部金融》2012年第2期,第12—15页。

论和以往的研究一般认为,决策者年龄越大越不愿意向互助社借款。由于劳动力转移格局的变化,目前农村地区普遍出现了"空心村",由于大部分年轻人外出打工,留下了不具备劳动能力的老人和儿童,中高龄农户多成为依靠土地和农村发展生产同时兼任照顾家人的中坚力量,因此他们往往承担着较为沉重的家庭负担,同时不得不面临多样化和多变性的资金需求。因此,决策者年龄对于贫困户借款意愿的影响方向并不明确。

3. 决策者文化程度对借款意愿有正影响。一般来说,决策者受教育程度越高就越容易接受提前消费和资金拆借的先进信贷理念,其对互助社和其他正规金融机构的认识往往也更为深入。同时,受教育程度较高的贫困户的致贫原因往往是由于家庭变故,因病致(返)贫、因学致(返)贫,尽管其目前的经济状况较为困窘,但发展生产的愿望强烈,生产潜力也相对较强,随着新农合、新农保的逐步覆盖和国家对于贫困学生的扶助力量逐步增强,这一部分贫困户的发展后劲较为充足,资金需求也会较为强烈。

(二)家庭特征对贫困户是否从互助社借款有重要影响

这些家庭特征主要包括家庭人口数目、未成年子女占比、家庭供养比、家庭农业收入占总收入的比重、家庭土地经营面积、家庭拥有现钱、银行存款和家庭社会关系八个因素。

1. 家庭人口数对于贫困户向互助社借款的意愿影响方向难以确定。一方面,家庭人口数多意味着家庭消费支出也会相应较高,如食物消费、子女教育、医疗、婚丧嫁娶、建房修缮等。若家庭未成年子女占比较高(这种情况一般子女都在上学,可视为家庭供养比较高,在后文有提及),则短期内该贫困户家庭负担不会减轻,由于具有旺盛的资金需求,贫困户发展生产的意愿强烈,但介于家庭能提供劳动力人口有限,农户的资金需求不会有太大变化。从该角度分析,家庭人口数多对贫困户向互助社借款影响方向为正,但影响不大。另一方面,若贫困户家庭人口数多,且长期以来具备良好的社区信誉以及发展生产的意愿,却苦于缺乏生产资金,则互助社应可以在一定程度上满足该类贫困家庭的资金需求。但由于从互助社借款只能以户为单位,且借款额度有限,因此符合类似情况的农户只能通过循环借贷来满足自身的资金需求,从这个角度来看,家庭人口数对贫困户社员向互助社借款有正向影响,且影响程度高。

2. 家庭供养比可定义为"被供养人口/总人口",这一比例越高,决策者从互助社借款的可能性越大,而这一变量在农户借贷意愿影响因素分析的相关研究中很少被提及。从发展心理学的角度分析,家庭供养负担对一个家庭的主要劳动力具有积极的发展驱动力,例如某贫困户社员一度由于连续超生被罚款导致错过了发展的黄金时期,家庭背上沉重的债务负担,之后因抚育子女、子女入学等原因一直处在供养负担较重的境况。这样家庭的主要劳动力的发展需求往往较为强烈,对资金的需求旺盛。再加上家庭人口众多,家庭消费支出压力大,由此可见,家庭供养比极有可能对贫困户社员向互助社借款的意愿产生正向影响。

3. 家庭人均纯收入水平对决策者借款行为影响方向不明确。从消费性和生产性支出的角度考虑,在同等支出模式下,农户人均纯收入越高,农户的贷款需求越小,反之,农户会有更高的贷款需求;从收入获得的角度考虑,人均纯收入较高,则可能需要的原始投入较大,此时农户的贷款意愿可能更强。

4. 家庭人均耕地面积对决策者借款行为影响为正。一部分农户保留土地发展自给小农业,对生产资金需求较小;一部分农户经营土地发展设施农业,资金需求相对较大。因此,农户土地经营面积的多少,在一定程度上反映了其生产经营规模及相应的资金需求。

5. 家庭农业收入占总收入的比重对决策者借款行为影响方向极可能为正。在同样的收入条件下,农户农业收入占比越高,表明农户的农业生产规模和效益越好。

6. 家庭拥有现钱和银行存款对决策者借款行为影响方向极可能为负。农户家庭富余资金越多,贷款意愿越弱,反之则越强。

7. 家庭现有负债对农户互助社贷款意愿的影响方向不明确。农户的未清负债额越大,可能表明其资金需求暂时得到满足,再借贷意愿不大;但也可能表明农户资金周转不利,或正在从事需不断投入资金的项目,这时再借贷意愿反而更大。

8. 家庭社会关系的丰富程度对决策者借款的影响为正。社会学研究表明,一个人的身份地位作为一种社会资本会对其行为产生一定的影响。对于农户而言,家庭在村庄中的地位,如是否有家庭成员或亲戚朋友是村干部或在政府部门任职、是否是大姓和长久住户、是否是农信社社员、是否有家庭成员或亲戚朋友在银行系统工作等都会对农户的贷款需求及意愿产生影响。本书研究贫困户社员对互助社的借款意愿,因此只选取是否有家庭成员或亲戚朋友是村干部或在政府部门任职,是否有家庭成员或亲戚朋友在银行系统工作两个指标简单衡量家庭社会关系。

(三)决策者对互助社的认知和评价对其借款行为有重要影响

农户对互助社的认知和评价是指农户对互助社的贷款政策的了解程度对互助社的贷款政策和服务的满意程度,本研究假设:

1. 决策者对互助社相关政策越了解,就越倾向于向互助社借款。
2. 决策者对互助社的借款流程越了解,就越倾向于向互助社借款。
3. 决策者对互助社的管理运行越满意,就越倾向于向互助社借款。
4. 决策者认为互助社的利率水平越低,就越倾向于向互助社借款。
5. 决策者对互助社的还款方式满意,就越倾向于向互助社借款。
6. 决策者对互助社的财务信息公开程度越满意,就越倾向于向互助社借款。

二 调查地的选择与数据来源

(一)调查地的选择

本研究选择的调查地为山东省泗水县。选择该县的原因有二:

1. 泗水县是山东省重点贫困县,同时也是沂蒙老区十八县市之一,具有一定的贫困代表性。2012年全县农民人均纯收入为7431元①,在全省属于下游水平。该全县有6个乡镇108个村列入山东省"十二五"期间的重点贫困村,且都已经开展互助社试点。

2. 泗水县是山东省最早进行互助社试点的县市之一,在互助社管理运行等方面都较为成熟,县扶贫办和乡镇一级管理层面都较为认真负责,互助社运行较为稳定而良好。该县2010—2012年连续三年被国务院扶贫办确定为互助社调研样本县和实验区,2011年和2012年连续获得国务院扶贫办的嘉奖。

因此,本研究所选取的调研区域,无论是就贫困程度还是互助社的运行成熟程度,都较具有代表性。

(二)数据来源

本研究的基础数据来源于实地问卷调查,调查共收回有效问卷355

---

① 《2013年泗水县政府工作报告》,http://www.ssxkjj.gov.cn/shownews.asp?news_id=492。

份，分两个阶段：

第一阶段的调查时间是 2013 年 7—9 月，由笔者亲自完成 93 份问卷调查。首先，在泗水县扶贫办相关人员的协助下，在 2008 年和 2009 年建立的 10 个互助社中选取 5 个运行较为规范和良好的社作为取样对象，再通过对 5 社的管理者进行访谈，以确定适宜的贫困户社员调查对象，最终选定泉林镇余粮村 20 户、苗馆镇后寨村 20 户、泗张镇王府岭村 22 户、圣水峪镇西卸甲河村 16 户、星村镇南陈村 15 户。由笔者直接与受访者面谈，现场填写调查问卷，共回收 93 份，问卷有效率 100%。

第二阶段调研数据由山东青年政治学院商学院的学生于 2014 年寒假期间对山东省泗水县三个乡镇 12 个互助社实地调查获得。首先，选择责任心强、做事认真的学生发放调查问卷 320 份，并就调查的目的、方法、指标含义、统计口径和注意事项等进行培训；其次，调查人员利用寒假直接与受访者面谈，现场填写调查问卷；最后，对收回的调查问卷进行认真审核，剔除漏答或错答问卷，得到有效问卷 262 份，有效问卷回收率 81.8%，此次调研取样的试点村具体见表 8.1。

表 8.1　　　　　　　　　贫困户社员样本来源

圣水峪镇						泉林镇		柘沟镇			
蒲山村	安德村	小城子村	小河村	前等齐村	椿树沟村	临湖村	余粮村	黄土村	岔河村	尚庄村	凤仙庄村
23	20	25	22	26	18	21	19	20	24	22	22

三　变量选择和样本统计特征

（一）变量选择

本研究考察的是贫困户社员对互助社借款的意愿，我们选择"是否愿意从互助社借款"作为因变量，它有"愿意"或者"不愿意"两种选择，"愿意"用"1"表示，"不愿意"用"0"表示。

本研究把贫困户社员向互助社借款的影响因素作为自变量，根据前面研究假说，将自变量分为 3 类 18 个解释变量（见表 8.2）。

表 8.2　自变量选取的说明

变量类型	变量名	取值说明	预期方向
决策者个人禀赋	性别 X_1	男性 =0；女性 =1	?
	年龄 X_2	30 岁及以下 =1；31—39 岁 =2；40—49 岁 =3；50—59 岁 =4；60 岁及以上 =5	?
	文化程度 X_3	小学及以下 =1；初中 =2；高中（含中专）=3；大专（含本科及以上）=4	+
家庭基本特征	家庭人口数 X_4	实际家庭人口数	?
	家庭供养比 X_5	实际家庭供养比（家庭被供养人口/总人口）	+
	家庭人均纯收入 X_6	实际家庭人均纯收入	?
	家庭人均耕地面积 X_7	家庭人均耕地面积	+
	家庭农业收入比 X_8	0 =1；0—20% =2；21%—51% =3；51%—80% =4；80% 以上 =5	—
	家庭现有负债 X_{10}	1000 元以下 =1；1001—3000 元 =2；3001—5000 元 =3；5001—10000 元 =4；10000 元以上 =5	?
	家庭社会关系 X_{11}, X_{12}	X_{11}：是否有家庭成员或亲戚朋友担任村干部或在政府部门任职（有 =1；没有 =0） X_{12}：是否有家庭成员或亲戚朋友在银行工作（有 =1；没有 =0）	+
决策者对互助社的认知和评价	对相关政策的了解程度 X_{13}	"很了解""比较了解" =1；"不了解""说不清" =0	+
	对借款相关流程了解程度 X_{14}	"很了解""比较了解" =1；"不了解""说不清" =0	+
	对管理运行的满意程度 X_{15}	"满意""基本满意" =1；"不满意""说不清" =0	+
	对利率水平的评价 X_{16}	"利率较低" =1；"利率适中" =2；"利率较高" =3	+
	对还款方式的评价 X_{17}	"规定贷款期限太短""规定贷款期限太长""贷款期限不灵活，没有选择性" =0；"规定贷款期限合适""贷款期限灵活，可选择" =1；"说不清" =2	+
	对财务信息公开程度的满意状况 X_{18}	"满意""基本满意" =1；"不满意""说不清" =0	+

（二）样本统计特征

表 8.3 样本统计特征 1

统计类型	统计特征	分类指标	频数（N=355）	百分比（%）
决策者个人禀赋	性别 X_1	男性	245	69.01
		女性	110	30.99
	年龄 X_2	30 岁及以下	8	2.25
		31—39 岁	99	27.89
		40—49 岁	102	28.73
		50—59 岁	107	30.14
		60 岁及以上	39	10.99
	文化程度 X_3	小学及以下	101	28.45
		初中	147	41.40
		高中（含中专）	98	27.60
		大专（含本科及以上）	9	2.55
家庭基本特征	家庭人口数 X_4	1 人	4	1.13
		2 人	70	19.72
		3 人	122	34.08
		4 人	121	34.36
		5 人或 5 人以上	38	10.71
	家庭供养比 X_5	0.2 以下	5	1.40
		0.2—0.4	18	5.07
		0.4—0.6	145	40.86
		0.6—0.8	129	36.34
		0.8 以上	58	16.33
	家庭人均纯收入 X_6*	1000 元以下	19	5.36
		1001—1800 元	218	61.40
		1801—2300 元	107	30.14
		2300 元以上	11	3.10

续表

统计类型	统计特征	分类指标	频数（N=355）	百分比（%）
家庭基本特征	家庭人均耕地面积 X_7*	0.5亩以下	2	0.56
		0.5—1亩	80	22.53
		1—1.5亩	124	34.93
		1.5—2亩	117	32.97
		2亩以上	32	9.01
	家庭农业收入比 X_8	0—20%	8	2.25
		21%—51%	8	2.25
		51%—80%	189	53.25
		80%以上	150	42.25
	家庭现金和银行存款 X_9*	1000元以下	44	12.40
		1001—3000元	167	47.04
		3001—5000元	141	39.72
		5001—10000元	3	0.84
	家庭现有负债 X_{10}*	1000元以下	10	2.81
		1001—3000元	86	24.22
		3001—5000元	113	31.84
		5001—10000元	106	29.86
		10000元以上	40	11.27
	是否有家庭成员或亲戚朋友担任村干部或在政府部门任职 X_{11}	有	96	27.04
		无	259	72.96
	是否有家庭成员或亲戚朋友在银行工作 X_{12}	有	23	6.48
		无	332	93.52
决策者对互助社的认知和评价	对相关政策的了解程度 X_{13}	很了解	121	34.08
		比较了解	182	51.27
		不了解	39	10.98
		说不清	13	3.67
	对借款相关流程的了解程度 X_{14}	很了解	131	36.90
		比较了解	169	47.61
		不了解	40	11.27

续表

统计类型	统计特征	分类指标	频数（N=355）	百分比（%）
决策者对互助社的认知和评价	对管理运行的满意程度 X_{15}	说不清	15	4.22
		满意	115	32.39
		基本满意	139	39.16
		不满意	56	15.78
		说不清	45	12.67
	对利率水平的评价 X_{16}	利率较低	0	0
		利率适中	139	39.15
		利率较高	216	60.85
	对还款方式的评价 X_{17}	规定贷款期限太短	101	28.45
		规定贷款期限太长	18	5.07
		贷款期限不灵活，没有选择性	27	7.61
		贷款期限灵活，可选择	197	55.49
		说不清	12	3.38
	对财务信息公开程度的满意状况 X_{18}	满意	131	36.90
		基本满意	179	50.42
		不满意	27	7.61
		说不清	18	5.07

注：带*号的指标的原始数据为连续数值，这里设定分频标准只是为了分析样本特征。

表8.4　　　　　　　　　　样本统计特征2

变量名	均值	标准差
Y（贫困户对互助社的借款意愿）	0.60	0.39
X_1（性别）	0.60	
X_2（年龄）	4.22	1.28
X_3（文化程度）	2.34	0.72
X_4（家庭人口数）	4.20	1.28
X_5（家庭供养比）	0.45	0.25
X_6（家庭人均纯收入）	2109.87	2612.97
X_7（家庭人均耕地面积）	1.76	23.42
X_8（家庭农业收入比）	0.67	1.53

续表

变量名	均值	标准差
X_9（家庭现金和银行存款）	2.67	1.89
X_{10}（家庭现有负债）	2.74	1.77
X_{11}（是否有家庭成员或亲戚朋友担任村干部或在政府部门任职）	0.21	0.56
X_{12}（是否有家庭成员或亲戚朋友在银行工作）	0.20	0.25
X_{13}（对相关政策的了解程度）	0.63	0.58
X_{14}（对借款相关流程的了解程度）	0.64	0.72
X_{15}（对管理运行的满意程度）	0.62	0.48
X_{16}（对利率水平评价）	2.32	1.95
X_{17}（对还款方式的评价）	1.23	1.36
X_{18}（对财务信息公开程度的满意状况）	0.95	0.77

四 模型选择与分析结果

（一）Probit 模型

目前，本研究反映贫困户参与互助社借款意愿的数据是分类的离散数据，而分析离散选择问题常用的是 LOGIT、PROBIT 和 TOBIT 概率模型，一般使用 SPSS、EVIEWS 等软件。对于因变量离散数值大于两类的研究时应采用有序概率模型（William，1997）。用 Probit 模型处理多分类的离散数据是近年应用较广的一种方法（Jayachandran，1996）。Probit 概率模型的数学表达式如下：

$$Y = \beta_0 + \beta_1 X_1 + \beta_2 X_2 + \cdots + \beta_{18} X_{18} + \mu \tag{1}$$

（1）式中，Y 为被解释变量，表示贫困户从互助社借款的意愿（不愿意 =0，愿意 =1）。β_0 为常数项，X_1，X_2，$\cdots$，X_{18} 为解释变量，分别表示研究假说中所考虑的 18 个影响因素，β_1，β_2，$\cdots$，β_{18} 为解释变量系数，μ 为随机扰动项。从而影响贫困户对互助社借款意愿的二元离散选择模型可以表示为：

$$P_i = E(Y = 0/X_1, X_2, \cdots, X_{18}) = F(\beta_0 + \beta_1 X_1 + \beta_2 X_2 + \cdots + \beta_{18} X_{18}) \tag{2}$$

（2）式中，P_i 为一定影响条件下农户做出某种选择的概率，E（X）为某一影响选择的因素在既定条件下针对这一选择的数学期望，F（X）

为形如 $\frac{1}{\sqrt{2\pi}} = \int_{\infty}^{I_i} e^{-t^2/2} dt$ 的累计概率分布函数。

(二) 模型运行与分析结果

运用 EVIEWS 软件对样本贫困户的横截面数据进行 Probit 处理，模型估计结果见表 8.5。

表 8.5　贫困户对互助社借款意愿影响因素的 Probit 模型估计结果表

自变量	参数估计值	参数估计量的样本标准差	Z 统计量	显著性水平
常数项	3.192765	0.5240	6.09329	0.0001
X_1	-0.27072	0.1463	-1.85074	0.0642
X_2	0.106296	0.101858	1.043569	0.2967
X_3	0.311204*	0.165263	-1.883081	0.0059
X_4	0.023414	0.077206	0.303272	0.7617
X_5	0.753238*	0.412071	1.827934	0.0676
X_6	-3.56E-07	2.78E-06	-0.128320	0.8979
X_7	-0.010684	0.014342	-0.744945	0.4563
X_8	-0.017242	0.083019	-0.207684	0.8355
X_9	-0.277232**	0.073195	-3.787566	0.0002
X_{10}	-0.097029	0.075384	-1.287116	0.1981
X_{11}	0.036025	0.217453	0.165668	0.0868
X_{12}	0.330952	0.521378	0.634765	0.5256
X_{13}	0.599573	0.378302	1.584906	0.1130
X_{14}	1.037640**	0.380084	2.730030	0.0063
X_{15}	-0.335508	0.369466	-0.908089	0.3638
X_{16}	-0.081460	0.136924	-0.594930	0.0019
X_{17}	0.253004	0.228452	1.107469	0.2681
X_{18}	0.502804**	0.145218	3.462416	0.0005

说明：综合性检验 LR 统计量为 64.37437，自由度为 17，显著性概率 (Prob) 为 0.006885
模型拟合优度检验 AIC 值为 1.905，SC 值为 2.219，HQC 值为 2.032

注：* 和 ** 分别表示在 5% 和 1% 的水平上统计显著。

表 8.5 中列出的 Probit 模型检验是让所有的变量进入模型中的检验，检验结果反映了所有解释变量对被解释变量的影响程度。从 LR 统计值和统计量的收尾概率值 (Prob) 来看，模型整体检验结果较为显著；从 AIC、SC 和 HQC 值来看，模型的整体拟合优度较好。其中 X_1，X_3，X_5，

X_9，X_{11}，X_{14}，X_{16}，X_{18} 8个变量对贫困户向互助社借款的影响有统计显著性，而其余10个变量对贫困户向互助社借款的影响未通过显著性检验。具体如下：

1. 决策者性别（X_1）

贫困户决策者性别的模型系数为 -0.27072，统计系数的显著性水平为0.0642，性别对借款意愿有负影响，这一结果与原假设相悖。由此证明在贫困社员借款决策过程中，一般来说，女性会表现得相对稳健谨慎，而男性更具风险偏好，对借款意愿更为强烈。

2. 决策者文化程度（X_3）

贫困户决策者文化程度的模型系数为0.311204，统计系数的显著性水平为0.0059，与原假设方向一致，说明决策者文化程度对互助社借款意愿有负影响。这表明，贫困户决策者受教育程度越高，越容易在短时间内接受新生事物，从互助社借款发展生产的愿望越强烈。农村脱贫问题就是一个充分就业问题。在劳动时间一定的情况下，受教育水平越高，农户的收入也越高，所以，劳动者文化知识素质也是影响脱贫致富的重要因素。

3. 家庭供养比（X_5）

家庭供养比模型系数为0.753238，统计系数的显著性水平为0.0676，说明家庭供养人口占家庭总人数比例越高，供养压力越大，贫困户越可能有借款的需求，这一点与原假设基本一致。

4. 家庭现金和银行存款（X_9）

家庭现金和存款模型系数为 -0.277232，统计系数的显著性水平为0.0002，与原假设方向一致。这说明若贫困户家庭目前尚有资金剩余，就不会打算利用从互助社借款来满足生产需求，这或表明目前"发展生产"这一口号对于贫困户来说只是暂停留在小规模经营的状态，如果没有良好的产业引导，则贫困户对扩大生产规模暂无奢求。

5. 是否有家庭成员或亲戚朋友担任村干部或在政府部门任职（X_{11}）

该自变量的模型系数为0.036025，统计系数的显著性水平为0.0868。互助社是由政府主导建立的公益性小额信贷机构，一般由村干部负责建社，因此村干部的亲戚更有机会获知和了解互助社，相对丰富的社会关系对互助社的认知加强具有积极作用，因而贫困户借款积极性也相对较高。

6. 决策者对借款相关流程的了解程度（X_{14}）

该自变量的模型系数为 1.037640，统计系数的显著性水平为 0.0063，检验结果与假设基本一致。这说明贫困户决策者对借款相关流程的了解程度对于其从互助社借款的行为直接有正向影响，对流程越熟悉、越了解，就越倾向于借款。原因可能是由于长期以来贫困户在信用社等正规金融机构很难得到贷款，他们普遍对信用社有一定排斥心理，若设置在村内的互助社借款流程简单，获批可能性大，贫困户自然还是会偏好本村互助社。

7. 决策者对利率水平的评价（X_{16}）

决策者对利率水平的评价模型系数为 -0.081460，统计系数的显著性水平为 0.0019，与假设方向一致。这表明互助社的贫困社员都是理性的金融产品消费者，对于产品定价较为敏感，互助社利率水平越高，贫困户的借款意愿就越低。而事实上，较高的金融产品定价对于贫困户的借款权利是有保护作用的，分析结果或从侧面说明目前互助社对于农民的金融教育并不到位，贫困户对于利率市场化可以防止互助资金沦为"公地悲剧"这一逻辑关系仍然不甚明了。

8. 决策者对互助社财务信息公开程度的满意状况（X_{18}）

这一自变量的评价模型系数为 0.502804，统计系数的显著性水平为 0.0005，表明贫困户对于互助社的财务信息公开程度非常关心，信息公开越透明，他们的借款意愿就越强烈。究其原因，很可能是因为过去我国农村地区多采用传统输血式的扶贫方式，村民对财政资源的挤兑造成了部分地方"暗箱操作"，贫困户作为最应当被扶持的群体反倒经常被边缘化，这些弊端给贫困户留下了较为深刻的印象，因此他们对村里现在的扶贫资金使用和分配是否"阳光""透明"格外关心，当互助社财务信息公开程度比较好的时候，他们才会更信任互助社的运作，从而积极参与借款。

以上研究采用 PROBIT 模型验证了各变量对贫困户向互助社借款意愿的影响方向，得出如下结论：决策者性别（X_1）、决策者文化程度（X_3）、家庭供养比（X_5）、家庭现金和银行存款（X_9）、决策者对借款相关流程的了解程度（X_{14}）、决策者对互助社财务信息公开程度的满意状况（X_{18}）这六个因素对于贫困户社员家庭向互助社借款意愿影响显著，其中，性别和家庭现金和银行存款影响为负方向；除此之外，是否有家庭成员或亲戚朋友担任村干部或在政府部门任职（X_{11}）、决策者对利率水平的评价（X_{16}）这两个因素也对贫困户借款意愿有重要影响，其中利率水平对借款意愿有负影响。

当选择"不愿意从互助社借款"的被调查对象被问到"您不愿意从互助社借款的原因"时,有78.56%的被调查对象认为"没有发展方向""不晓得拿钱干什么""借了钱不知道用来做什么才能保证赚到钱",这说明贫困农户缺乏投资的机会与能力,找不到利用借款改善经济状况的途径,出门无路,需要积极有效的产业引导和扶持,这也更加印证了观念落后、技能低下,是导致农民贫困的原因之一。

从问卷调查结果反映贫困户对从互助社借款的意愿,355位受访者中有83.6%人表示愿意,其余表示不愿意,可见,绝大多数贫困户社员还是有意愿从互助社借款,但互助社若要实现对贫困群体的"全覆盖",仍需要从多方面着手努力,精准瞄准贫困农户,实行"特惠制"。然而现实问题是,成立互助社由于有最低人数户数要求,不少试点村贫困户数达不到建社要求,只得拉非贫困户入社充数,社内部又实行贫富没有区别的"普惠制",这就使互助社的扶贫精准度大幅降低,加剧了资金紧张矛盾。

第五节　山东省扶贫互助资金合作社贫困瞄准机制的优化

无论是针对互助社的贫困户识别机制还是带动和帮扶机制,都只是手段,要切实解决这对矛盾,必须从源头入手。通常来说,贫困农户之所以贫困通常是因为受到各种因素的制约,而并非单纯性贫困,除了缺乏生产资金外,文化程度低、家庭供养负担重、能力有限也是重要的影响因素。如果不对非零劳动力贫困家庭进行特殊照顾,他们很容易被排除在外。总之,作为一个非营利性的社团机构,创造利益的多寡并不是衡量互助社运营效益的唯一标准,产生最大化的扶贫效果才是目前互助社更切实际的目标。因此,应当加强贫困户优先的意识,并对互助社在组织和管理上进行特殊的制度设计,才能够充分体现互助资金的扶贫性质。具体来说,可以从以下几方面进行优化:

一　严格规范试点村和贫困户的甄选及识别机制

任何扶贫项目都难以避免有不同程度的"效益外溢"现象,互助社试点也概莫能外。国家扶贫的目标群体主要是贫困县,山东省则主要是在瞄准贫困县的基础上确定了贫困镇和贫困村。由于贫困人口分布在不同地方，加上贫困村和非贫困村有时并无本质的区别，且在贫困村的确定上主观因素占主导，导致扶贫资金必定在一定程度上存在偏离和渗漏。从调研情况看，所调研的试点村经济发展水平处于乡镇内中等发展程度以上的贫困村，村内借款农户主体基本属于中等收入水平，在一定程度上使互助资金贫困瞄准群体发生偏移，互助资金扶持对象的非贫困化现象比较普遍。因此，应考虑把经济发展水平较高和信用社覆盖农户比例高的村排除在试点村范围之外，将互助资金重点用于支持贫困村急需生产发展资金的农户。此外，逐步建立精准的贫困识别机制，建立全省农村扶贫信息系统，对贫困人口实行动态管理，把"大水漫灌"式的扶贫变成有针对性的"滴灌"式扶贫。

二 给予贫困户充分的产业引导和扶持

资金使用与实际效益的低关联性导致贫困户不敢借钱，换言之，贫困户对自己借到钱究竟能够产生多大效益持怀疑态度，也正是由于这个原因，导致互助社管理人员担心资金安全而不愿意借钱给贫困户。可见，缺乏生产所需资金是制约贫困户发展的突出问题，但又并非全部问题，因此，若要从根本上解决贫困问题，互助社的各项措施必须要和其他帮扶措施有效结合，让"资金找到技术"，从而发挥互助资金与生产合作相结合的优势。此外，互助社应开辟除放贷之外的更多拓展性扶贫服务项目，以保证在资金良性滚动发展的前提下，尽可能地将互助社本身信用、合作、互助的理念带入到农户心目之中，并切实开展知识兴农、科技支农的智力服务，放大财政资金的扶贫效果。让贫困户广泛参与产业化建设中，实现村企共赢，让贫困户成为最大的受益者。

三 优化制度设计使其特惠于贫困户

在制度设计上，应对只有利于简化资金的管理和提高使用效率，而不利于贫困户使用资金的措施进行限制，既要保障借款贫困户有利可图，又要避免非贫困户大量获取互助资金导致的挤出效应。可以考虑：

1. 设立针对贫困户的紧急消费借款

在互助社运作正常以后，设立紧急消费借款，即在互助社的贫困社员家庭因遭遇特别严重的自然灾害等紧急情况时，可以申请紧急消费借款，借款额度最高为 3000 元，需要临时担保人，借款期限不超过 3 个月，一次性偿还本金和占用费，每月占用费与一般借款相同。

2. 对贫困借款户和非贫困借款户，实行差异化的资金占用费率

对贫困户借款，在占用费率上给予一定幅度优惠。对非贫困户，则适当提高费率，用经济手段有效抑制其借款动机，让贫困人口有更多借款机会。

3. 对贫困户借款给予贴息

进一步利用现有的政策给予互助资金与信贷资金捆绑贷款以贴息，体现惠农政策激励。政府出台捆绑贷款贴息政策，按程序确认扶贫贴息对象和贴息额度，通过农户"一卡通"直接兑付到捆绑贷款对象手中，减轻其支本付息的压力，在效果上等同于降低借款费率。

但也应当注意到：第一，实现对贫困户精准有效识别是上述项措施能够成功的前提和保障，如果贫困户识别仍然是模糊而过于主观的，则会引发大面积的"权力寻租"，导致本应受益的贫困户群体被挤出；第二，尽管互助社的借款审批应该体现贫困户优先的原则，但在一个村庄内也不适合明确规定排除富裕的农户。因为这样的规定容易引起非贫困户对互助社的反感甚至敌意，使其很难正常运作。而在多数村民都参与的情况下，由于贫困户能力和在村里的发言权都比较弱，如果缺少一些制度上的安排，贫困户很容易受到排挤而得不到资金支持。

四 推广扶贫小额保险

互助社重点服务于贫困群体，而这个群体极易因意外风险而失去还款能力，影响互助社的有序发展。解决这个问题一个行之有效的方法是，从互助社的收益部分提取专项资金为贫困户购买扶贫小额保险，这样既有利于瞄准贫困农户，也有利于保证资金的安全。财政和金融部门可积极引导相关保险公司，出台与互助社对接的小额金融保险，作为互助社的专属保险产品，制定优惠政策，对出现自然灾害、人身意外事故的风险进行补偿，有效分散、转移贷款风险。具体可以以互助社社员家庭成员为投保对象，根据互助社社员使用互助资金借款额度确定保险金额，为互助社社员及其家庭成员购买"扶贫小额保险"，对主借款人因意外伤害身故、残疾及疾病身故进行保险；对主借款人家庭成员因意外伤害导致的损失进行赔偿，由此建立保障互助社安全运行设立坚固的"防火墙"。

第六节 本章小结

　　本章在厘清互助社对扶贫对象界定和识别的基础上，分析了互助社给予贫困户的扶持政策、扶持效果不太令人满意的原因，并在此基础上利用山东省泗水县17个互助社得到的355份问卷，使用PROBIT计量模型对从微观层面探寻影响贫困户借款意愿的因素。研究发现，决策者性别、决策者文化程度、家庭供养比、家庭现金和银行存款、决策者对借款相关流程的了解程度、决策者对互助社财务信息公开程度的满意状况六个因素对于贫困户社员家庭向互助社借款意愿影响显著。同时，通过访谈得知贫困户借款不积极的原因主要是缺乏产业引导，获得资金支持对于他们来说固然可贵，但他们更需要投资机会与能力。因此，地方政府应从建立健全贫困户有效识别机制、给予贫困户充分的产业引导和扶持、设计特惠于贫困户的互助社制度、推广扶贫小额保险等方面入手予以改进。

第九章 山东省扶贫互助资金合作社风险监管机制分析

由于现阶段相关法律制度供给不足，互助社的管理、运营和融资活动等一直依赖于人缘、地缘和血缘等非正式体系。目前，各省对互助社资金投入力度不断加大，互助社也进入大规模扩张阶段，其中潜藏着极大的风险。因为金融活动的大规模化，极易导致人缘、地缘和血缘关系不再可靠，对互助社活动也难以构成约束，一旦局面失控，不仅会导致互助社自身的系统崩溃，而且还可能波及农村政治经济社会的整体稳定。20世纪90年代，农业部曾经推动在全国乡镇建立"农村合作基金会"，出现了非法集资和大笔坏账，中央随后将这类金融机构的监管权从农业部移交到了银监会。以史为鉴，即使是非金融机构，只要开展了类似金融活动的相关业务，特别是超特定服务对象的业务，就会产生金融风险，并有可能给正常的金融秩序带来严重冲击，甚至引发严重的经济社会问题。或许是由于这个前车之鉴，互助社迅速发展了七年来一直没有摘掉"试点"的帽子，包括银监会在内的相关部门对互助社的发展一直以"四条红线"加以限制，互助社在各方密切关注之下的谨慎发展可见一斑。

第一节 山东省扶贫互助资金合作社面临的主要风险及产生的原因

互助社是从事金融活动的非正规金融机构，其以财政扶贫资金为引导，吸收一部分社员以自有资金缴纳的基准互助金，在资金运作中客观形成了互助社与社员的借贷关系，就会出现借款人不能按期归还本金和占用费的可能，这意味着互助社在运作中会形成金融风险，即机构在经营过程中，由于决策失误、客观情况变化或其他原因使资金、财产、信誉有遭受损失的可能性。一般说来，目前互助社面临的金融风险可分为两个部分：

外部风险和内部风险，如图 9.1 所示。

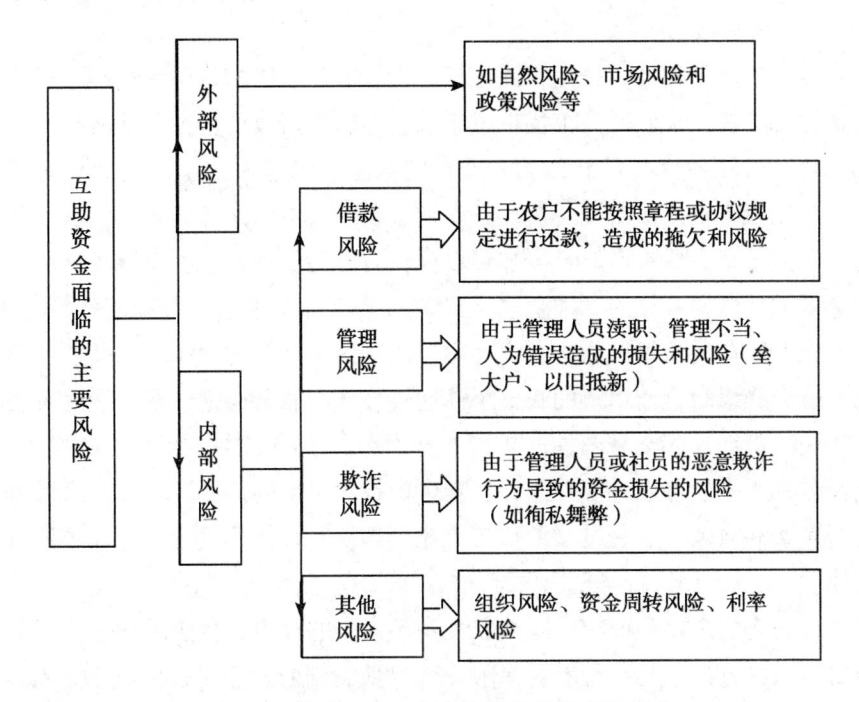

图 9.1 扶贫互助资金合作社面临的主要风险

```
                                    ┌─→ 外部风险 ─→ 如自然风险、市场风险和政策风险等
                                    │
                                    │         ┌─→ 借款风险 ─→ 由于农户不能按照章程或协议规定进行还款，造成的拖欠和风险
                                    │         │
互助资金面临的主要风险 ──┤         │         ├─→ 管理风险 ─→ 由于管理人员渎职、管理不当、人为错误造成的损失和风险（垒大户、以旧抵新）
                                    │         │
                                    └─→ 内部风险┼─→ 欺诈风险 ─→ 由于管理人员或社员的恶意欺诈行为导致的资金损失的风险（如徇私舞弊）
                                              │
                                              └─→ 其他风险 ─→ 组织风险、资金周转风险、利率风险
```

一 外部风险的定义及内涵

外部风险是指来自组织外部的因素而使组织面临损失的风险。对于一个金融组织来说，一般包括自然风险、市场风险和政策风险等。对于互助社而言，由于其服务对象是特定区域内的分散农户，主要从事农业生产，由于农户自身的弱质性和生产过程的特殊性，使互助社面临着许多风险，包括自然和市场双重风险。此外，单个农户在激烈的市场竞争中时常处于不利地位，常常导致亏损，加之少数农户诚信意识不强，即使有互助小组的担保，仍然具有较高的运行风险。

（一）自然风险

农业生产自身的特点决定了其相对于第二、第三产业来说，表现出对自然的高度依赖，包括生产周期较长、经济效益显露较慢、受自然制约较多等，正是以上因素决定了农业"弱质产业"的角色。作为世界上自然灾害最为严重的国家之一，我国农村地区灾害种类多、发生频率高、分布地域广，加上互助社社员的生产主要以种养业为主，因此来自外部的自然风险给互助社带来的影响较大。

(二) 市场风险

与非农产品相比,根据蛛网理论,由于农产品需求价格弹性小于供给价格弹性,易出现农产品市场供过于求、增产不增收的情况,从而导致市场风险。这种风险不同于股票或投资的风险,由于农业生产周期相对较长,农民较难根据市场变化情况及时调整生产决策。尤其当前我国农业又是一种低效率高成本产业,更加难以凭借自身力量抵抗这种风险,这便是农业弱质性的深刻体现。加之农产品具有鲜活性、季节性和周期性特征,因而农业产业的市场风险也尤为突出。改善这一状况的途径之一是建立农民专业合作组织,使单一的农民个体通过合作制联合起来,在激烈的市场竞争中,借助外部交易规模的扩大,从而节约交易成本、降低生产成本,提高盈利水平、寻求规模效益;随着生产技术水平的提高,生产风险可以进行预警和防范。故通过互助社与专业合作社的合作,或可以有效防范市场风险。

缓解自然风险和市场风险给农民生产带来的冲击,目前国际公认的最行之有效的方法就是推行农业保险,而目前我国农业金融保险(放心保)等相关配套保障措施仍不健全,农户特别是贫困农户很难承担农业保险的高昂成本。因此,在遇到重大自然灾害、市场波动时,很容易出现损失,造成借用资金出现风险。

(三) 政策风险

互助社是政府主导的一种特殊的公益性小额信贷机构,互助社在民政部门注册,性质上属于非营利性社会团体组织,但同时却又承担着发放贷款、收受利息等金融机构的职责,集社团性、经营性于一体,其活动既找不到具体法律条文进行约束和管理,又存在着法律意义上的"真空"地带。因此,互助社是否可以持续、长期地健康发展,很大程度上取决于政策供给的稳定性和可靠性,故互助社的成长和发展面临一定的政策风险。

二 内部风险的定义及内涵

内部风险是指来自组织内部的因素而使组织面临损失的风险。由于这方面的风险因素较外界风险更为可控,因此也是本章分析研究的重点。互助社现阶段面临的内部风险大概可以分为四个部分:借款风险、管理风险、欺诈风险和其他风险。

（一）借款风险

借款风险也可称为信用风险，即借款农户因种种原因，不愿或无力履行借款合同条件而构成违约，致使互助社资金遭受损失的可能性。贷款是互助社的主要活动，贷款活动要求互助社对借款人的信用水平做出判断，但由于判断的局限性，以及借款人的信用水平也可能会因各种原因而下降，因此，互助社面临的借款风险主要来自信用风险或拖欠风险。

从借款者的角度来分析，故意拖欠可以为其带来以下益处和代价，见表9.1。

表 9.1　　　　　故意拖欠给借款者带来的益处与代价[①]

	按时还款	延迟还款或不还款
益处	① 及时得到较大额度后续借款的可能性 ② 建立良好的信贷记录 ③ 在成员内部获得良好的声誉 ④ 得到培训服务 ⑤ 得到互助社的指导 ⑥ 得到按时还款奖励	① 如果不付占用费可降低借款的费用 ② 在经营活动中保持一定数额的借款本金，或用作其他目的 ③ 很少或不用去互助社还款（降低交易成本） ④ 降低参加互助社会议、参加互助社活动的交易成本 ⑤ 如果拖欠的代价很低，可能根本没有必要还款
代价	① 对当前的借款付出占用费并偿还本金 ② 偿还借款要付出的时间成本和交易成本 ③ 机会成本	① 逾期还款的罚款 ② 耽搁未来的借款或以后得不到借款 ③ 可能的法律行动和成本 ④ 得不到互助社的服务 ⑤ 互助社管理人员频繁催款 ⑥ 若参加了联保小组，会被其他小组成员责备，在成员之间造成不良声誉

由于互助社运行存在系统性风险，如果信用环境有所缺失，农户还款尚未形成一种习惯，那么随着借款业务量以及借款覆盖面的扩大，个别借款拖欠可能会造成大面积逾期还款，从而出现"多米诺骨牌效应"，触发潜在的运作风险。因此，拖欠可能给互助社带来如下潜在影响：

1. 少数人拖欠可能引起大范围的拖欠。拖欠有传染性，互助社一旦出现了拖欠的现象，而又没能及时采取有效的措施加以控制，那么，拖欠就会在整个互助社传染开来，造成大面积的拖欠，导致互助社付出惨重代价。

---

① 此表引自：杜晓山、刘文璞：《小额信贷原理及运作》，上海财经大学出版社2001年版，第97页。

2. 处理拖欠的代价高昂。如果一个互助社有拖欠现象的存在，那么，互助社的管理人员就会忙于处理拖欠，而处理拖欠要付出超乎想象的人力和财力。这些都会影响互助社的可持续发展。而预防拖欠的成本则远远低于处理拖欠的成本。

3. 拖欠的时间越久，提取的借款损失准备金就越多，互助社的运营成本就越高，互助社的可持续发展能力就越弱。

4. 拖欠最终可能导致不良资产。如果拖欠不能有效得到解决，拖欠的时间越长，收回的可能性就越小，久而久之就形成了不良资产，而不良资产则是互助社的实际损失，最终的结果是侵蚀了互助社资金。

5. 严重的拖欠对于互助社、借款者和互助社的管理人员来说是多败俱伤的结果。拖欠现象越严重，借款者的名声受到损害，互助社管理者的信心也会受到影响，互助社也无法长期持续运行。

因此，对拖欠的零容忍是互助社运行中必须坚持的态度，只有互助社具有对拖欠零容忍的态度，其运行最终才有可能实现零拖欠的目标。此外，从互助社管理的角度看，尽管存在借款者的原因，但是互助社是造成拖欠的主要因素，借款者的实际拖欠在实际发生之前就有征兆，如果管理人员能够密切关注可能产生拖欠的某些征兆，并尽早采取措施，则完全可以避免拖欠发生；如果没有很好预防，拖欠将会大面积爆发，给互助社带来诸多问题和麻烦。

由于相关法律的缺失，互助社没有解决大额拖欠的法律手段和经济手段。而道德风险随着资金额度的增大是在显著增加的。此外，互助社都是单个独立存在的，目前尚未形成联社，其化解风险的能力十分薄弱，因此，拖欠一旦形成将会比在其他小额贷款机构更具有传染性，并有可能引发连锁性问题。

(二) 管理风险

管理风险是指操作风险，即由于人员、系统、外部事件或错误的内部操作流程导致直接或间接损失的风险。最重大的操作风险在于内部控制及治理机制失效，这种失效状态可能因为管理人员的失误，对欺诈未能及时做出反应，而导致互助社财务损失，或使互助社的利益在其他方面受到损失。

现阶段的互助社管理风险主要包括管理人员渎职、管理不当、人为错误造成的垒大户、超限额借款等，以及由于管理人员或社员恶意欺诈行为导致资金损失的风险,如徇私舞弊等。

此外,在运行过程中,互助社资金可能被少数管理人员控制,并沉淀到少数富裕户的手中;个别地方利用互助社的名义非法吸储,造成金融隐患,由此产生社会风险。

无论违规行为如何,互助社产生管理风险的主要原因有:

1. 互助社是由政府主导,内生于农村社区内部的组织,相应的内部管理制度建设还十分薄弱,很容易出现由村里的强势人物控制互助社的日常管理。

2. 互助社的工作人员大多来自村镇,风险意识淡薄,容易以感情代替管理制度,使各业务操作环节的监督制约形同虚设,随意操作,从而产生风险。

(三)欺诈风险

欺诈风险是指管理人员或社员的恶意欺诈行为导致资金损失的风险,其中以管理人员欺诈的可能性更大。目前从全国范围的互助社来看,此类风险出现率比较低,仅在海南省发生过一例,山东省尚未出现类似案例。但从另一种农村新型金融组织——农村资金互助社来看,管理人员涉嫌欺诈酿成资金互助社重大损失的已不鲜见,最典型的是2012年年底江苏省灌南县的四家农村资金互助社由于理事长携款跑路而倒闭的案例,本作为农村金融组织创新成果的农民资金互助合作社,在灌南县却演变为不法商人擅自抽取民间资金的重要来源,变相吸储、放高利贷,成为民间的"老鼠会",显露了部分地区农村互助金融的乱象以及监管机制的严重缺失。

(四)其他风险

其他风险包括组织风险、社会资金周转风险和利率风险。由于互助社是没有纳入国家金融监管的非正规机构,因此在运作中不能吸收存款,只吸收成员出资。互助社的本金主要来源于国家财政扶贫资金,不需要偿还;农户交纳的互助金或者入股金相当于内部筹资,而不是外部负债。因此,与吸收存款的银行相比,目前的互助社没有外部负债,不会因为经营不善带来大的社会风险。现阶段,已经有小部分互助社发展成熟,已经开始从金融机构等外部渠道融资,由此形成外部债务,风险就会加大,对管理的要求也就更高。

从上述分析可以看出,尽管与普通金融机构和营利性质的资金互助社相比，以扶贫为宗旨的互助社结构简单，掌控资金数额也较小，运行过程中面临的金融风险理应相对较小。但实际上，互助社由非金融专业人士管理，进行的却是典型的金融活动，加上服务对象禀赋差异大，其面临的金融风险更具有复杂性和难掌握性。加上现阶段各互助社都是单体运行，之间并无联系，更没有形成联社，其抵抗风险能力相对较弱。因此，建立健全风险防范与监管机制，对于互助社长期健康运转来说意义重大。

第二节 风险监管的定义和目标

一 风险监管的定义

对于银行等普通金融机构来说，金融监管是指金融主管机关根据法律赋予的权利，依法对金融机构及其运营情况实施监督和管理，以维护正常的金融秩序，保护存款人和投资者的利益，保障金融体系安全、健康、高效运行。金融监管是防范金融危机的主要措施之一，也是减少外部性、减弱信息不对称，使金融得以公平、公正交易的保障。由于互助社从事的金融活动与银行的金融活动具有典型一致性，因此，对互助社的金融风险监管的思路应当借鉴银行金融业的经验。

二 风险监管的目标

互助社的有效风险监管应实现以下两个目标：一是规范互助社的运作，保证资金安全，将金融风险降至最低；二是保障互助社对贫困户的瞄准扶持功能，体现其扶贫宗旨。

这两个监管目标的关系是：互助社要长期运转，保障资金安全是前提和基础，一旦这一目标无法达到，产生的损失将是不可逆的，互助社所有经济和社会效益也将无从谈起；目标二的实现是重要但非首要的，原因是在试点阶段，应允许互助社在低风险规范运作的前提下进行不断调整和尝试，在最大程度上实现对贫困户的瞄准扶持。

第三节 风险监管体系分析

在互助社的运行过程中，互助社、社员农户以及中央和地方各级政府机构共同构成了互助社运行系统中的主体要素,也构成了互助社监管体系的两大部分:外部风险监管体系和内部风险监管体系(见图9.2)。

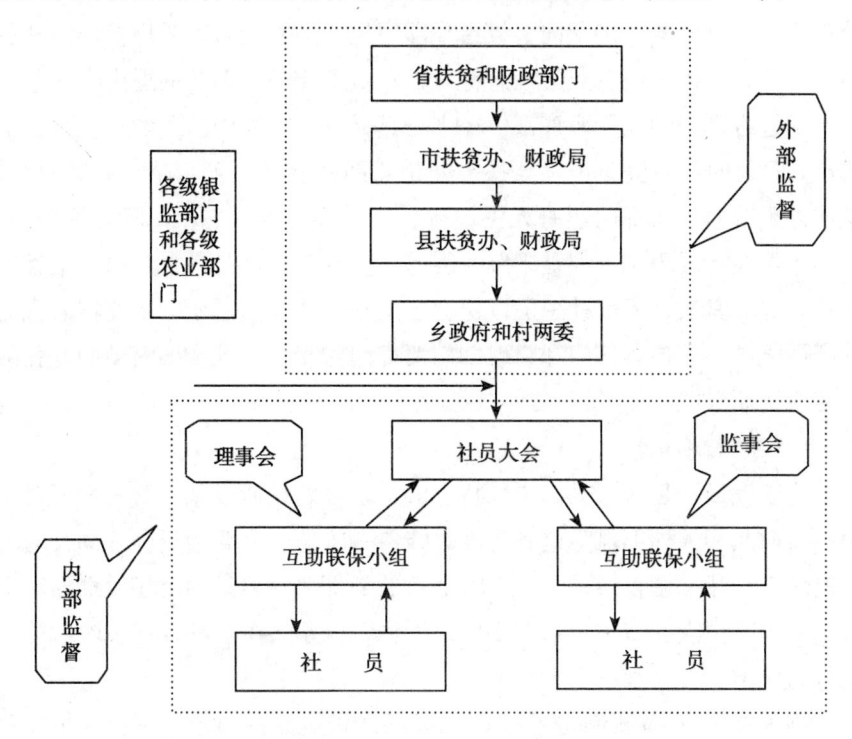

```
                        ┌──────────────────┐
                        │  省扶贫和财政部门  │
                        └────────┬─────────┘
                                 │
                        ┌────────▼─────────┐        ┌──────┐
  ┌──────┐              │  市扶贫办、财政局  │        │ 外部 │
  │各级银 │              └────────┬─────────┘        │ 监督 │
  │监部门 │                       │                  └──────┘
  │和各级 │              ┌────────▼─────────┐
  │农业部 │              │  县扶贫办、财政局  │
  │门    │              └────────┬─────────┘
  └──────┘                       │
                        ┌────────▼─────────┐
                        │   乡政府和村两委   │
                        └──────────────────┘

          ┌──────┐     ┌──────────┐     ┌──────┐
          │理事会│     │ 社员大会  │     │监事会│
          └──────┘     └──────────┘     └──────┘
                       ↙          ↘
              ┌──────────┐    ┌──────────┐
  ┌──────┐   │互助联保小组│    │互助联保小组│
  │ 内部 │   └─────┬────┘    └─────┬────┘
  │ 监督 │         ↕                ↕
  └──────┘   ┌──────────┐    ┌──────────┐
             │  社  员  │    │  社  员  │
             └──────────┘    └──────────┘
```

图 9.2　扶贫互助资金合作社风险监管构架图

一　外部风险监管体系分析

互助社采用的是社员自主管理的模式,但外部监督和必要的支持对其发展是不可或缺的,特别是在互助社自身能力不足、内部治理和监管机制尚未建立完善的情况下,外部风险监管尤为重要。

(一)组织结构

由于人民银行将互助社定性为带有合作性质的非金融机构,所以尽管互助社进行贷款类金融业务是公认的金融活动,却并不在当地银监会监管范围之列,中央和地方各级政府机构作为监管方对供需主体之间的信贷运行进行监管约束和提供必要的制度保障。因此,互助社的外部风险监管机构主要包括各级扶贫部门和财政部门,前者主要负责对互助社的管理运行进行监管,后者主要负责对资金管理使用情况的监督。

外部风险监管机构的具体监管责任,在《指导手册》和《指导意见》

里有较为明确的要求：试点县扶贫办是互助社的指导部门和监督机构，负责对互助社进行专门检查和监测，财政部门予以配合，其职责是定期对互助社开展现场监测；定期向上级指导部门提交监测报告；受理投诉，开展调查；配合审计部门对互助社进行审计；负责实施互助社的退出事宜。

尽管各部门的监管职责都已经十分具体，但在实施监管的过程中，仍然有各种困难。首先，虽然县扶贫办是互助社业务主管和牵头调度单位，但此外配合监管的部门还有人民银行、金融办、审计局、民政局等单位，上述单位在行政级别上都是平级，因此大多数时间都是各自为政，很难协调在一起；其次，互助社一般以协会名义在民政部门注册，不在银监会监管范围之内，而扶贫部门和财政部门两部门对于互助社金融活动的监管缺乏专业资质和能力。

（二）规制构建

由于互助社是属于具有中国特色的新生事物，所以试点时间也相对较短，目前其相关外部风险监管制度只能参考银监会和普通资金互助社的相关制度来构建。调查结果显示，各地市的外部风险监管制度建设都相对落后，在所有试点县市中，只有夏津、沂源、泗水三个县的外部风险监管制度较为成型。

泗水县于 2011 年制定了《泗水县互助资金风险防范管理办法》《泗水县互助资金联保管理办法》《泗水县互助资金绩效考评办法》等规范性管理制度。同时，设立了互助社专管员制度，把管理责任层层分解，确保互助社管理的常态化；与试点乡镇政府沟通，确定了试点乡镇互助社专职工作人员，并制定了《互助资金专职工作人员管理办法》《互助资金专职工作人员补助发放办法》等，通过一系列监管措施的实施，形成了完整的监督管理网络和监管体系，使互助社试点工作始终保持良好的运行状态。也正是因为成效显著，泗水县试点工作受到国务院扶贫办关注，连续三年被列为全国互助社重点监测县之一。

此外，夏津县和沂源县扶贫办、财政局也先后于 2011 年联合出台了《互助社监管办法》等类似的外部风险监管制度。

（三）主要内容和手段

互助社的日常外部风险监管通常由各县扶贫办负责，在试点村外部，县、乡镇、村各个层面培养熟悉业务的工作人员，对互助社定期和不定期开展日常监管和评估活动，主要采用非现场监管和现场检查两种形式对互助社的运行状况进行监管：

1. 非现场监管是指互助社按期报送财务数据和报表资料，监管部门通过数据汇总分析，对互助社的业务活动进行全面、持续的监管，随时掌握机构和整个行业的业务运行状况、存在问题以及风险因素。非现场监管可以为现场检查提供预警信息，以便及时采取措施，防范风险的发生，而各基层互助社的业务报表的真实性和报送的及时性是进行有效非现场监管的前提条件。

2. 现场检查是指监管部门派专人进驻互助社，对其业务经营情况实施全面或专项的检查和评价。日常现场检查主要包括"四查四看"，即查银行存款余额，看是否和账面余额相符；查库存现金，看是否超过规定额度；查费用列报，看是否真实准确；查农户借款，看是否按程序审批。

外部风险监管部门在对互助社提供风险预警服务、帮助其改善管理、查找制度漏洞等方面略显无力，难以从根本上化解互助社面临的内部风险，因此，目前的外部风险监管只可称为合规监管，而非真正意义上的监管。而问卷调查结果显示，即便是这样的合规监管，也难以常态化。根据《指导手册》要求，现场检查每季度至少进行一次，每次现场监测需有书面记录和报告。样本社中有145个（占23.24%）一年内共接受过3次或以上的现场监测，有323个（占51.76%）一年内接受过2次，有119个（占19.07%）一年内接受过1次，另有37个（占5.93%）从未接受过任何形式的现场监测。

金融风险监管的其他手段，包括调查、会谈、委托专业机构审计评估等方式都尚未在互助社外部风险监管中使用。

（四）存在的问题

经深入访谈得知，外部风险监管效果存在折扣的主要原因有：

1. 缺乏具有专业技能的监管人员

通常一个县的扶贫办有1正2副领导，以及3—5名科员，负责互助社监管的工作人员至多3—4名，且并非专管人员，难有足够的精力对辖区内数十个互助社实施充分而有效的监管，而目前绝大部分互助社的财务报表仍以纸质为主，更加大了外部风险监管的操作复杂度和人工成本。一方面，随着互助社试点范围的不断扩大，资本金的不断增加，互助社试点的组织发动、培训、监管等工作量不断增大，而各级扶贫部门的人员、经费、交通等条件没有增加和改善，工作繁重程度可想而知；另一方面，由于县级扶贫部门和财政部门没有成立专门的互助社监管机构,基层相关机构多是兼职负责对互助社的监管,工作人员并不具备专业的金融监管知识和技能,因此也很难对互助社的财务运行活动提供真正意义上的金融监管服务。正是以上原因导致部县、乡两级对互助社运行情况的监管多为事后监督,监管工作没有制度化、常态化。

2. 缺乏监管的激励机制

每年用于单个互助社的监管、培训经费理应在1000元以上,对于试点县扶贫办来说这笔费用是个不小的负担,专项工作经费和激励机制的缺位,导致监管人员缺乏积极性和主动性,监管措施容易流于形式,甚至有不少监管人员认为监管互助社对于县级扶贫办来说本身是一个"鸡肋"任务:由于互助社涉及长期资金管理,其本身风险和责任较大,从某种程度上来说,确保借款全部回收,资金安全不出问题,似乎已经成为各级互助社外部监管人员的第一要务。不难发现外部监管人员的工作动力多是迫于自上而下的行政压力,很多县乡两级的扶贫部门都表示担心如果互助社管理不好,会影响其争取其他扶贫资金甚至影响到其所在单位的整体绩效考核等次。因此,很少有外部监管部门真正关心互助社对贫困户的瞄准扶持。

可见,在外部风险监管方面,除了增加资金和专业人员的投入,仍然需要创新思路,完善激励—约束机制,从而探索改善外部风险监管的路径。

二 内部风险监管体系分析

内部风险监管又称内部风险控制,是现代组织单位在对经济活动进行管理时采用的一种手段。完善的内部风险监管控制是互助社审慎经营的前提,也是互助社对风险进行防范、监督和纠正的动态过程。由于理事会成员和互助社社员对资金的运作和管理情况最了解,掌握的信息最充分,因此,内部风险监管较外部而言,具有更强的自发性和时效性,是有效风险监管体系中不可或缺的一个重要组成部分。

(一) 组织结构

互助社的内部风险监管主要由监事会负责,其主要职责有:①对社员大会决议、互助社章程的执行情况进行监督;②负责对互助社经营业务、财务进行监督和审核检查,并向社员大会提出报告;③对工作中的一些质询和需要改进的地方，负责向理事会提出建议；④在工作过程中如果出现一些重大事件，负责提议召集临时社员大会；⑤负责代表互助社记录本社与其他组织发生业务交易时的情况。监事会、理事会和社员大会一起形成互助社治理结构的分权制衡（见图 6.3）。

尽管几乎所有互助社形式上都设立了监事会，但大多数很难发挥应有的作用，形同虚设。有 215 个样本社（占 34.46%）的监事会与理事会存在人员重叠，非独立的监事会难以发挥其应有的监督作用。

（二）规制构建

互助社内部规章制度主要包括《互助社章程》《理事会职责》《监事会职责》《社员权利和义务》《互助金借款申请与审批程序》《互助金借款原则》。在所调查的样本社中，有 82.3% 建立了较为健全的内部规章制度，业务操作、内控制度也都较为统一，但农村长期形成的宗族观念、庄乡邻居观念，一定程度上影响着互助社章程和规章制度的贯彻执行。

此外，风险准备金制度是常见的商业信贷机构预防借款风险所采取的手段，按照《指南》规定，互助社一般应按年底借款余额的 3% 加上逾期借款总额一定的百分比来提取，但省级以上财政安排的互助资金不允许作为风险准备金的来源。而调查结果显示，目前只有少数的互助社具有一整套完备的呆坏账处理预案或风险准备金制度，仅有 102 个样本社建有风险准备金制度，占样本社总数的 16.35%。

互助社资本金一般规模较小，如没有缴存风险准备金又没有一定的积累，在薄弱的内部风险监管体系下，一旦互助社出现金融风险，应如何化解？损失应该由谁承担？这些都是非常现实且亟待解决的问题。

（三）主要内容和手段

互助社的内部监测由理事会领导下的监事会代表全体社员来负责。内部监测的主要目的是监督理事会的工作及贷款运行质量，不参与理事会的具体业务操作，且主要是事后监督（监督上月的执行情况）。理事会必须在每月的固定时间，将上月底的银行对账单、财务报表和项目进度表提交给监事会，由其根据章程和贷款流程及规定，对理事会上月的贷款发放和回收过程进行核实，确认有无违规操作，并在每月底前公布上个月的监督结果（有特殊情况会顺延）。

（四）存在的问题

以农村社区人缘、地缘、血缘关系为基础而建立起来的熟人社会是互助社产生和运作的社会和文化背景。互助社的运作模式利用了一系列正规金融机构所无法利用的社会资源，在风险控制和监督管理方面有自己的优势，比金融机构更容易为贫困和低收入农户服务，然而熟人社会的内部监督一般较弱，因为行使监督权力，就可能得罪人，"得罪人"就使监督的成本由管理者承担，而监督收益却归全体互助社成员所有，造成典型的"成本内在化"而"收益外部化"，结果往往是较多村民选择在监督上"搭便车"，甚至集体表现出"理性无知"。

调查中发现，互助社的内部监督可能失效，具体表现在监事会成员可能难以发挥独立的监督作用，主要原因有：

1. 监事会成员缺乏风险意识

囿于人、财、物和管理人员金融知识水平等方面的限制，互助社基层管理人员和社员普遍缺乏风险防范意识。主要表现在：

（1）互助社监事会成员普遍认为互助社"没有什么风险"，部分监事会成员甚至认为，"依照历史经验来看"，一旦出现风险，最终会由政府埋单，偿还农户缴纳的资金。由于风险意识严重缺乏，加之农村熟人社会的实际情况，监事会在实际监管中，有时对理事会违规行为视而不见，极易出现监管不到位的隐患；在部分互助社，巨额资金通过社内理事长或会计人员等个人银行账户进行操作；也有的互助社对外借款并不遵循章程，全凭理事长个人判断审核、放款，出现"人情借款"，由此造成极大的借款风险；部分管理人员违规开支费用造成亏损，例如临朐县寺头镇大崮东村互助社，因2009年成立运转时当地农村信用社在工作上没有积极配合，造成资金近半年时间无法取出，资金无法周转而没有收益，但仍然开支了社员分红、理事会人员误工补贴、管理费等，造成了互助社亏损，2010—2011年计亏损2208元，经过规范运营，到2012年年底才实现扭亏为盈。

（2）在没有使用管理软件的互助社，放款和账目到期清收需要人工进行逐笔记录及查找，会计和出纳的业务量较大，很难对借出款项进行持续跟踪检查和信息反馈。有54%的样本社管理人员表示对借出款项只能做到"偶尔过问"，有46%表示能够做到持续性跟踪并及时掌握贷款风险变化。由于尚未建立一套科学的报表制度，正规约束机制也未成形，各县扶贫办只是在需要的时候打电话要求基层管理人员报材料，所以很难能够较好地对互助社进行掌控，汇报的情况是否准确，基本完全依靠基层管理人员的责任心。

（3）互助社监事会普遍对出现大额拖欠的潜在风险和可能性认识严重不足，缺乏必要的风险防范和控制手段，认为互助社面向内部互助、封闭运行因而没有风险，片面追求扩大资金规模。

互助社的借款为无抵押品的信用借款，为控制信用借款风险，《指导意见》第四十五条明确规定，借款总额不得超过互助资金总额的 90%。而在实际操作中，所有互助社几乎都是在成立第一年就将所有资金全部一次性借出。在目前互助社管理人员的专业知识和能力普遍不足，农户的还款和信用意识没有真正培养起来的前提下，管理和发放较大规模的资金，当单笔数额较大时，潜在的逾期风险也相对较大，一旦内部风险监管不到位，很容易出现大范围的拖欠，从而产生较大的不良社会影响。在这方面，淄博市沂源县的经验值得借鉴，按照《沂源县互助资金操作指南》，每个农户一次借款不得超过 10000 元，借款期限在 1 年以内，每轮放款户数不得超过入社总户数的 50%，借款总额一般不得突破互助资金的 1/3。一方面可以发挥未借款户的监督作用，同时保持资金的有效动态运转；另一方面可确保试点村入社农户的借款机会，同时降低资金风险。

借款重置（以旧抵新）的违规做法。国家规定互助资金的借款期限一般不超过 12 个月，山东省规定一般不超过半年，由借款社员农户根据项目生产的需要和产业的生产周期来确定使用时间。但调研中发现部分互助社由于管理人员徇私舞弊，借款社员结账时如果没有钱还，就再签个合同，借款账目以旧抵新，再借半年，这是一种典型的严重违规行为。

2. 监管内容不甚明晰，问责机制存在欠缺

虽然互助社仿照公司治理结构，建立了监事会，但由于组织规模小、层级低、缺乏必要的独立性，与真正的公司治理制度相去甚远。目前，尽管各地互助社的贷款办理程序皆有较为详尽的章程规定，但这些章程规定过于原则化，缺乏可操作性，相当一部分互助社没有制定切合自身实际的内部风险监管制度，监管的内容、方式方法都缺乏明确的制度规定，导致监管的效果有限，缺乏客观性和公正性。正是内部监管制度的缺位，导致互助社运营过程中依旧含有相当多的人为因素，一些急于放贷的互助社往往放宽了担保人的数量或资格，造成逾期还款的出现，互助社无法寻找到相应的担保人，从而引发信贷风险管理问题。

此外，由于互助社并非公司法人，因而难以根据《公司法》有关规定追究监事会怠于履行职责的法律责任；互助社内部以及村两委成员缺乏

相应的问责机制，推动相关监管人员防控风险的激励机制也明显缺位；由于监管责任不明和对监管者缺乏必要的责任约束，造成了监管机构自身的腐败和监管行为的非规范运作；再加上贫困地区民主地区意识较弱，农户更多的是关心自己是否能取得资金及自我的发展，对于互助社内部治理结构是否完善，自己的监督权力是否得以实施并不是很关心。

从长远来看，随着互助资金规模和互助社业务量的不断扩大，以上内部风险监督机制的缺失将不利于互助社可持续发展。

第四节 外部风险监管的组织行为分析：激励—约束机制的构建

由于富户在借款规模、还款速度上一般明显优于贫困户，所以完全理性的互助社一般会同普通金融机构一样，在放贷审批过程中"嫌贫爱富"，倾向于把互助金贷给村里的富户，以取得快速增长的利息收益，这与互助社的扶贫宗旨是相悖的，因此扶贫办的监督工作是否到位直接决定了互助社的益贫效果。从经济学的角度看，互助社的运行本身就是一个政府和互助社之间利益的冲突与协调过程，是双方在直接相互作用时的对策以及这种对策的均衡问题，即博弈过程。

一 博弈要素概念界定

一个博弈框架的基本要素包括：局中人、策略集合、得益水平以及均衡。

（一）局中人

局中人其实是指在博弈过程中为了满足自身效用最大化而采取某种特定行动的决策主体。在本研究的博弈分析中仅存在两个局中人，即互助社和地方政府。

（二）策略集合

策略集合是指参与博弈的主体适时作出的决策安排集合。在本研究背景下，互助社拥有两组纯策略集合，即"嫌贫爱富"和"嫌富爱贫"，地方政府也拥有两组纯策略集合，即对互助社的"嫌贫爱富"违规行为查处和不查处。

（三）得益水平

又称支付，是指局中人即参与博弈的各方分别占有的效用水平，可用支付矩阵来表达。

（四）均衡

均衡是指局中人最优策略的组合。在某一点，存在这样一种策略组合：当局中人的一方不改变策略时，另一方也不打算改变策略，该点可被称为均衡点。而互助社"嫌贫爱富"的最佳概率与地方政府对此行为进行查处的最佳概率的组合，是符合本研究博弈背景的均衡点。

二 基本假设

（一）局中人都是有限理性的决策者，即尽管参与博弈的各方都在追求自身利益最大化，但他们在认知和计算能力上是有限的，都是有限理性的管理人而非无限理性的经济人。

（二）在实际的博弈过程中，作为局中人的政府和互助社都是决策的制定者和执行者，他们之间的博弈应当是不完全信息博弈，然而为了简化分析过程，本研究先假定二者的决策过程背景是拥有完全信息的，即双方总是同时做出选择且不存在信息不对称，而后再根据研究需要考虑不完全信息的动态博弈分析。

（三）只要地方政府选择查处，互助社的"嫌贫爱富"行为就会被发现并查处。

（四）相应的制度约束使得互助社的"嫌贫爱富"行为一旦被发现，就要面临经济和信誉上的双重损失。

三 局中人决策行为的利益出发点

（一）地方政府角度——"嫌富爱贫"，使扶贫信贷资源偏向贫困人口。成功推行互助社，使之针对贫困农户起到良好的信贷扶贫效果。

（二）互助社角度——"嫌贫爱富"，为保护自身既得利益而将有限的信贷资金偏向富户。"嫌贫爱富"是金融机构追求营利性目标的本质在实践中的体现，尽管政府一再强调互助社的非营利性和贫困瞄准性，但仅靠互助社内部的监事会，很难实现贫困瞄准性。这是因为，与富户相比较，贫困户存在较为分散，单笔单款金额小，导致会计管理成本高，缺乏抵押保障导致存在坏账风险，贫困户群体并非理性互助社的"优质客户"。趋利避害、追求利润的本质使得互助社在放贷审批过程中很自然地倾向富户，从而导致国家扶贫财政力量偏离贫困人口，重蹈扶贫贴息贷款的"公地悲剧"。

四 双方博弈的益损值分析与支付矩阵的构建

(一) 参数假定

局中人采取不同纯策略时的收益和支出情况可以通过支付矩阵来表达，这也是双方行为选择的依据。

1. 若互助社选择"嫌贫爱富"（记为 b），政府选择查处（记为 x）。则互助社要接受惩罚，其效用为 -j（接受罚款、互助社未来可支配贷款额度降低、信誉损失等），双方益损值为 (-j, 0)。

2. 若互助社选择"嫌贫爱富"，政府选择不查处（记为 y）。则互助社收益为 v（节省了交易成本，将资金投向回报率高的项目因而获得了额外收益），政府损的效用为 -w（受民众抱怨、上级处罚等），双方益损值为 (v, -w)。

3. 若互助社选择"嫌富爱贫"（记为 a），政府选择查处，双方各自履行其职责，亦属分内工作，收益均为 0，此时双方的益损值为 (0, 0)。

4. 若互助社选择"嫌富爱贫"，政府选择不查处。则政府得到 k 的正效用（管理人员能得到很好休息、上级嘉奖等），由此双方的益损值为 (0, k)。

(二) 一般情况下扶贫互助资金合作社与地方政府的博弈支付矩阵

根据前述假设以及双方益损值分析，可构建出地方政府和互助社博弈的支付矩阵（如图9.3）。

	地方政府 查处x	地方政府 不查处y	
互助社	0, 0	0, k	嫌富爱贫a
	-j, 0	v, -w	嫌贫爱富b

图9.3 一般情况下政府和扶贫互助资金合作社博弈支付矩阵

设互助社选择策略 a 和 b 的概率分别为 Xa、Xb，地方政府选择策略 x 和 y 的概率分别为 Xx、Xy，互助社选择 a 和 b 的概率 Xa 和 Xb 一定要使地方政府选 x 的期望得益和选 y 的期望收益相等，即 $Xb \times (-w) + Xa \times k = Xb \times 0 + Xa \times 0$，又有 $Xa + Xb = 1$，据此可得到：互助社以 $Xa = k/(k+w)$ 的概率选择策略 a，以 $Xb = w/(k+w)$ 的概率选择策略 b，这是互助社的混合策略。同理求解出地方政府混合策略概率 Xx＝j/（v＋j），Xy＝v/（v＋j）。在该博弈模型中，互助社以［k/（k＋y），w/（k＋w）］概率随机选择 a 和 b，地方政府以［j/（v＋j），v/（v＋j）］的概率随机选择 x、y，由于此时二者自身期望得益均无法通过改变自己的混合策略而改善，则该混合策略可视为一个稳定的混合策略纳什均衡。

（三）厉行处罚下扶贫互助资金合作社与地方政府的博弈支付矩阵

如图9.4，设互助社选择策略 a 和 b 的概率分别为 Xa、Xb，地方政府分别以 Xx、Xy 和 Xi 的概率选择厉行处罚 x、一般查处 y 和不查处 i，互助社则以 Xa 和 Xb 的概率选择 a 和 b，且必须使地方政府无论做出哪个选择都得到相同的期望收益，即 Xb×（－w）＋Xa×k＝Xa×0＋Xb×0，又有 Xa＋Xb＝1，可得：互助社的混合策略是以 Xa＝k/（k＋w）的概率选择策略 a，以 Xb＝w/（k＋w）的概率选择策略 b。同样亦可得地方政府的混合策略是分别以 Xx＝2j/（v＋3j），Xy＝j/（v＋3j），Xi＝v/（v＋3j）的概率选择 x、y 和 i。该博弈中，互助社以［k/（k＋w），w/（k＋w）］的概率随机选择嫌富爱贫 a 和嫌贫爱富 b，地方政府以［2j/（v＋3j）、j/（v＋3j），v/（v＋3j）］的概率随机选择 x、y 和 i，假设 Xx＋Xy＜Xi 时"嫌富爱贫"，即 j＜v/3，即当本应偏向贫困户的信贷资源被违规挪用的额外收益＞3倍的罚款时，这种"嫌贫爱富"的违规操作仍然是互助社的优势策略。将对图9.3和图9.4收益矩阵进行比较，能够发现：在罚金高昂的情况下，理性的互助社会主动放弃既得利益，选择合乎政府要求的"嫌富爱贫"策略，在非营利的前提下强调扶贫资金使用的贫困瞄准性而非一味强调经济可持续性；在额外收益远大于罚款额的前提下，互助社是否违规操作与地方政府的策略选择相关度不大，互助社定会选择有利于自己的放贷方案，即以"嫌贫爱富"行为为主调，这样就背离了互助社的扶贫宗旨。

	厉行处罚x	一般查处y	不查处i	
互助社	0, 0	0, 0	0, k	嫌富爱贫a
	-2j, 0	-j, 0	v, w	嫌贫爱富b

地方政府

图9.4　厉行处罚下政府和扶贫互助资金合作社博弈支付矩阵

五 地方政府查处扶贫互助资金合作社"嫌贫爱富"违规行为的策略选择

（一）混合策略下扶贫互助资金合作社与地方政府博弈分析

假设互助社有"嫌富爱贫"（合规）与"嫌贫爱富"（违规）两种策略概率。如图9.5中纵轴表示互助社选择违规策略的概率 X（0 < X < 1），则合规的概率为 1 - X。横轴反映在互助社违规的不同概率下，地方政府选择不查处策略的期望收益：图中从 K 到 - D 连线的横坐标就是在纵坐标对应的互助社违规概率下，地方政府选择不查处的期望收益。由图9.5可知，从 K 到 - d 连线与纵轴的交点 X_1 就是互助社选择违规概率的最佳水平，选择合规的最佳概率则为 $1 - X_1$。首先，K 到 - d 连线上每一点的横坐标，就是在互助社选择该点纵坐标表示的违规概率时，地方政府选择不查处策略的期望收益：K（1 - X）+（- d）X。假设互助社的违规概率 > X_1，此时地方政府不查处的期望收益 < 0，则其必定会选择互助社每次违规都被查处，因此对互助社而言大于 X_1 的违规概率不是最佳选择。反之，当互助社"嫌贫爱富"的概率 < X_1 时，地方政府不查处这一策略所获得的期望收益 > 0，因此理性的地方政府不会选择查处，则此时互助社违规即可获益，违规的概率将会趋向于 X_1，则互助社分别以概率 X_1 和 $1 - X_1$ 选择违规和合规为均衡点。此时无论查处选择纯策略查处和不查处，抑或混合策略，当地政府的期望收益均为0。

为了降低互助社的违规概率，以特定概率分布的混合策略是地方政府的必然选择。上述方法也可以用来确定地方政府选择查处与不查处的混合策略概率分布。如图9.6，通过对地方政府博弈分析可得，地方政府的最佳概率选择是 Y_1 和 $1 - Y_1$。

在地方政府与互助社的博弈中，当互助社分别以概率 X_1 和 $1 - X_1$ 随机选择违规与合规，地方政府分别以概率 Y_1 和 $1 - Y_1$ 随机选择不查处与查处时，双方均无法通过改变策略或概率来提高自己的期望收益，从而构成混合策略纳什均衡。

（二）地方政府查处扶贫互助资金合作社"嫌贫爱富"违规操作的策略选择

如上分析，当前存在于互助社与地方政府之间的混合策略博弈，实际折射出一种与客观效果相悖的激励陷阱。一方面地方政府为了抑制"嫌

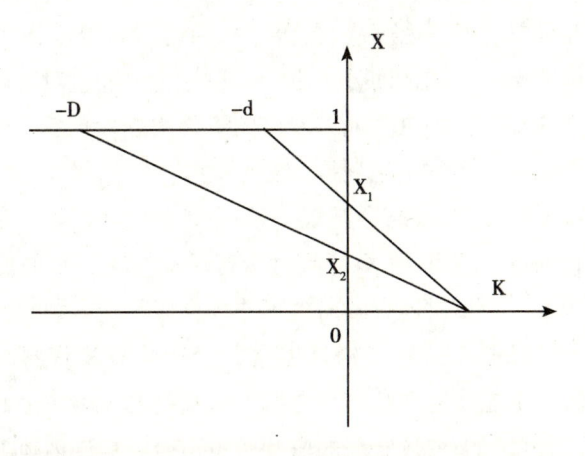

图 9.5　混合策略下扶贫互助资金合作社的博弈分析

X—扶贫互助资金合作社选择违规策略的概率

K—地方政府不查处的收益

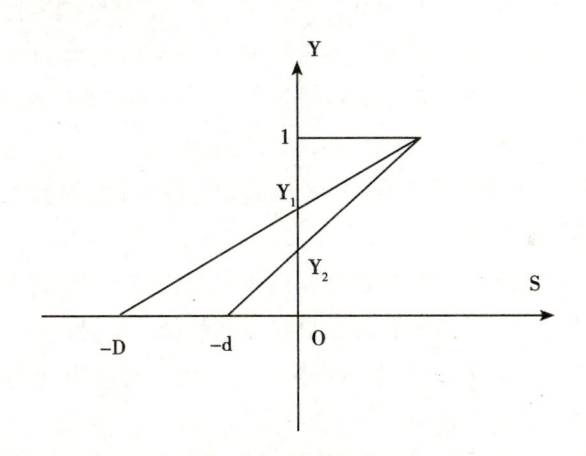

图 9.6　混合策略下地方政府博弈分析

Y—地方政府选择不查处策略的概率

S—扶贫互助资金合作社选择违规的收益

贫爱富"而对互助社厉行处罚，使其收益减少，即 – d 下移动到 – D，假设地方政府混合策略中的概率分布不变，此时互助社违规的期望收益变为负值，互助社因而会中止违规行为；然而，从长期来看，互助社减少"嫌贫爱富"违规行为会使政府更多地选择不查处，最终地方政府会将不查处的概率提高到 Y_1，达到新的均衡，而此时互助社"嫌贫爱富"的期望收益又恢复到 0，则会重新选择混合策略。图 9.5 反映出互助社的混合策略概率分布，由于 X 值对其并无任何影响，因此厉行处罚最多只能在短期内降低互助社"嫌贫爱富"的概率,因此不查处不作为反倒成了地方政府的优选策略。以同样的分析方法来讨论中央加重对失职地方政府查处会出现什么结果:若中央对地方政府的不作为处以惩罚,意味着 $-d$ 减小到 $-D$,此时如果互助社维持原"嫌贫爱富"的概率,则地方政府不查处的期望收益 <0,地方政府会开展一系列相关严打活动,互助社被迫减少违规率,直到将 X_1 下降到 X_2,此时严打活动结束,新的混合策略均衡产生,这意味着:中央对地方政府的不作为处以惩罚,短期的效果是促使政府作为,从而降低互助社"嫌贫爱富"发生违规放贷的概率,但从长期来看此做法并不能使地方政府更尽职,激励的制度陷阱由此产生。依理论解释现实,即每当中央政府新的监管政策出台,短期内地方政府与互助社都会调整自己的策略,但波动之后又恢复到原均衡状态。

理论上来说,有外部资金注入,内部成员通过互助进行运营的互助社,其有效运行需要符合贫困社区特点和社区基金组织特性的制度安排。政府和社会等外部力量向互助社注入资金,尽管声称放弃了资金所有权和使用权,但政府依旧在一定范围内掌控着互助社的资金运作。从某种意义上来看,互助社具有双重的所有者,即政府和社员,尽管其参与互助社运营和管理的目的和方式并不相同,但二者与互助社之间都存在着双重委托—代理关系。

一方面,政府作为外部注资者,以委托人的身份,将资金委托给互助社,旨在助其建立可以自我管理、自我发展的社区金融组织,改变穷困人口远离信贷权利的局面。互助社的管理者,为实现政府(委托人)的目的对互助社进行管理和运营。

另一方面,社员通过自愿出资入股互助社,目的是为了获得便利、不需要抵押的信贷服务。此时,互助社社员可被视为委托人,互助社管理人员可被视为代理人,通过民主化、参与式、自我组织管理,实现社员的目标。

因此,政府、互助社和社员三方之间就可能存在双重的委托代理问题。从委托—代理的视角来看,由于所有权和控制权的分离,委托人和代理人之间有可能出现目标不一致、信息不对称以及信息成本与监督成本,从而使代理人有可能偏离委托人的目标函数而损害委托人的利益。这种委托—代理问题在互助社的具体运作中主要体现为:如果外部机构只对互助资金的所有权和使用权进行赋权,而不给予适当的风险约束和监管,则有可能在社区管理中出现精英俘获（精英政治），资金无法到达最需要的贫困户手中；如果社员对互助社的参与不充分，没有形成社区群众广泛参与和对重大事宜集体决策的机制，则也有可能出现精英控制使互助社的信贷资源分配无法体现大部分社员的要求。

解决委托—代理问题有两种基本策略：一种是激励，一种是约束。前者是委托人制定一种激励机制诱导出代理人为委托人利益着想的动力；后者是委托人用直接监督和强制命令的办法来控制代理人，如果代理人不服从，则可以采取惩罚的措施。只要对代理人进行适当的激励与约束，并不必然导致委托—代理问题（罗必良，2005）。对于互助社而言，其在长期的实践演变和发展中逐步形成了区别于小额信贷和一般商业化农村金融的制度安排，即赋权与分权、社区权力和利益主体合一的自组织管理、多方主体共同参与的激励和约束。

在罚金高昂的情况下，理性的互助社会主动放弃既得利益，选择合乎政府要求的"嫌富爱贫"策略，在非盈利的前提下强调扶贫资金使用的贫困瞄准性，而非一味强调经济可持续性；在罚款额远小于额外收益的前提下，互助社是否违规操作与地方政府的策略选择相关度不大，互助社定会选择有利于自己的放贷方案，以"嫌贫爱富"行为为主调。而当前存在于互助社与地方政府之间的混合策略博弈呈现出一种与客观效果相悖的激励陷阱。加强对地方政府的查处力度，短期的效果是促使政府作为，从而降低互助社"嫌贫爱富"发生违规放贷的概率，但从长期来看此做法并不能使地方政府更尽职。通过以上一系列博弈分析可知，鉴于激励悖论的存在，仅依靠政府由上至下地推进互助社外部风险监管，加大对互助社违规操作和地方政府不作为的惩处力度，并不足以消除互助社"嫌贫爱富"的动机。需要从影响双方博弈行为的其他因素切入，制定相应政策，进而影响博弈双方的策略集合，使二者相互作用实现均衡。

第五节　风险监管机制的优化

综上所述，由于内部监督的"外部性"容易出现单个成员在监督上的"理性无知"现象，就产生了第三方监督或外部风险监管的必要，需要把内部与外部风险监管结合起来。相对应地，对互助社风险监管体系的优化可包括内外两个层次。

一 外部风险监管的优化

（一）建立和完善对地方政府的扶贫绩效考核机制

应建立科学的政绩考核和激励机制，将益贫效果、社会效益及扶贫资金使用绩效列入地方政府政绩考核的主要指标，对管理使用较好的互助社实施增资，从而调动地方政府及其人员严密监管扶贫信贷资金利用效率的积极性。

（二）提高外部风险监管专业化水平

配备必要经费和经过培训具备专业资格的专职人员承担常态化的外部风险监管和服务工作，并保持稳定，以保证监管和服务的专业化水平和有效性。政府提供必要的业务经费、成立专门机构，安排专项编制和经费、加强培训等能力建设、稳定业务人员队伍是实现互助社有效监管的条件。目前，国务院扶贫办已经在其下属的外资项目中心设立了"互助社监管中心"，试点规模较大的县可依托扶贫部门设置县级专门的"互助社监管中心"，安排专职人员，提供适当工作经费，明确具体职责并建立相应的目标考评体系。

（三）建立健全外审制度

针对互助社运行情况，特别是财务管理情况进行专项审计，以及时发现财务违规情况及运行风险，提出整改意见。审计结果应当通报财政、扶贫部门，并予以公布。银行业监督管理机构，对普遍兴办的"草根性金融"互助社的监管是鞭长莫及的，金融管理部门宜在宏观上进行把握，不宜进行日常监管。具体的审计工作，可以由财政部门组织互助社会计进行交叉审计，也可委托审计事务所承担，由政府补贴相关费用。针对互助社运行中发生困难的，或监管中发现问题较为严重的，派出专人进行整改和义务培训，指导互助社尽快步入健康、稳定、规范的发展轨道。

（四）根据风险贷款比例（PAR）完善风险准备金备付制度

风险贷款比例（Portfolio At Risk，简称 PAR）是国际小额信贷机构常用的风险指标之一。风险贷款比例（PAR）＝风险贷款/贷款余额，风险贷款＝当期逾期贷款＋该客户未到期贷款。例如，某社员农户从互助社借款 12000 元，每月应还本金 1000 元。该社员第 1 个月按时还款 1000 元，但第 2 月到期未还，则拖欠额为 1000 元，风险贷款为所有未还的 11000 元。若社员第 3 个月仍然没还，则风险贷款账龄 30 天。因时间越长还款可能越小，风险越大，此时小额信贷机构应该按照风险贷款账龄提取贷款损失准备金。例如，大于 30 天的风险贷款提取 30% 坏账准备，大于 60 天的提取 60%，大于 90 天的提取 100%，这也是国外小额信贷机构的普遍做法。显然，PAR 是比逾期率更严格的风险控制指标，按照风险贷款提取坏账准备，成本更高。风险贷款指标可以督促小额信贷机构加强对客户的日常跟踪管理，及时发现问题并在风险发生之前予以解决。

因此，各县市扶贫办应协助各互助社根据自己的 PAR 明确风险准备金的最低比例，并据此提取风险准备金，并将资金的管理权限交给县扶贫办和县财政局统一管理，因为将风险金放在互助社的互助资金中，则起不到预防风险的作用。如果确因重大的自然灾害等人力不可抗拒的原因使借款无法收回，形成坏账，且必须要注销的，经互助社社员大会讨论通过，由互助社向县级主管部门提出书面申请，由县扶贫办和财政局审核和确认，报省级主管部门批准后，才能作坏账损失处理，冲销应收账款，但应保留追索权。

二　内部风险监管的优化

如前几章所述，从互助社现实的经济情况和目前所处的发展阶段来看，互助社不规范的管理组织形式在一定程度上是节约成本的体现，但是正是这些不规范的缺陷造成了薄弱的内部风险监管环境。此外，管理人员的素质不高、培训力度不够，也制约了互助社内控能力的提升。因此，内部风险监管制度建设是否适应互助社经济活动风险控制的需求，成为关系到互助社长期健康运转的重要问题，可以考虑的优化手段有：

（一）提高管理人员的风险管理能力

加强对各互助社理事长、监事长及财务人员的业务培训工作，同时由扶贫部门牵头，与金融监管部门协商，共同以信息披露和风险指引的方式加强金融业务指导，提高互助社管理层的风险识别能力、风险防范能力和经营组织能力，在一定程度上缓解外部风险监管部门的压力。

（二）建立并完善内部规制

通过合理限定社员互助金交纳规模（社员缴纳基准互助金总额不得超过财政扶贫资金总额）、控制资金使用率（借款总额不得超过互助资金总额的 90%）、周期借款户比例（每个借款周期借款户比例控制在社员总数的 50% 以内）、组成联保中心组、提高逾期借款占用费率、提取风险准备金等方式，强化互助社内部风险防范控制。

（三）改进对基层管理人员的激励机制

互助社可参考国际小额信贷机构基层员工激励机制惯例和世界银行CGAP倡导的原则，将PAR引入基层互助社管理人员的业绩考核指标，例如当PAR<8%时，结合该管理人员的级别确定奖金系数，给予奖励措施；当PAR>10%时，结合该管理人员的级别确定罚款系数，并根据贷款逾期时间来扣发管理人员的相关津贴。

（四）提高社员参与内部风险监管的主动意识

互助社是赋权式反贫困机制的创新，应发挥农民的主体性、积极性和创造性，使农民成为其中最重要的推动力量、维护力量和监督力量，因此应加强对农民的宣传、教育、培训工作，激发其合作意愿，提高其合作能力。

第六节　本章小结

本章通过分析互助社面对的主要风险的表现形式及产生的原因、外部和内部风险监管的组织结构和行为，发现互助社的外部风险监管缺乏具有专业技能的监管人员和有效的"约束—激励"机制，再通过一个动态博弈框架对互助社与地方政府之间的关系进行分析，发现当前存在于二者之间的混合策略博弈呈现出一种与客观效果相悖的激励陷阱；互助社内部风险监管也存在着诸如建制不全、监事会成员风险意识淡薄、监管水平和手段不足等问题。具体的优化措施包括：改进对地方政府的激励机制、强化外部监督审计、根据风险贷款比例（PAR）完善风险准备金备付制度等；以及加强对内部风险监管人员的能力建设、完善互助社内部风险监管规制和根据PAR来具体制定基层互助社管理人员的激励机制等。应建立内外协调一致的风险监管体系，发挥各级监管主体对互助社指导、服务、监督和纠偏的作用，实现理想的监管效果。

第十章　个案研究

由于目前互助社尚处在试点运行阶段，因此在实践中，有很多互助社的做法与国家发布的《指南》不尽相同，它们中的一部分较切合当地农村实际，取得了良好的效果，另一部分则走向了失败。本章将对互助社的一个成功案例和一个失败案例分别进行深入分析，总结其经验或教训，以期为互助社构建行之有效的运行机制提供借鉴。

第一节　成功案例——"王家泉模式"分析

本个案研究通过王家泉村互助社[①]的典型案例，就该社的形成机制、运行效果、适用条件等进行具体分析，并详细阐述各主体在三社联合运营中的相互作用，以期为互助社和农民专业合作社的可持续发展提供参考。

一　王家泉扶贫互助资金合作社发展情况

（一）建社背景

山东省淄博市沂源县悦庄镇王家泉村位于沂源县城东10公里，基本为丘陵地区，土地总面积1300亩，其中耕地面积880亩、林地面积350亩、荒地面积70亩。2001年以前，王家泉村是一个传统的农业村庄，村民们靠丘陵地区不够肥沃的土地艰辛地种植着小麦和玉米，同时以传统方式喂养母猪。2001年，该村开始了农业产业结构调整进程，但资金问题一直是困扰当地农民生产致富的瓶颈。若干年以来，尽管王家泉村一直被各金融服务机构评为信用村，但一般农户仍面临从农村信用社贷款难的问

[①] 王家泉村互助社在民政部门注册的机构全称实际为"沂源县王家泉村村民发展互助资金协会"，为了在全文中统一名称，故在此仍称该协会为"扶贫互助资金合作社"，以下除标题外简称"互助社"。

题。信用社贷款利率是月息1分，但通常状况下，农户同时需要支付几乎是与利息相同的交易费用才能得到贷款，致使一般农户对信用社贷款大都望而却步。截至2011年年底，该村共有村民306户、756人，其中劳动力318个；全家外出3户，外出务工50人，村年人均纯收入在1500元以下的低收入家庭80户。村人均纯收入较低，在2008年被列为山东省省级扶贫开发重点村时，王家泉村年人均纯收入不足4000元，村民发展生产的资金需求十分迫切。

（二）组建过程

2007年10月，沂源县扶贫办、财政局调研选取省级互助社试点村时，王家泉村村干部了解了互助资金项目。同年11月，王家泉村被确定为全省互助社试点村之一，由省财政部门提供12.9万元配股资金，在沂源县率先成立了互助社。其具体设立过程是：

2007年10月底，进行群众动员工作。沂源县将要开展项目村的书记集中组织到山东省沂水县观摩学习。在学习的当天中午，王家泉村村书记就敏锐地意识到，这是一个"天上掉馅饼"的好机会，当即表态希望王家泉村成为第一批试点村。当天晚上村支书一回到村里，便召开30多人参加的党员和群众代表会，开始群众动员工作，组建互助社筹备小组（主要由村时任"两委"成员构成）。动员工作遇到许多困难，包括：①部分村民担心互助社有可能走向农村合作基金会；②富裕户入股得不到配股，入社积极性并不高。为此，互助社筹备小组成员开展工作逐个劝说，对村民解释互助社与农合会的根本差异，由此来打消村民的顾虑，并最终得到一部分富户的支持。

2007年11月，互助社组建程序正式启动，筹备小组依次完成了以下工作：①在村里召开试点工作的培训会和发放培训材料；②制订本村实施方案，召开村民代表、全体党员、村民小组会议，进行宣传动员；③召开互助社成立大会，选举理事会。为使选举工作顺利开展，沂源县悦庄镇财政所、农经站等部门及时同沂源县扶贫办、财政局对接，由悦庄镇组织相关单位对王家泉村互助社的组建进行全程管理与监督，协助村互助社筹备小组召开选举大会。选举大会当天，全村应到288人，实到248人。本着"公开、公正、公平、我为大家、大家为社"的原则，大会以"一户一票、无记名"的方式投票选举产生了互助社理事会及监事会，理事会及监事会人员。最终，村支部书记王建国以绝对优势当选互助社理事长。大会同时确定贫困户名单（赠股户）并公示，共10户；④受配股政策驱使，村民集体分家。以往的惯常做法是儿子结婚后与老人分家，只是在家庭内部完成，并不到派出所办理户口上的分家手续。但由于互助社配股的原则是以户口本为单位，因此，彼时在王家泉村迅速形成了村民排队到派出所办理分家手续的热潮。一星期内全村户数由220户突然增加到271户；⑤对申请入社的农户办理入社手续。如表10.1所示，王家泉村互助社采取入股分红的方式，每户1股，每股1000元，其中低收入农户每户出500元、政府配股500元，选定10户贫困户，公示名单并由财政全额赠股。

2007年12月，互助社组建完成。12月1日，互助社筹备小组在民政局注册成立了王家泉村互助社。除了3户常年外出户和11户老弱病残户没有加入，全村其余的257户全部参加了互助社。在发动本村村民入股的基础上，村支书努力为互助社筹集到7.78万元的社会无偿捐助，捐助的5人均为本村同乡。如是，组建完成初期，王家泉村互助社的注册资本总计33.48万元，其中财政出资12.85万元，村民自愿出资12.85万元，社会无偿捐赠7.78万元。

表10.1　王家泉村扶贫互助资金合作社成立初期的资金规模与构成

	户数（个）	每户入股（元）	入股合计（元）	政府配股（元）	社会捐赠（元）
富裕户	10	1000	10000	0	
一般户	237	500	118500	118500	
贫困户	10	0	0	10000	
合计	257		128500	128500	77800

（三）发展特点

1. 资金规模不断扩大，资金来源不断拓宽

到2012年4月，王家泉互助社借款本金总规模为537300元，资金构成为四部分：(a) 在2007年12月项目启动时的资金为334800元，由农户入股、政府配股和社会捐赠资金构成（见表10.1）；(b) 2010年有57户参加农行项目，每户股金从500元增加到1000元，合计增加资金28500元；(c) 2011年进行了增资扩股后新增加19户，即由原来的257户新增到276户，每户入股500元，政府提供配股500元，合计增加资金19000

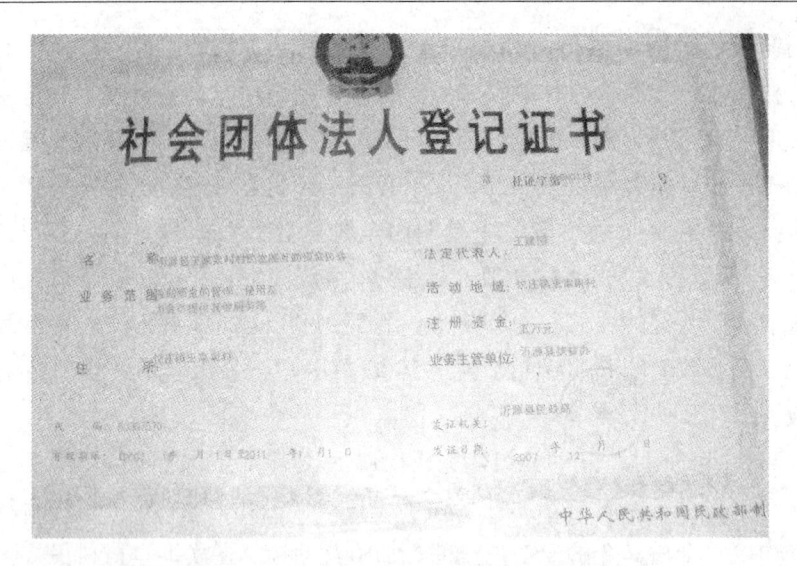

图 10.1　王家泉互助社的社团法人登记证

图 10.2　王家泉互助社社员收获有机韭菜和社员领取社员证、会计收缴社员出资

元；(d) 2008—2011 年间获两次奖励资金，分别为 55000 元和 100000 元。

2009 年 6 月，淄博市财政局印发了《关于支持沂源县开展互助社与农民小额贷款结合试点工作的意见》，市财政安排 100 万元专项资金，设立市级担保资金，用于鼓励金融机构增加对贫困村、户的贷款规模，弥补非常贷款损失。操作中采用农业银行一卡通方式，在授信额度内可以随用随贷。授信户必须同时具备以下条件：互助社社员信誉好、无不良借款记录、有产业项目、有大额资金需求。由互助社按照以下步骤，严格筛选上报了授信户：互助社社员根据授信户条件提出申请，互助社理事会进行审核，对审核合格的进行公示，公示无异议后报县农行。县农行经过深入调查后，最终确定授信户名单。

王家泉村互助社是沂源县9个与金融机构合作的互助社之一，截至2012年4月，该村共有60户社员累计获得小额贷款500万元，授信总额度200万元，应用于发展有机韭菜、黑猪养殖和有机蒜苗。

2. 资金周转较快，借款限额不断上调

王家泉村互助社2008—2011年放款金额不断扩大（见表10.2），截至2012年7月该社共有257户社员，累计借款金额54.45万元，还款金额26.65万元，资金已平均流转1.7次，收益累计结余49909.92元（见表10.3）。全村有150个社员农户使用过借款，受益农户占社员总数的58.4%。

2008—2010年，王家泉村互助社借款额上限为5000元。随着该村两个农民专业合作社的不断发展壮大，村民收入的不断提高，5000元已经明显不能满足社员农户的经济发展需求。2011年，省扶贫办对该社追加财政资金10万元用于增资扩股，通过增资，社员自有资金由原来的500元增加到1000元，政府配股资金由原来的500元增加到1000元。从2011年年底开始，社员借款额度也得以由原来每户每次最高5000元上调至10000元。

表10.2　　　　　王家泉村扶贫互助资金合作社放款情况　　　　（单位：元）

年份	2008	2009	2010	2011
1000元以下		600		
1000—2000元	3500			
2000—3000元	26500	8400	4000	8000
3000—4000元	28000	12000		12000
4000—5000元	632000	606400	746800	492500
5000—7000元				
7000—10000元				
10000元以上				
当年放款额度合计	690000	627400	750800	512500

表10.3　　　2008—2011年王家泉村扶贫互助资金合作社收支情况　　（单位：元）

年份	占用费收入	管理费支出	结余
2008	24849.8	26740	−1890.2

续表

年份	占用费收入	管理费支出	结余
2008	22792.3	10702.88	12089.42
2010	37755.9	15620	22135.9
2011	40834.8	23260	17574.8
合计	126232.8	7632.88	49909.92

3. 与农民专业合作社联合运营，实力不断壮大

2007年始，沂源县开始大力发展特色农业，王家泉村所在的悦庄镇在县农业局的部署下开始打造有机韭菜品牌工程。互助社第一年的顺利运作，让村支书兼互助社理事长王建国看到了农户互助合作所凝聚的力量和专业合作需求，在他的带领下，2008年6月王家泉村第一个农民专业合作社——"沂源建国韭菜专业协会"注册成立，依靠当地政府的支持，该社与至信公司合作，通过"公司+基地+合作社+农户"的经营模式，主打"悦庄牌"有机韭菜，引领农户抱团闯市场。2009年，经过欧盟和国标两个标准的有机食品认证后，"悦庄牌"有机韭菜很快畅销于全国各大城市，市场价一度达到每公斤120元，比普通韭菜高出100元。同年，"莱山蜜桃合作社"也在互助社的支持下成立，同样取得了明显的经济效益。

借助互助社有效的资金支持，沂源建国韭菜专业协会取得了迅速发展，2009年年底，全村的有机韭菜面积达到70亩，有机转换期韭菜面积达到400亩，年产有机韭菜达到30万斤，转换期韭菜200万斤，实现销售收入3000万元，户均增收2万元。通过发放互助金，全村2012年新发展有机韭菜200亩、蒜苗200畦，增收60万元。

同样，水蜜桃合作社的经营也取得了初步成功。2009年，王家泉村的500亩优质莱山蜜桃喜获丰收，日销20万斤，同年，100余吨沂源蜜桃成功出口越南。早在2011年年底，王家泉村的村民就已基本全部停止了粮食的种植，主要产业是桃园、韭菜种植和现代养殖业，其中种植韭菜、桃的收入占当地农民总收入的90%以上，户均种植2亩韭菜、1亩桃，逐步形成了"河东优质桃、河西有机韭菜"的产业发展格局。

4. 社员受益大，促进作用明显

贫困群体入社受益显著。互助社建立初期，村10户特困户全部入社，

占全村总户数的3%，贫困户入社率达到100%。这10户贫困户中目前已有7户使用过借款，一般由理事会成员主动为贫困户担保。例如贫困社员孙启海，夫妻双方身体残疾，家庭异常贫困，无任何收入，靠低保维持日常生活。2007年，确定孙启海为特困户，并对其赠股1股1000元。入社次年，孙启海向互助社提交了借款申请，3名理事主动为其担保，公示3天后，为其办理了借款手续，发放借款5000元，帮助其购置了喷灌机1台，水管2000米，为本村村民提供有偿喷灌服务，当年实现纯收入8000元。2009年，孙启海又从协会借款5000元，在其家中做起了小百货经营部，互助社理事争取工商、税务部门支持，免去了部分费用，孙启海一家人当年实现净收入4000元。此外，贫困社员依靠互助社致富后也开始有资格获得金融机构贷款。例如贫困社员张敬刚，利用从互助社所借资金发展黑野猪养殖，通过滚动发展，既而初具规模，顺利脱贫后，在当地农行小额贷款的扶持下开起了饭店，经营黑野猪肉，年利润在6万元以上，成为当地贫困户致富的典范。

普通农户通过加入互助社取得借款获得更多的发展机会。例如社员陈长法，常年从事煤炭贩运，为附近村的养鸡大棚提供煤炭，在互助社的持续支持下，生意越做越大，由原先的小三轮运煤到现在买进大中小三辆三轮车，并聘有三名司机帮助运煤，并盖起了小楼房，购买了科鲁兹轿车，提前进入了小康生活水平。

由于解决了经济发展的资金瓶颈，促进了王家泉村村民收入的普遍提高，截至2011年年底，村民年人均收入由2008年的不足4000元增长到超过8000元。

二 "王家泉模式"的成功经验

（一）充足而完善的外部制度供给

被批准为互助社试点县后，沂源县先后制定并实施了《沂源县互助资金监督管理办法》《沂源县互助资金操作指南》《沂源县扶贫互助社会计制度（试行）》《沂源县互助资金考核奖惩办法》，以确保互助资金规范化和制度化运作；同时强化对互助资金的监督检查力度，坚持定期检查和不定期抽查相结合，发现问题及时督促整改，并将检查考核情况与互助社理事会成员待遇挂钩；加强财务监管，规定各互助社每月5日前向县互助社管理办公室报送财务报表，定期调度分析互助资金运行情况，确保资金使用安全。可见,充足而完善的外部制度供给,是王家泉互助社得以运行良好的基础条件。

(二) 乡村精英支撑内部管理

王家泉村互助社理事长王建国原是当地一名乡镇企业家,2001年当选王家泉村支部书记连任至今。任职期间他引领本村村民进行黑木耳、有机韭菜、水蜜桃的种植,在多种产业的引导下,当地村民收入增加,生活条件得到极大改善,王家泉村继而被确立为全县社会主义新农村建设带头村,旧村面貌获得很大改善。王家泉村互助社所获得的社会捐助资金及之后两家农民专业合作社的组建和成功运营,都由王建国主导实现,由于王家泉村产业发展迅速、益贫效果突出,他因此先后获得"淄博市十大杰出青年农民"、"淄博市级优秀共产党员"、"沂源县劳动模范"等多项荣誉称号。

由此可见,互助社的理事长本身不但是"村两委"的核心成员,更可谓当地的"乡村精英",他代理党和政府在农村的许多职能,能给互助社带来的益处主要有:

1. 节约组建时期动员成本

乡村精英作为互助社的核心社员,在社内掌握着主要的信息和人脉等资源,在农民专业合作社内部也有较高的威信,对普通社员的凝聚力较强。再加上农民专业合作社的成员同是产业的生产者,产业关联性强,社员之间相互了解,信任度较高,由于资金紧缺是其面临的共同问题,参加资金互助的意愿较强,存在一定自发性。因此,在互助社组建阶段,动员工作主要靠王建国这样的乡村精英完成,不需要政府机构充当主要征召者,减少了搜索适合成员的成本,征召过程也可大大简化。

2. 有利于资金管理和运行

作为理事长的乡村精英,对农民专业合作社生产经营情况、社内的借款总量及时间分布等信息都充分掌握,因此在资金管理上具有信息优势,可以合理调度资金,管理成本低、运行效率高且风险小。

(三) 三社联营满足各主体差异化需求和化解内部风险

王家泉村互助社在建社初期提出的口号是"农民兄弟致富路,互助资金来帮助",其主要定位是帮助村民走上致富之路。2007年年底开展互助社与同年开始的韭菜产业、次年开始的水蜜桃产业发展相互配合,三社社员相互交叉、保持密切长期合作关系,使得互助资金对村民的产业发展实现了很好的支持作用。在同一村庄的运作过程中，理事长始终把握住三社的不同宗旨和目标，在管理和会计结算上，两个农民专业合作社的运作与互助社完全分离，但在借款用途及信用评定上相互对接，从而实现了三方信息共享。

互助社和农民专业合作社在运营上的差异性，导致参与主体的需求具有多样化的特征，而王家泉村的三社联合运营可以最大限度地满足各主体的需求（见表10.4）。

表10.4　王家泉村"三社"联合运营后个主体受益情况分析

主体分类	联营前面临的障碍	联营后实现的目标
莱山蜜桃合作社	生产资金缺乏，内部调节资源有限；面临同质风险，存在季节性资金余缺	农民专业合作社壮大，合作社间互促发展
沂源建国韭菜专业协会		
核心社员	资产有余，收益不高	生产规模扩大，经营效益提升
普通社员	生产经营等资金需求得不到满足	资金需求得到满足，收入增长
贫困社员	生产无资金，发展无出路	增收脱贫，发展能力得提升
政府	对农民专业合作社财政支持力度有限，扶贫资金使用效率不高	促进经济发展，扶贫瞄准性提高

加入农民专业合作社的普通社员通过资金互助满足了生产的需求，提高了收入；像王建国这样的核心社员通过资金互助联系社员形成了紧密的利益共同体，有力促进了农民专业合作社的扩张；加入互助社同时被带动加入农民专业合作社的贫困社员得到了生产需要的资金、技术和销路，实现了增收脱贫的愿望；农民专业合作社能够在自给自足的情况下减少对财政的资金依赖，政府在促进县域经济发展的同时，利用互助社和农民专业合作社的联合运营有效带动贫困户找到发展出路，真正实现了"造血式"扶贫。综上可见，三社联营，四方受益。

此外，三社联营还有利于内部风险防范。由于两个农民专业合作社和互助社都只在王家泉村内部运行，因此三社运行的环境仍然是在"熟人社区"的安全范围之内。社内的资金互助能克服信贷博弈中信息不对称的问题，社员之间利益关系有产业生产的保证，人情道德的监督在同一个圈层内，社员的违约成本较高，可消除借贷的道德风险，对资金运营风险起到一定的防范作用。

（四）金融联结拓宽互助资金来源

目前农村信贷资金供给不足，主要原因之一是农民与金融机构之间缺乏一个合适的信用载体，而互助社恰恰在满足农民小额信贷要求上具有与生俱来的优势，完全可以胜任这一信用载体。互助社与金融机构的合作有效推动了试点村的产业发展，进一步拓宽了农户增收渠道，互助社搭建平台、整合资源的作用得到充分发挥。

（五）管理层的能力十分重要

可以明显看出，和其他农民相比，王家泉村互助社理事长可被称为市场敏锐度、管理能力和综合素质更高的当地"明白人"，他对互助社的积极领导带来了较为重要的影响，具体表现在以下几方面。

1. 风险控制

与其他互助社一样，王家泉村互助社在运行中也曾经出现过多起违规借款情况，但大都被及时发现并得到了妥善处理。例如村中有两户互助社社员为父子关系，儿子借款，父亲担保，但在担保书上儿子替父亲签了名（即借款人替担保人签名）。当出纳将合同送给理事长审批时，理事长辨认出了担保人签字并非其本人亲笔所为，于是当众撕毁了合同。此事起到了重要的警示作用，自此该社再没出现过代签作保的事件。

2. 借款质量管理

（1）借款用途监管

实际操作中，王家泉互助社借款全部严格用于生产用途。做到这一点，需要理事会，特别是理事长严格把关。2012年年初，某社员农户以发展果园为由借款10000元，并找到三人作为担保，此借款事由表面看并无异样，但理事长通过多方了解，发现尽管借款户的确是在经营果园，但他实际是因为儿子被公安局拘留了急需用钱才借款，于是就找到三位担保人谈话，说明了他所了解的情况，并强调如果该社员不能还款，担保人必须履行义务替他偿还，于是三位担保人撤回了担保，这笔借款没有发放，起到了严肃纪律的作用。但同时，理事长为了帮助该农户渡过难关，把自己的私人存款借给他，缓和了原本紧张的干群关系。

（2）逾期借款管理

王家泉村互助社的借款利率一直是月息9‰，逾期加收50%的罚息，在互助社运作初期，出现过逾期还款收取罚息的情况，起到了很好的警示作用。当时某社员农户借款用于豆腐加工，由于父亲身体不好，治病把钱花光了，儿子在外打工，没有及时把钱送回家，结果，应还款日期为2008年7月3日，实际还款日期为2008年7月12日，逾期9天、罚息20元，理事会将这一罚息决定贴到公告栏中，并宣布该农户一年内不允许借款，此后，该社再未发生逾期还款现象。

三 结论与讨论

自2008年年初开始运作以来，在乡村精英的引领下，王家泉互助社严格执行纪律，在支持社员产业发展的同时兼顾扶持贫困户的目标，能够很好地处理互助资金与农民专业合作社的关系，并且通过与正规金融机构合作扩大借款本金规模，拓展了互助社村庄中资金需求量大的农户的贷款来源，为村庄产业化或合作社的发展提供了资金来源，而且将贫困村纳入正规金融机构的视野，让金融机构认识到贫困村庄发展的潜力，促进了农村金融市场的发展。

在山东省大部分农村，类似王家泉村这样的同一村就有两个运行成熟的农民专业合作社的村目前仍然较少。那么，如果一个试点村只有一个农民专业合作社，是否适合与互助社联合运营呢？如此联合运营确实可以降低管理成本，提高内部监督效率，但其中却隐含着较大的风险，主要是由于：

1. 王家泉村的两个合作社服务于不同产业，其利用两社产业经营淡旺季的时间差开展资金互助。如果该村只有一个农民专业合作社，则社内产业的同质性将会使得资金存在季节性余缺，例如韭菜合作社资金需求集中在购买化肥和大棚设备的时段，而其他时段可能存在资金剩余。

2. 同质性的生产活动使得经营主体面临共同的市场风险和自然风险，一旦市场行情波动较大或遭遇自然灾害，将可能出现大批拖欠，互助社资金有可能蒙受巨大损失。

因此，不同农民专业合作社之间生产活动的异质性才能为社员之间开展信用合作提供可能。

互助社与几个不同农民专业合作社之间联合运营的"大联合"，意味着多个产业在一个相对安全的融资平台上进行合作，其主要优势有：①减缓因单一行情波动带来的市场风险；②避免突发自然灾害等导致的互助社资金瘫痪；③由于不同农民专业合作社生产链的异质性致使资金需求错开，合理利用各合作社经营的时间差，不仅可以扩大合作的资金规模基础,而且能提高资金的利用效率。

但也应当看到,"大联合"发起成立需要一定的搜寻和匹配成本,因此,只有当农民专业合作社之间的产业差异性足够明显、社员规模足够大、核心成员管理能力足够强时,上述三点优势才能得以发挥。因而"大联合"对互助社所在试点村的客观要求条件较为苛刻,具有一定难度。

第二节　失败案例——"青云模式"分析

2007年,根据国务院扶贫办、财政部的统一部署,山东省选择临沂市临沭县承担第一批国家级互助社试点任务,同年9月,临沭县青云镇的"青云村民发展互助资金协会"（以下简称"青云社"）跨五个行政村设立。2011年,青云社因经营不善、逾期还款率过高而被国务院扶贫办勒令拆分,历时不足四年。这种联体互助社的尝试目前在全国范围内仅此一例,为什么这种互助社组织形式在历史上昙花一现? 该个案的背后又有何教训? 本章对此进行分析。

一　基本情况

青云社属于国家级试点互助社,覆盖了5个行政村的14个自然村,有社员1553户,占试点村户数的49.2%,其中全额资助户（贫困户）126户（由财政全额资助每户1000元）、部分资助户1248户（财政扶贫资金补助500元,个人缴500元）、全额出资户179户,社员中低收入家庭占到88%。除了财政拨付的75万元资金外,村民自愿出资80.3万元,互助资金总额达到155.3万元,居全国之最。截至2011年6月30日（即被拆分前夕）,青云社互助资金滚动发展至172万元,累计借款2536户,借款金额1255.75万元,还款金额1094.45万元,资金周转2.6次,到期还款率95.6%。

青云社的资金筹集、收益分配、贫困瞄准方面的制度设计与其他互助社并无大异,但由于其互助资金总量和社员人数都较为庞大,因而在组织管理和借款管理方面有其特殊的制度设计。

1. 组织管理

以试点自然村为单位,由村筹备小组按区域划分若干社员小组（每组 10—20 户），小组内社员一户一票，共推选出了 109 个小组长，从这些人中再推选出 14 个中心组长（以一个自然村为一个中心组），同时作为理事会和监事会班子候选人。通过竞选答辩的形式，由社员代表大会差额选举产生 10 人，其中 5 人组成理事会负责管理互助社日常工作，其中一名村支书，两名村会计，两位出纳（同时为农村邮政储蓄银行的村级代办人员）；另外 5 人（其中 4 人分别为其他行政村支书，1 人为村委会主任）组成监事会。

2. 活动开展

由于系 5 村联办，青云镇政府特地在镇上为互助社无偿提供了一处办公场所供理事会使用。理事会和监事会成员逢赶集时（即每 5 天）到镇上办公一次，办理贷款事宜；中心组除了每月要召开一次小组长会议外，平时基本没有集中的活动。

3. 借款程序

借款按照"户主申请—担保人担保—小组同意—中心组上报—理事会审查批准—签订合同—放款"的程序运行。与其他互助社不同，由于社员人数众多，青云社实行的是中心组组长负责制。借款时，由中心组组长与借款社员携带担保人担保协议、小组长及中心组组长的签字意见到理事会申请，一般情况下，理事会尊重中心组组长的意见。互助社只向社员发放生产性贷款，借款需要 2 名担保人担保，借款期限不得超过 1 年，最高额度为 5000 元；可以分期还款，也可一次性还款；为鼓励短期借款，采用阶梯占用费率，3 个月期、6 个月期和 1 年期的借款利率分别为月率 9‰、9.6‰和 10.2‰。

二 发展与失败

（一）运行初期具有一定优势

与其他普通互助社相比，青云社的联体型特点决定了其自身部分优点。首先，互助社注册和运作成本较低，以注册费用为例，青云社在民政的登记注册费用为 3000 元，而要五个村分别注册互助社则共需 1.5 万元；其次，由于资金规模大，资金在 5 个行政村中统筹协调使用、互补余缺，在一定程度上确实有助于提高资金周转率。青云社成立前 5 个月所产生的借款资金占用费为 25330 元，资金收益率为 16.34%，而普通互助社刚开始运行的 6 个月，资金收益率一般不超过 15%。

（二）各种弊端逐步显现

随着运行时间的推移，由于青云社规模过大、社员数量过多、管理力量不足等引发的种种弊端开始逐渐显现。

1. 社员借款不便

为了方便社员借款，普通互助社一般都将办公地点设在试点村所在村两委的办公室。由于青云社为跨五村建立的互助社，办公地点只得确定在青云镇政府，向社员开放借款的时间与当地集市一致，即5天一次。由于社员人数庞大（青云社共有社员1553户），而且借款要求中心组组长与社员同时办理，每次前去办理借款手续的社员都在镇政府门口排起长龙，如遇到会计人员不巧有事，就至少需要再等5天，"最热闹的一次是2010年3月，大家都需要借款买化肥春播，当时排起的队伍至少有百十米长，会计和出纳中午饭都没得吃，到下午才全办完"。借款手续如此不方便引起社员的极大意见，很多社员怨声载道"我们出钱参加互助社就是图方便来的，这么麻烦还不如直接去农信社或者找亲戚借""别的互助社都是在家门口就能借到，为啥我们要跑这么远"[①]。

2. 管理力量明显不足

由于管理人员数量相对较少，面对庞大的借、还款业务量，会计和出纳人员都认为工作量极大，难以招架，并且都反映"连社员的名字都没听说过，更不用说让我们去辨识联保人和担保人的签字真伪""经常把借款人的名字搞错"和"账目对不起来"都是常有的，由于对借款户不了解，理事会对贫困户放贷也十分谨慎，青云社运行最初两年，贫困户社员借款比例仅占所有贫困社员人数的2.99%。尽管2007年9月建社后，管理人员的误工补贴不断提升，会计人员补贴也从最初的每月200元提高到后来的每月500元，但一年内仍有两任会计相继辞职。

3. 逾期还款和拖欠出现蔓延的迹象

青云社运行的最初半年到期还款率为100%，社员借款和还款大都较为积极，外出打工的社员多专门返乡还款，或委托亲戚定期到互助社还款。但半年后，该社出现了第一例逾期还款，当事借款人以"外出打工，不方便返乡"为理由拒绝按期还款，借款额虽然仅有3000元，但也足以在其他社员农户中引发一片"涟漪"。之后，定期还款日的账目开始出现

[①] 根据2012年7月与青云社社员访谈资料整理。

了一定数目的逾期欠款，当理事长通知欠款社员所在村的村干部前去催收的时候，得到的却往往是"做买卖赔了""打工去了，暂时回不来""欠钱的又不止我们一家"等回答，村干部的索款行动经常以失败告终。2008年5月，青云社的到期还款率下降到99.2%，之后随时间推移继续下挫，截至2009年年初下降到97.5%，开始引起当地县扶贫办关注，直到2011年6月被勒令拆分以前，青云社平均到期还款率为95.6%。

（三）停办与拆分

青云社运行一段时间后，由于社员对互助社的管理和跨村经营反映的意见较为强烈，互助社到期还款率的不尽如人意也表明已经出现了较为严重的金融风险，若不予以整改，或将产生较为严重的不良后果。2011年6月底，在省扶贫办的监督指导下，青云社被拆分为五个单体互助社，重新恢复为每行政村一社，同年年底，被拆分后的五社营业执照的登记、组织机构代码的注册、公章的刻制、银行账号的设立、资金内部的分配、办公场所的置办等工作才全部完成，各单体互助社继续进行正常经营。

三 "青云模式"失败的教训

尽管联体型互助社在试点初期所表现出的运行状况较为正常，但是随着运行时间的推移，其不足和隐患开始逐步显露，这是由于该联体运行模式本身存在一些先天的制度缺陷。

（一）"跨界"社区不再具有"熟人社会"优势

金融以信用为基础，而信用又是基于信任而发生的经济关系。信任作为社会资本的一种形式，是人与人之间对彼此规范、诚实、合作行为的预期，大致可分为两类：一是建立在品德基础上的信任；二是基于制度的信任。按照信任程度可以将社会区分为只存在于血亲关系上的低信任社会，与超越血亲关系的高信任社会，社会信任水平的高低，则与该社会固有的激励和约束机制有关。这种激励和约束机制，既体现在正式的制度层面，也体现在社会规范、民间准则、文化习俗等非正式规则层面。而格莱珉模式的成功，小额信贷业务能够有效运作，与社会关系嵌入"乡村社区"的作用是分不开的。在小额信贷的运作过程中，成员之间所遵循的共同的"社区"规范，相互间建立的信任关系，无不渗透着社会资本嵌入"社区"的痕迹。

互助社开展小额贷款服务的精髓之一是利用了熟人社区人与人之间的

熟识性，这是一种宝贵的社会资本，可以极大克服借贷双方的信息不对称性，从而降低金融风险，而联体型组织的成立恰恰减弱了互助社的这一优势。村与村之间的农户相互并不熟悉，一村的社员并不清楚资金在其他村的借贷情况，理事会也对借款者的情况不够熟悉，这些因素都加大了互助社金融服务的内部风险监管成本，而借贷和内部风险监管的信息不对称也加剧了金融风险。青云社的组建已经"跨界"，"乡村社区"的优势已经不复存在，监管成本不断提高，其运行两年后出现的还款率、还款质量下降，拖欠行为不断传染，已经从事实上印证了青云社"跨界"组建是违背小额信贷机构基本运行准则的。

（二）机构规模过大不利于民主管理，降低了服务的便捷性

从青云互助社的情况来看，由于5村联建，涉及14个村民小组和1553个农户，为了降低操作成本，规定由社员选择小组长组成社员代表大会。此后的一系列决策，包括选举中心组长、选举理事会和监事会、讨论确定章程等，都仅仅由社员代表大会决定而排斥了广大社员的参与。从我们实地对部分社员的访谈来看，普通社员对互助社的性质、运作情况的自己基本的权利义务都一无所知，互助社对他们来说，仅仅是一个可以借贷资金的场所；而诸如贷款条件这样重要的问题，基本上由理事会几个人随时确定，这显然不利于实行组织的民主管理，有悖于成立互助社的根本宗旨。

联体型互助社管理的资金规模大大超过单体型组织，并且要协调、平衡各村之间的各种关系，这无疑加大了组织的管理难度，对管理人员的业务要求也相对较高。当管理人员素质达不到这一要求时，互助社的运转将出现困难；而当管理人员中出现一名来自某村的强势者时，将不可避免会对其他村的利益造成损害，也将不利于互助社的健康运行。从青云互助社的情况来看，5名理事会成员和5名监事会成员均分别来自5个村，这显然是一种妥协性安排，这种安排在平衡各村利益的同时，实际上也抵消了部分联村合办的优势。另外，由于5村联办，互助社的办公地点只能设在乡镇所在地，理事会也因此只能在每5天一次的赶集时间发放贷款，这实际上也降低了服务的便捷性，而这种便捷性，本应是构成互助社的一项重要优势。

（三）"跨界"经营使各村金融服务"苦乐不均"

在互助社联村合办的情况下，如果各村之间产业发展、经济发展水平

之间不均衡，那么势必造成村与村之间的信贷需求不均衡。对于经济相对落后、信贷需求相对不旺盛的村而言，资金将向外流出，而这些落后村落的潜在金融需求将很难被激活，互助社也就难以达到通过小额金融服务达到提高贫困人口收入水平的目的，这实际上是一种村与村之间的"垒大户"现象。因此，"跨界"经营的结果将很有可能与互助社的扶贫目标相背离。

四 结论

从以上分析来看，青云社的联体组织模式在组建机制、民主管理、风险控制、服务质量和贫困瞄准等方面存在较大的不足或者隐患，也导致其在运行不到四年便走向了解体。然而，从另一个角度来看，青云社的实践是一个有意义的尝试，它再次验证了小额贷款机构在跨区域经营时所表现出的不适应，成为值得汲取的教训。

第十一章 研究结论及研究展望

第一节 研究结论

本书首先在前人已有的研究基础之上,构建了相对完善的互助社理论框架,借鉴国外类似公益性小额信贷运作的成功经验,回顾中国互助社试点运行七年来的经验和成效;然后,以山东省作为样本研究区域,运用问卷调查法、PROBIT计量模型、动态博弈分析等方法对互助社的总体情况及具体的筹资、管理、运营、风险监管、贫困瞄准五个方面的运作机制进行了较为系统的实证分析。得出的主要结论有:

1. 互助社是在特定贫困区域,为缓解农村金融发展滞后、金融产品不足、农户生产资金缺乏,特别是贫困农户脱贫致富的突出矛盾,而采取的一种特殊的公益性小贷机构。它与农村合作基金会在组织性质、产权治理结构、资金来源、内控能力、分配机制方面都有本质不同。同时,就金融服务、社区性、合作性而言,互助社与农村资金互助社有明显相似性,但二者的定位和运行机制存在较大差异。从社会资本相关理论出发,发现社会资本对于互助社激励和约束机制的影响,既体现在正式的制度层面,也体现在社会规范、民间准则、文化习俗等非正式规则层面。从合作金融相关理论出发,通过讨论认定了互助社属于合作金融的范畴,同时亦为小贷机构的一种特殊形式。筹资、管理、运营、风险监管、贫困瞄准机制构成了互助社运行机制的基本环节和主要内容,这五方面彼此间相互制约、相互促进,构成了一个有机整体。

2. 国外小额信贷典型模式的成功实践可为中国互助社运行机制的优化提供重要的经验。即在尊重我国国情的前提下,互助社的运行机制应体现出准确的市场定位、灵活的产品设计、市场化的利率、科学的风险控制,才有可能实现机构的财务可持续性和对贫困人口的有效覆盖。通过对互助社在中国试点七年来的实践回顾，可以发现从互助社的早期探索到初步试点，直到目前的大规模推广，无论是从覆盖范围还是从发展速度来看，在中国财政扶贫史上的确都是前所未有的。但通过分析互助社的特点、优势以及作用，不难发现正是由于互助社较符合当前我国农村地区底层金融服务缺失的需求特征，才使得这种前所未有的状况具有其历史必然性。总结我国互助社实践经验的启示，即应当：遵循民主原则的治理理念；倾向目标群体的治理路径；强调产权意识的治理原则；发展灵活多样的治理手段；政府的有效引导和监管。同时应避免机构的产权不清、政府的过度干预和低利率的产品设计。

3. 山东省的总体经济状况、贫困人口分布和互助社发展规范性在全国范围内都具有一定代表性，因此较适宜作为中国互助社的样本研究区域。分析发现山东省境内的互助社发展状况总体呈现以下特点：总体发展迅速但区域间规模差异大；益贫效果良好且发展空间广阔；农户名义参与水平高，但贫困户实际参与水平低；财政拨付逐年递增且居主导地位，但与贫困人口分布不匹配；试点村的经济水平差异显著，试点村与互助社数量比例趋于稳定。从问卷调查结果来看，社员和管理人员对于互助社的作用基本持肯定态度，对互助社信息透明度也较为满意，但在资金供给、决策形成和利率设置等方面互助社仍无法满足社员自身发展的需求。

4. 由于处在试点阶段，互助社的筹资机制在全国呈现多样化的特点。具体对山东省互助社筹资机制进行分析，发现筹资各主体地位较为明确，财政拨款占主导地位且趋于稳定，社会捐助资金占比较低。尽管部分互助社已经开始尝试创新融资模式，与金融机构开展金融联结，省级财政部门也不断在进行以奖代补的增资和调资，但由于法律框架内互助社不允许吸储，目前大部分互助社资金来源渠道仍较为单一，资金总量有限，且对外界的资金依赖性较大。要解决以上问题，一方面可通过"商业银行＋财政＋民间资金"模式，从而拓宽融资渠道，形成"大扶贫"格局；另一方面政府也应当考虑将农发行作为互助社的扶助银行，为其提供农业政策性贷款流动性融资支持，以及资金存放和结算的优惠支持。

从山东省互助社的产权界定方式来看，目前主要有股份合作、共同共有、与专业合作社合营三种形式，界定方式都较为明晰。由此强化了产权主体的行为特征及组织绩效，也印证了社会资本力量立足于农村社区时产生的强大约束性；然而互助社在产权的转移和出让方面界定模糊，甚至互助资金的所有权在一定程度上存在双重持有，互助社与村两委之间的复杂关系也在影响着互助社民主管理的有效实现。在我国经济体制由计划经济向市场经济逐步过渡的转轨经济条件下，保留互助资金的集体所有的产权结构是较为可取的方案，但同时应当强化股权制度设计，方有可能实现互助社的福利最大化。

5. 从山东省互助社的外部管理框架来看，民政部门和扶贫部门对互助社的双重管理如何进行职责划分与权力实现，互助社的法律身份何时可得确立、互助社分级制度如何普及是目前亟待解决的重要问题。从互助社的内部治理结构来看，存在的问题主要有内部规制欠完善、管理人员业务素质不高和激励机制缺失、信息化管理难以推广。政府应从加强外部制度供给、实行"社财乡管、管而不代"的托管模式、通过内培外引激发互助社内生动力几方面来解决这些问题。

6. 从借款状况来看，目前山东省互助社的借款额度普遍难以满足农户需求，借款占用费率参差不一，部分互助社的费率设计难以体现对贫困户的有效瞄准，借款用途的限制致使农民面临的消费压力并没有得到有效缓解，互助社与专业合作社联合运营可以同时提升经济和社会效益，但也具有一定风险性。通过对还款方式的分析可以发现，互助社的资金周转效率与还款方式密切相关，但还款方式的选择除了考虑资金效率也应当考虑其实际可操作性；目前互助社的还款率普遍较高，但理应注意到潜在的拖欠风险；小组联保作为国际公认的小额信贷典型技术手段，其在中国互助社运营中的环境适应性值得质疑，也不利于从根本上维护农户尊严；互助社的收益结余分配基本规范，但政府强行取消社员农户入股分红这一做法是否值得支持仍存在讨论空间，由于互助社是合作金融性质的组织，其组织成员既是所有者和管理者，又是客户，持有股份的确理应是互助社成员身份的重要标志，也是成员行使民主权利的基础。当然，过于强调股份和分红的作用，带来的负面效应不可小觑。针对以上问题，可以考虑的优化途径有：拓宽借款用途、探索和推广"资金互助＋专业合作"模式、设置阶梯借款占用费率、淡化联保、灵活担保和设置借款期限。

7. 在厘清互助社对扶贫对象的界定和识别、分析贫困户扶持政策、扶持效果及效果差强人意原因的基础上，利用从山东省泗水县17个互助社得到的533份问卷，使用PROBIT计量模型对微观层面影响贫困户借款意愿的因素进行分析，发现决策者性别、决策者文化程度、家庭供养比、家庭现金和银行存款、决策者对借款相关流程的了解程度、决策者对互助社财务信息公开程度的满意状况六个因素对于贫困户向互助社借款意愿影响显著;同时,通过访谈得知贫困户借款不积极的原因主要是认为没有好的产业可以发展,获得资金支持对于他们来说固然可贵,但同时他们更需要投资的机会与能力。因此,地方政府应从建立健全贫困户有效识别机制、给予贫困户充分的产业引导和扶持、设计特惠于贫困户的互助社制度、推广扶贫小额保险等方面入手予以改进。

8. 通过分析山东省互助社面对的主要风险的表现形式及产生的原因、外部和内部风险监管的组织结构和行为,发现互助社的外部风险监管缺乏具有专业技能的监管人员和有效的"约束—激励"机制,再通过一个动态博弈框架对互助社与地方政府之间的关系进行分析,发现当前存在于二者之间的混合策略博弈呈现出一种与客观效果相悖的激励陷阱。优化外部风险监管的具体途径有:改进对地方政府的激励机制、强化外部监督审计、根据风险贷款比例(PAR)完善风险准备金备付制度等。对于内部风险监管机制的完善,可考虑加强对内部风险监管人员的能力建设、完善互助社内部风险监管规制和根据 PAR 来具体制定基层互助社管理人员的激励机制等这些方法。因此,对互助社内部风险监管和外部风险监管,应该根据各自不同特点,明确不同的监管职责,建立协调一致的监管体系,发挥对互助社指导、服务、监督和纠偏的作用,实现应有的监管效果。

9. 采用案例分析法,对一个成功案例——山东省淄博市沂源县王家泉村互助社和一个失败案例——山东省临沂市临沭县青云社进行个案分析。发现前者的成功经验在于其具有乡村精英在管理方面给予的强大支持,并能够很好地处理互助社与农民专业合作社的关系,且通过与正规金融机构合作扩大了互助资金规模,满足了贫困村村民不断增长的借款需求。但是,也必须看到,并非所有试点村都适合将农民专业合作社与互助社合并运营,只有当农民专业合作社的生产主业差异性足够明显、社员规模足够大、核心成员管理能力足够强大时这种合并运营才有可能取得成功。青云社的失败证明尽管联体型互助社在方便管理、降低运行成本和提高资金使用效率方面确实存在一定优势,但由于抛弃了社会资本优势,这种组织模式在组建机制、民主管理、风险控制、服务质量、贫困瞄准等方面存在较大的不足或者隐患。

第二节 研究展望

嵌入在社会经济结构的多重现实约束中,互助社的发展必然是超越经典的、反映中国特色的、体现时代特征的,而其制度安排和运行机制,无论其实践或是研究都必然体现人们对互助社发展的合意性与合宜性的权衡。可以预见,互助社作为当前农村金融制度的一种有益补充,在今后相当长的时间内将发挥农村扶贫与金融的双重作用,其间也必然有许多富有挑战性的前沿问题需要进行深入和细致的研究。

1. 进一步创新互助社的制度设计使其适应内在动力和外在形势的不断变化。从目前的发展状况来看,随着分级制度的逐渐规范和推广,互助社将来的发展可能有三个方向:第一个是部分运行发展较好的互助社可以转变成过渡性的金融组织;第二个是成为农民专业合作组织的一部分;第三个是正常的退出。那么,如何从贫困村实际出发、充分尊重群众意愿,创新完善体制机制,不断化解因农村金融产品日趋增多、互助社自身设计缺陷等带来的诸多挑战,推动互助社良性发展,是下一步值得研究的问题。

2. 贫困瞄准依然是一个世界范围内的难题。本书的研究仅为互助社的贫困瞄准制度设计提供了有限的思路,但在立足于贫困户需求层面,基于多维贫困概念和反贫困理论的经验研究方面还存在明显不足。中国农村居民的贫困状况具有其特殊性和隐蔽性,如何建立精准而有效的动态贫困识别机制、如何缓解贫困户面临的信贷约束,需要广泛而深入的调查研究。

3. 探讨将互助社在更大范围内联合,形成地区甚至全国性的联合组织的可能性。这种互助社联合组织并非意味着所有权的联合而形成更大的金融机构,而是使村一级的互助社单位联合起来形成网络,或曰联合社。联合社不应是独立的金融部门,也不从事信贷业务,而是一个协调和技术服务机构,从理论上来说,它可以实现以下几种功能:使互助资金可以按照协议价格在各互助社中流动,从而更有效地配置资源、最大程度发挥资金利用效率;统一对外争取外界资源和政策扶持;大幅度提高互助社的抗风险能力和可持续发展能力;将互助社形成合力,纳入整个金融体系,成为普惠金融体系的一个组成部分,从而降低交易成本、扩大覆盖面。这是一个相对大胆却又极富研究价值的设想,其可实现性值得去实践和探讨。

附件1　扶贫互助资金合作社负责人调查问卷

尊敬的朋友：

您好，感谢您抽出宝贵时间来协助我们完成此次问卷调查！

由于科研工作需要，我们特进行此次调查来了解和掌握我省农村扶贫互助资金合作社组织和发展的实际情况以及您对农村扶贫互助资金合作社的看法和期望，希望得到您的支持、帮助和配合。您的回答将被给予严格保密，仅用于科学研究工作，请您放心。

您回答时只需在选项上打"√"，或者在题目标号前直接填写就可以了，回答没有正确错误之分，请您按照了解的真实情况或自己的真实想法回答即可。

谢谢您的支持与合作！

山东农业大学经济管理学院
2013 年 7 月

一　基本资料

1. 贵社所在村是_____县（县级市）_____（乡、镇）_____村。

贵社的全称是：_____

2. 贵社注册成立于_____年_____月_____日。成立时：注册资本_____万元，互助资金总量_____万元，其中省以上财政资金_____万元，市县级财政投入_____万元，农户自愿出资_____万元，社会捐赠及其他资金_____万元。每股金额_____元。

贵社的主管部门是_____

3. 贵社有主要负责人_____名，其中有村干部_____名。

4. 贵社所在村属于互助资金_____
   A. 省级试点村　　　　B. 市级试点村
5. 贵社所在村是否属于贫困村_____
   A. 是　　　　　　　　B. 否
6. 贵社有（　　）个农村小企业社员
7. 您的性别？
   A. 男　　　　　　　　B. 女
   您的年龄？_____
8. 您的户籍类型属于：_____
   A. 农业户口　　　　　B. 非农业户口
9. 您是否有外出打工经验_____
   A. 是　　　　　　　　B. 否
10. 您在村中的职务是？_____；
    您在互助社的职务是？_____

请填写：2010—2013年贵社发展情况一览表

	2010 年	2011 年	2012 年	2013 年上半年
村总人口				
村人均纯收入				
村民户数				
资金互助参加总户数				
贫困人口占社员比例（%）				
"互助小组"数				
互助金总额				
└其中财政扶持金额				
└其中收取社员互助金金额				
└其中社会捐赠及其他资金				
退回互助金				
互助金年增值（%）				
借款互助小组数				
借款社员人数				
发放借款总额				
存款总额				

续表

	2010 年	2011 年	2012 年	2013 年上半年
单笔最高借款限额				
总借款余额				
正常借款余额				
逾期借款余额				
逾期借款笔数				
逾期率				
应收借款本金				
实收借款本金				
本金还款率 2（含提前还款）				
提前还本金额				
本金还款率 1（不含提前还款）				
借款占用费收入				
费用支出（含办公成本和管理人员误工补助）				
公益金				
转入本金的公积金				
银行存款				
库存现金				

二 组织与管理情况

11. 贵社是否设有理事会？

A. 是　　　　　　B. 否

12. 贵社是否设有监事会？

A. 是　　　　　　B. 否

13. 您所在扶贫互助资金合作社财务会计人员有_____人，外聘_____人，具有会计资格证_____人。

14. 贵社会计和出纳是否系同一人？

A. 是　　　　　　B. 否

15. 在贵社决定成立之时，是否召开全体村民大会？

A. 是　　　　　　B. 否

16. 在贵社决定成立之时，是否公开过贫困户名单？

    A. 是　　　　　　　　B. 否

17. 在贵社决定成立之时，是否公开过全体社员名单？

    A. 是　　　　　　　　B. 否

18. 在贵社决定成立之时，是否公开过全体社员出资情况？

    A. 是　　　　　　　　B. 否

19. 在贵社注册成立过程中，民政部门是否直接予以认可？

    A. 是　　　　　　　　B. 否

20. 社员大会一般每年召开几次？

    A. 没开过　　　B. 一次　　　C. 两次　　　D. 三次

    E. 三次以上

21. 农民是否可以以土地使用权作为出资入股？

    A. 是　　　　　　　　B. 否

22. 贵社的经营业务主要包括：（可多选）_____

    A. 办理社员存款结算业务

    B. 办理社员贷款业务

    C. 买卖政府债券和金融债券

    D. 办理同业存放

    E. 办理代理业务

    F. 向其他银行业金融机构融入资金

23. 贵社是否按照规定定期向社员披露以下信息：（请打"√"选择即可）

	是	否
新加入普通社员名单		
新加入贫困社员名单		
股金和积累情况		
贷款及经营风险情况		
投融资情况		
营利及其分配情况		

24. 贵社的放贷程序是否采用个人决策与集体决策相结合的决策模式？

    A. 是　　　　　　　　B. 否

若您选择"是",则实际情况是:_____元以下由出纳自主放款;_____—_____元由理事长审批;_____—_____元由理事会集体研究,理事长批准;_____元以上的由理事会和监理会集体研究审批。

25. 2010—2013 年非贫困户社员借款数额范围

	累计借款笔数	1000元以下	1001—2000元	2001—3000元	3001—4000元	4001—5000元	5000元以上
2010 年					0	0	
2011 年							
2012 年							
2013 年							
逾期还款笔数							

26. 2010—2013 年贫困户社员借款数额范围

	累计借款笔数	1000元以下	1001—2000元	2001—3000元	3001—4000元	4001—5000元	5000元以上
2010 年					0	0	
2011 年							
2012 年							
2013 年							
逾期还款笔数							

27. 您所在扶贫互助资金合作社现有以下哪些管理制度?(可多选)

A. 财务管理制度

B. 生产作业管理制度

C. 人力资源管理制度

D. 会计核算制度

E. 工资管理制度

28. 单笔借款的最高限额由(　　　)讨论决定。

A. 村党支部

B. 扶贫互助资金合作社理事会

C. 社员大会

29. 借款占用费率由（　　）讨论决定。

A. 村党支部

B. 扶贫互助资金合作社理事会

C. 社员大会

30. 借款投放后，是否进行跟踪检查，以掌握借款者的资金使用、运转情况和经营状况？

A. 有，很全面，而且是持续性的

B. 有，但只是偶尔过问

C. 没有，一旦借款投放了，就基本不管了

31. 贵社财务会计报表是

A. 人工手写　　　　　　　　B. 计算机操作

32. 贵社是否在使用农村扶贫互助资金合作社专用软件？

A. 是　　　　　　　　　　　B. 否

33. 是否使用规定的收款凭证？

A. 是　　　　　　　　　　　B. 否

34. 贵社取得的所有现金入账时是否存在"白条抵库"现象？

A. 是　　　　　　　　　　　B. 否

35. 2012年贵社所在上级指导部门共对贵社进行过（　　）次现场监测。

36. 现场监测具体形式为：（可多选）

A. 监测互助资金运转是否正常账务记录

B. 银行交易记录

C. 报表是否符合要求

D. 理事会公示借款和还款情况

E. 通过社员和借款户访谈

三　经营情况

37. 贵社目前是否有外村社员？

A. 有　　　　　　　　　　　B. 没有

38. 您认为未来是否有必要放宽限制考虑吸收外村社员？

A. 有必要，这样可以扩大互助社资金规模

B. 没必要，这样做风险和管理难度都太大

39. 借款期限利率调查

利率水平 借款期限	2010 年	2011 年	2012 年	2013 年
3 个月内	%	%	%	%
6 个月内	%	%	%	%
9 个月内	%	%	%	%
一年内	%	%	%	%
大于一年	%	%	%	%

40. 2012 年，贵社的盈余分配大致为：借款占用费收入的（　　　）%作为股金分红，将（　　　）%作为股本金，用于滚动发展，（　　　）%作为管理费。

41. 风险防范方面，贵社基本能保障资金充足率不低于（　　　）%、资产投失准备充足率不低于（　　　）%、备付金比率不低于（　　　）%。

42. 发放借款去向及比例（可填比例或金额　单位：元）

	发放借款总额	种植业	养殖业	加工业	商业	运输业
2010 年						
2011 年						
2012 年						
2013 年上半年						

43. 您认为未来三年贵社放贷的主营业务方向有哪些？（可多选）

　　A. 种植业　　　B. 养殖业　　　C. 加工业　　　D. 商业

　　E. 运输业

44. 本村是否具有产业发展潜力和基础？

　　A. 是　　　　　　　　　　　B. 否

若有，是何种产业？_____

45. 您认为扶贫互助资金合作社是否可为该产业的发展和农民增收起到关键性作用？

　　A. 是　　　　　B. 否　　　　　C. 目前尚无法预见

46. 贵社是否与其他正规金融机构有合作关系？

　　A. 是　　　　　　　　　　　B. 否

若答是，主要是与_____开展的关于_____方面的合作。

47. 互助社内部是否还有其他合作形式（可多选）
   A. 生产合作　　　　　　　　B. 销售合作
   C. 文艺合作　　　　　　　　D. 其他_____
   E. 没有其他合作形式

四　看法与期望

48. 扶贫互助资金合作社对于缓解本村发展生产资金短缺困难和改善生活起到的作用
   A. 非常大　　　　　　　　　B. 比较大
   C. 一般　　　　　　　　　　D. 几乎没什么作用

49. 扶贫互助资金合作社对于增强本村村民市场经营意识起到的作用
   A. 非常大　　　　　　　　　B. 比较大
   C. 一般　　　　　　　　　　D. 几乎没什么作用

50. 扶贫互助资金合作社对于提高本村村民诚信意识起到的作用
   A. 非常大　　　　　　　　　B. 比较大
   C. 一般　　　　　　　　　　D. 几乎没什么作用

51. 扶贫互助资金合作社对于提高扶贫资金的使用效益起到的作用
   A. 非常大　　　　　　　　　B. 比较大
   C. 一般　　　　　　　　　　D. 几乎没什么作用

52. 您认为，未来本社应当：
   A. 适当提高单笔最高借款限额，以满足新经济形势下社员借款需求
   B. 保持当前的单笔最高借款限额，因为目前的额度已经足够
   C. 适当降低当前的单笔最高借款限额，以降低本社的经营风险
   若您选择了A选项，那么您认为单笔最高借款限额应当以_____元为宜。

53. 您认为，未来本社应当：
   A. 适当提高贷款利率，不然无利可图
   B. 保持当前贷款利率水平
   C. 适当降低贷款利率，以增加社员借款积极性

54. 您认为当前政府对于资金互助合作组织的宣传工作是否到位？

A. 是 B. 否

55. 您是否参加过市、县、乡举办的有关于扶贫互助资金合作社的培训班

A. 是 B. 否

若曾经参加，您对培训效果评价如何？

A. 非常有用　　　B. 效果一般　　　C. 基本没用

您认为培训内容应当针对哪些方面进行？请简单说明＿＿＿＿＿＿

＿＿＿＿＿＿＿＿＿＿＿＿＿＿＿＿＿＿＿＿＿＿＿＿＿＿＿＿＿＿＿

56. 您认为现阶段扶贫互助资金合作社亟须解决的问题有哪些？（可多选，但请按照重要性排序）

A. 互助社信贷资金来源有限，无法满足社员贷款的需要

B. 风险防范机制不健全

C. 各级政府行政干涉过多，影响互助社自身发展活力

D. 互助社经营混乱

E. 互助社的组织管理无法可依

57. 您认为现阶段国家应出台何种政策措施来支持资金互助合作社的发展？（可多选）

A. 将扶贫互助资金合作社与专业合作社有机结合起来，通过投资与融资实现双赢

B. 在采购、销售、结算、服务等环节由扶贫互助资金合作社出面集中管理

C. 政府增加财政支持力度

D. 鼓励扶贫互助资金合作社与农民专业合作社开展合作

E. 鼓励和支持正规金融机构参股农民扶贫互助资金合作社，扩大农民扶贫互助资金合作社信贷资金的来源

F. 强化合作社内部"四权"分立机制，分设领导权、决策权、执行权和监督权

G. 立法部门应尽快建立健全合作金融立法

H. 为了防范还贷风险，实行财产抵押与社员担保双保险

I. 拓展各资金互助的合作社之间进行联合的新经营途径

J. 定期对借款农户进行信用评定，根据信用等级确定贷款额度

58. 如果遇到有还款能力，逾期不还贷款的社员，您觉得采取什么办

法？（可多选）

 A. 上门做思想工作

 B. 行政手段（请政府干预）

 C. 法律手段（起诉）

 D. 发动群众（召开社员大会，形成舆论压力）

 E. 其他，请举例_____

59. 如果某个社员因投资失败，导致到期无法偿还贷款，您认为以下哪个办法最合适？

 A. 延长贷款期限   B. 免除他的贷款

 C. 让担保人替他还   D. 让他变卖家产还贷

 E. 其他，请举例_____

60. 如果某个社员因特殊原因（例如社员家人得了重病，花费巨大），无法如期偿还贷款，您觉得最合适的办法是：

 A. 让担保人替他还

 B. 全体社员共同替他换

 C. 免除他的贷款

 D. 不但免除他的贷款，还应该提供补助

 E. 其他，请举例_____

（问卷到此完毕，感谢您的合作！）

附件2　扶贫互助资金合作社社员调查问卷

尊敬的朋友：

您好，感谢您抽出宝贵的时间来协助我们完成此次问卷调查！

由于科研工作需要，我们特进行此次调查来了解和掌握我省农村扶贫互助资金合作社组织和发展的实际情况以及您对农村扶贫互助资金合作社的看法，希望得到您的支持、帮助和配合。您的回答将被给予严格保密，仅用于科学研究工作，请您放心。

您回答时只需在选项上打"√"，或者在题目标号前直接填写就可以了，回答没有正确错误之分，请您按照了解的真实情况或自己的真实想法回答即可。

谢谢您的支持与合作！

山东农业大学经济管理学院
2013 年 9 月

一　社员基本情况

1. 性别（男/女），年龄＿＿＿＿＿＿岁，＿＿＿＿＿＿县（县级市）＿＿＿＿＿＿（乡、镇）＿＿＿＿＿村人。

2. 您的学历水平是＿＿＿＿＿＿
   A. 小学以下　　B. 小学　　　C. 初中　　　D. 高中
   E. 中专　　　　F. 大专或以上

3. 本户所在村是否属于贫困村？
   A. 是　　　　　B. 否

4. 本户家庭共有（　　）口人，其中：成年劳动力（　　）人。

5. 本户属于：
   A. 纯农户（收入的95%来自农业）

B. 农业兼业户（收入的 50%—95% 来自农业）

C. 非农业兼业户（收入的 50%—95% 来自非农业）

D. 非农户（收入的 95% 来自非农业）

6. 本户是否属于贫困户？

　　A. 是　　　　　　B. 否

7. 本户的综合经济（生活）水平在全村属于：

　　A. 上等　　　　　B. 中等　　　　C. 下等

8. 2012 年各项收入总额（　　）元，总支出（　　）元，其中：生产性支出_____元；非生产性支出_____元。

9. 本户家庭收入主要来源渠道？（可多选，但请按照主次排序）

　　A. 种植业　　　　B. 养殖业　　　C. 打工收入　　　D. 个体经商

　　E. 其他收入：_____

10. 本户于_____年加入本村扶贫互助资金合作社，自愿出资_____元，后续出资_____元。三年内累计从本村扶贫互助资金合作社贷款_____元，已还清_____元。

11. 自加入扶贫互助资金合作社，您每年分得的股金红利分别为：

　　_____年：_____元

　　_____年：_____元

　　_____年：_____元

二　社员信贷行为及认识调查

12. 过去五年来，您的对外借款行为：

借款对象	过去五年累计借款金额	平均利率（%）
银行		
农村信用社		
邮政储蓄银行		
本村扶贫互助资金合作社		
其他		

根据您本人的经历或认识，请对以下机构：

　　A. 银行　　　　　　　　　　B. 信用社

　　C. 邮政储蓄银行　　　　　　D. 扶贫互助资金合作社

E. 非正规金融途径

13. 就小额贷款难度进行排序：（　　　　　　）
14. 就小额贷款成本（贷款利息）进行排序（　　　　　　）
15. 就小额贷款办理速度进行排序（　　　　　　）
16. 就小额贷款服务水平进行排序（　　　　　　）

您认为：

17. 与农村信用社相比，扶贫互助资金合作社的优势在于：（可多选，但请按照重要性排序）

　　A. 贷款容易　　　　　　　　B. 手续简便
　　C. 贷款利率低　　　　　　　D. 不要送礼
　　E. 不需要担保　　　　　　　F. 无须抵押
　　G. 约束力更强　　　　　　　H. 其他

18. 加入扶贫互助资金合作社，对于缓解本户发展生产资金短缺困难和改善生活起到的作用

　　A. 非常大　　　　　　　　　B. 比较大
　　C. 一般　　　　　　　　　　D. 几乎没什么作用

19. 加入扶贫互助资金合作社，对于本户增强市场经营意识，提高自我发展能力起到的作用

　　A. 非常大　　　　　　　　　B. 比较大
　　C. 一般　　　　　　　　　　D. 几乎没什么作用

20. 加入扶贫互助资金合作社，对于本户提高诚信意识，起到的作用

　　A. 非常大　　　　　　　　　B. 比较大
　　C. 一般　　　　　　　　　　D. 几乎没什么作用

21. 您认为扶贫互助资金合作社对于提高扶贫资金的使用效益起到的作用

　　A. 非常大　　　　　　　　　B. 比较大
　　C. 一般　　　　　　　　　　D. 几乎没什么作用

22. 您从扶贫互助资金合作社借款的主要用途是什么？（可多选，但请按照主次排序）

　　A. 种植　　　　　　　　　　B. 养殖
　　C. 个体经商　　　　　　　　D. 建房购房
　　E. 子女婚嫁　　　　　　　　F. 子女上学

G. 医疗 　　　　　　　　　　H. 其他用途_____

23. 最近几年您从扶贫互助资金合作社借出款项及收益

	借款总额（元）	经营性收益（元）	已还清（元）
2010 年			
2011 年			
2012 年			
2013 年			

三　社员对于扶贫互助资金合作社管理的认知调查

24. 您所在扶贫互助资金合作社的组建是由

A. 政府推动

B. 农民自愿

C. 政府推动和农民自愿相结合

25. 您所在扶贫互助资金合作社是否有下列组织机构（可多选）

A. 社员（代表）大会

B. 理（董）事会

C. 执行监事或监事会

D. 互助社经理

26. 理事会是由社员大会选举产生的？

A. 是　　　　B. 否　　　　C. 不清楚

27. 监事会是由社员大会选举产生的？

A. 是　　　　B. 否　　　　C. 不清楚

28. 您所在扶贫互助资金合作社社员大会是否每年召开一次？

A. 是　　　　B. 否

29. 您所在扶贫互助资金合作社是否有合作社章程_____

A. 有　　　　B. 没有

30. 您所在扶贫互助资金合作社社员的投票权是_____

A. 一人一票　　B. 一股一票

31. 贵社是否按照规定定期向社员披露以下信息：请在符合的一栏打"√"

新加入普通社员名单	是	否
新加入贫困社员名单		
股金和积累情况		
贷款及经营风险情况		
投融资情况		
营利及其分配情况		

组织机构职能	A. 完全独立发挥	B. 一般发挥	C. 很少发挥	D. 完全流于形式
社员代表大会				
理事会				
监事会				

32. 您对于贵社组织机构职能发挥的看法：请在符合的一栏打"√"

33. 您对自己所在的扶贫互助资金合作社经营管理的总体满意情况

 A. 比较满意   B. 一般

 C. 不满意，理由是_____

34. 您认为，未来本社是否应当提高单笔最高借款限额

 A. 是   B. 否

如果您已经选择"是"，那么您认为最高借款限额应当以_____元为宜。

35. 您认为，未来本社是否应当降低贷款利率

 A. 是   B. 否

36. 如果扶贫互助资金合作社内有人没有按期还贷，您是否仍会按期还款？

 A. 是   B. 否

37. 若遇到有还款能力，逾期不还贷款的社员，您觉得应该怎么办？（可多选）

 A. 上门做思想工作

 B. 行政手段（请政府干预）

 C. 法律手段（起诉）

 D. 发动群众（召开社员大会，形成舆论压力）

 E. 其他，请举例_____

38. 若某社员因投资失败，导致到期无法偿还贷款，您认为哪个办法最合适？

　　A. 延长贷款期限

　　B. 免除他的贷款

　　C. 让担保人替他还_____

　　D. 让他变卖家产还贷

　　E. 其他，请举例_____

39. 如果某个社员因特殊原因（例如社员家人得了重病，花费巨大），无法如期偿还贷款，您觉得最合适的办法是：

　　A. 让担保人替他还

　　B. 全体社员共同替他换

　　C. 免除他的贷款

　　D. 不但免除他的贷款，还应该提供补助

　　E. 其他，请举例_____

四　社员未来借款意向调查

40. 未来一年您是否打算借款？

　　A. 是　　　　　B. 不打算　　　C. 目前不确定

若您已选的答案是肯定的，您打算从什么渠道借款？（可多选，但请按照优先性排序）

　　A. 银行　　　　B. 信用社　　　C. 邮政储蓄银行

　　D. 扶贫互助资金合作社　　E. 其他

借款总金额大约为（　　　）元。

41. 借款打算作什么用途？（可多选，但请按照优先性排序）

　　A. 种植　　　　　　　　B. 养殖

　　C. 个体经商　　　　　　D. 建房购房

　　E. 子女婚嫁　　　　　　F. 子女上学

　　G. 医疗　　　　　　　　H. 其他用途　例如_____

五　问题和意见调查

42. 您希望今后扶贫互助资金合作社能为农户提供何种特色业务？
（问卷到此完毕，感谢您的合作！）

附件3 贫困户借款意愿调查问卷

1. 户主性别（男/女），_____岁，_____县_____（乡）_____村人。
2. 户主的学历水平是_____
   A. 小学以下　　　　　　　　B. 小学
   C. 初中　　　　　　　　　　D. 高中/中专
   E. 大专
3. 本户去年人均纯收入约为_____元（指总收入除去本钱，再平均到个人）
4. 本户人均耕地面积？_____亩
5. 农业收入（种植养殖）占家庭总收入的（　　）。
   A. 1/3　　　　B. 2/3　　　　C. 全部
6. 家庭共有（　　）口人，其中：有收入的为（　　）口人；有（　　）人在外打工，有（　　）人享有医疗保险；有（　　）人享有养老保险。
7. 家有（　　）个孩子在上学。
8. 目前家有现钱和存款共_____元，有负债_____元。
9. 您是否愿意从本村互助社借款？
   A. 是　　　　　　　　　　　B. 否
   如果您不愿意从本村互助社借款，那么具体原因是什么？
   _____
10. 是否有家庭成员或亲戚朋友在银行工作_____
    A. 是　　　　　　　　　　　B. 否
11. 是否有亲友为村干部或在政府职能部门工作？
    A. 是　　　　　　　　　　　B. 否

12. 您家主要的家庭成员健康情况（   ）

　　A. 健康　　　　　　B. 较健康　　　C. 有长期病号

13. 您家庭成员是否接受过正规职业技术培训？（   ）

　　A. 是　　　　　　　　　　　B. 否

14. 家庭成员是否有技能（如泥瓦工、烹饪、修理、缝纫等）（   ）

　　A. 有　　　　　　　　　　　B. 没有

15. 主要从事的经济活动（   ）

　A. 传统农业

　B. 非农业兼业户（除了农业还有一半来自其他收入）

　C. 非农业（基本只靠打工，经商等）

16. 若过去三年您不曾贷款，则原因是（   ）

　　A. 不需要　　　　　　　　B. 利率太高

　C. 找不到贷款渠道

17. 已发生借贷和未来借贷意向

借贷对象范围：亲友，农信社或银行，本村互助社，高利贷

借贷期限：6个月以下　　6—12个月　　1年以上

用途：生产，经商，建/购房，子女上学，治病，婚嫁，其他

（例：从信用社借款5000元，期限6个月，用途：建房）

若过去三年来您曾贷款，详情：

　　从＿＿＿＿借款＿＿＿＿元，期限＿＿＿＿，用途：＿＿＿＿；从＿＿＿＿借款＿＿＿＿元，期限＿＿＿＿，用途：＿＿＿＿；从＿＿＿＿借款＿＿＿＿元，期限＿＿＿＿，用途：＿＿＿＿。曾采用的借贷方式：

　　A. 担保　　　　B. 抵押　　　　C. 小组联保　　　D 其他

未来一年您的借贷需求为＿＿＿＿元（不打算借贷可填"0"）

　　首先考虑从＿＿＿＿借款＿＿＿＿元，期限＿＿＿＿，用途：＿＿＿＿；再次，从＿＿＿＿借款＿＿＿＿元，期限＿＿＿＿，用途：＿＿＿＿。打算采用借贷方式：

　　A. 担保　　　　B. 抵押　　　　C. 小组联保　　　D. 其他

还款方式上，您倾向于＿＿＿＿

　　A. 一次还清　　　　　　　　B. 按季度还

C. 按月还 　　　　　　　　D. 无所谓

18. 对借款相关流程的了解程度_____

A. 很了解　　　B. 了解一点　　C. 不了解　　D. 说不清

19. 您对互助社的借款政策和服务_____

A. 很了解　　　B. 了解一点　　C. 不了解　　D. 说不清

20. 您对本村互助社的信息公开程度满意吗？（　　）

A. 满意　　　　B. 还行　　　　C. 很不满意　　D. 说不清

若不满意，则主要理由是什么_____

21. 对管理运行的满意程度_____

A. 满意　　　　B. 还行　　　　C. 很不满意　　D. 说不清

22. 目前本村互助社借款一年期利率为_____%

您认为这个水平

A. 过高了　　　B. 适中　　　　C. 偏低　　　　D. 说不清

23. 您对本村互助社还款方式的评价（　　）

A. 规定贷款期限太短

B. 规定贷款期限太长

C. 贷款期限不灵活

D. 没有选择性，贷款期限灵活，可选择"说不清"

24. 您对本村互助社财务信息公开程度的满意状况_____

A. 满意　　　　B. 还行　　　　C. 很不满意　　D. 说不清

25. 您对本村互助社的意见和建议？（可写在纸背面）

附件4 作者五年内主要科研成果

一 发表论文

[1] 高杨,薛兴利.扶贫互助资金合作社试点运行状况分析:以山东省为例[J].农业经济问题,2013(06):43—49

[2] 高杨.扶贫贴息贷款:博弈分析与路径选择[J].西北农林科技大学学报(社会科学版),2013(06):97—102

[3] 高杨,薛兴利.对扶贫贴息贷款和扶贫互助资金的比较研究:基于新制度经济学视角[J],中国海洋大学学报(社会科学版),2013(01):73—76

[4] 高杨.基于博弈分析的扶贫资金互助社发展路径选择[J],山东农业大学学报(社会科学版),2012(01):70—73

[5] 高杨.农村资金互助社研究文献综述[J],山东省农业管理干部学院学报,2010(06):69—70

二 主持课题

山东青年政治学院科研重点课题政府对扶贫互助资金合作社的支持体系研究——以山东省为例,结项;

山东省社会科学规划研究青年项目"基于双重委托—代理视角的扶贫互助资金合作社风险监管机制研究"(编号:14DGLJ08),在研。

三 参与课题

山东省社会科学规划研究青年项目"山东省农产品供应链垂直协作关系研究——基于鲁中地区蔬菜种植户的数据"(编号:12DGLJ12),第三位,结项。

四 获奖

第五届中国农村发展博士生论坛二等奖，第一位，2013年；
第八届中国农村发展论坛二等奖，第一位，2013年；
山东省高校优秀科研成果奖三等奖，第一位，2014年；
山东省统计科学与技术成果奖一等奖，第一位，2014年。

参 考 文 献

1. 曹洪民：《扶贫互助社：农村扶贫的重要制度创新——四川省仪陇县"搞好扶贫开发，构建社会主义和谐社会"试点案例分析》，《中国农村经济》2007年第9期，第72—76页。
2. 杜晓山、刘文璞：《小额信贷原理及运作》，上海财经大学出版社2001年版，第306—312页。
3. 杜晓山、林万龙、孙同全：《贫困村互助资金模式的比较研究》，国务院扶贫办研究报告，2009年9月，第9页。
4. 郭晓鸣：《农村金融创新：村级资金互助社的探索与发展——基于四川省的实证分析》，《农村经济》2009年第4期，第3—6页。
5. 何广文、杜晓山、白澄宇、李占武等：《中国小额信贷行业评估报告》，中国小额信贷发展促进网络，2009年2月，第19页。
6. 何焱：《正确认识农村资金互助组织的作用——对太湖县建立"贫困村村级发展互助资金"情况的调查与思考》，《乡镇经济》2008年第7期，第88—92页。
7. 胡艳萍：《村级互助资金的调查与思考——陕西省商南县2村调查报告》，《农村经济与科技》2009年第12期，第113—115页。
8. 黄承伟、陆汉文、刘金海：《微型金融与农村扶贫开发——中国农村微型金融扶贫模式培训与研讨会综述》，《中国农村经济》2009年第9期，第93—96页。
9. 黄承伟、陆汉文：《贫困村互助资金的安全性与风险控制——7省18个互助资金试点的调查与思考》，《华中师范大学学报》（人文社会科学版）2010年第5期，第14—20页。
10. 黄承伟、陆汉文、宁夏：《贫困村村级发展互助资金的研究进展》，《农业经济问题》2009年第7期，第63—67页。
11. 徐家琦：《政府扶贫资金参与式扶贫实证分析》，《林业经济》2008年第 4 期，第 36—39 页。

12. 李晖：《贫困村互助资金》，经济科学出版社 2012 年版，第 110—115 页。
13. 李刚：《安徽省农村资金互助组织存在的问题及相应的对策》，《西南农业大学学报》（社会科学版）2011 年第 11 期，第 48—49 页。
14. 黎家远：《贫困村村级互助资金扶贫模式的经验与发展——基于四川实践》，《农村经济》2010 年第 6 期，第 69—71 页。
15. 林万龙、杨丛丛：《贫困农户能有效利用扶贫型小额信贷服务吗？——对四川省仪陇县贫困村互助资金试点的案例分析》，《中国农村经济》2012 年第 2 期，第 35—45 页。
16. 刘金海：《贫困村级互助资金：益贫效果、机理分析及政策建议》，《农村经济》2010 年第 10 期，第 83—86 页。
17. 罗必良：《新制度经济学》，山西经济出版社 2005 年版，第 58—60 页。
18. 刘七军、王海明、李昭楠：《对甘肃省贫困村互助资金发展的调查与思考》，《开发研究》2012 年第 5 期，第 30—33 页。
19. 刘西川：《村级发展互助资金的目标瞄准、还款机制及供给成本——以四川省小金县四个样本村为例》，《农业经济问题》2012 年第 8 期，第 65—72 页。
20. 吴忠：《扶贫互助资金仪陇模式与新时期农村反贫困》，中国农业出版社 2008 年版。
21. 王国良、褚利明：《微型金融与农村扶贫开发》，中国财政经济出版社 2009 年版，第 101—106 页。
22. 都阳、蔡昉：《中国农村贫困性质的变换与扶贫战略调整》，《中国农村观察》2005 年第 5 期，第 2—9 页。
23. 中国发展研究基金会：《在发展中消除贫困》，中国改革出版社 2007 年版，第 89—91 页。
24. 郭宏宝、仇伟杰：《财政投资对农村脱贫效应的边际递减趋势及对策》，《当代经济科学》2005 年第 5 期，第 53—57 页。
25. 中国人民银行成都分行金融研究处课题组：《农村金融网点增设：外生演进逻辑的再度审视——基于阿坝州的实证》，《西南金融》2011 年第 4 期，第 38—42 页。

26. 斯蒂芬·P. 罗宾斯（Stephen P. Robbins）：《管理学》，中国人民大学出版社 2012 年版，第 15—16 页。
27. 程恩江、刘西川：《中国非政府小额信贷和农村金融》，浙江大学出版社 2007 年版，第 90—111 页。
28. 刘民权、俞建拖、徐忠：《中国农村金融市场研究》，中国人民大学出版社 2006 年版，第 15—25 页。
29. 吴国宝：《扶贫贴息贷款政策讨论》，《中国农村观察》1997 年第 7 期，第 7—13 页。
30. 黄季焜、马恒运、罗泽尔：《中国的扶贫问题和政策》，《改革》1998 年第 4 期，第 72—83 页。
31. 刘西川、黄祖辉、程恩江：《小额信贷的目标上移：现象描述与理论解释——基于三省（区）小额信贷项目区的农户调查》，《中国农村经济》2007 年第 8 期，第 23—34 页。
32. 戴根有：《中国央行公开市场业务操作实践和经验》，《金融研究》2003 年第 1 期，第 15—18 页。
33. 杜晓山、张保民、刘文璞、白澄宇：《对民间或半政府机构开展扶贫小额信贷的政策建议》，《红旗文稿》2004 年第 6 期，第 19—21 页。
34. ［法］皮埃尔·布迪厄、［美］华康德著：《实践与反思》，李猛、李康译，中央编译出版社 2004 年版，第 170 页。
35. 孙若梅：《小额信贷与农民收入——理论与来自扶贫合作社的经验数据》，中国经济出版社 2006 年版，第 231 页。
36. 程恩江：《金融扶贫的新途径？中国贫困农村社区村级互助资金的发展探索》，《金融发展评论》2010 年第 2 期，第 59—72 页。
37. 江春、周宁东：《中国农村金融改革和发展的理论反思与实证检验——基于企业家精神的视角》，《财贸经济》2012 年第 1 期，第 64—70 页。
38. 汪学越：《村民生产发展互助资金的有益探索》，《中国财政》2005 年第 7 期，第 60—63 页。
39. 陆汉文、钟玲：《组织创新与贫困地区"村级发展互助资金"的运行——河南、安徽试点案例研究》，《农村经济》2008 年第 10 期，第 66—69 页。
40. 杜晓山、林万龙、孙同全：《贫困村互助资金模式的比较研究》，国务院扶贫办研究报告，2009 年 6 月，第 20—25 页。

41. 曹洪民、陆汉文：《扶贫互助社与基层社区发展——四川省仪陇县试点案例研究》，《广西大学学报》（哲学社会科学版）2008 年第 6 期，第 92—96 页。
42. 宁夏：《贫困村互助资金：操作模式、绩效差异及两者间相关性》，硕士学位论文，华中师范大学，2011 年。
43. 宁夏、何家伟：《扶贫互助资金"仪陇模式"异地复制的效果——基于比较的分析》，《中国农村观察》2010 年第 4 期，第 20—32 页。
44. 郑志龙等：《政府扶贫开发绩效评估研究》，中国社会科学出版社 2012 年版，第 101—105 页。
45. 晓青、王洪亮：《小额信贷商业化运行机制之探讨——基于印尼人民信贷银行（BRI）实践的检验》，《农村经济》2011 年第 2 期，第 126—129 页。
46. 国务院扶贫办外资项目管理中心：《全国互助社交叉检查情况报告》，2011 年 10 月，第 1—2 页。
47. 张磊：《中国扶贫开发政策演变（1949—2005 年）》，中国财政经济 2007 年版，第 86—90 页。
48. 徐福祥：《西北少数民族地区贫困村村级互助社发展模式研究》，硕士学位论文，西北师范大学，2013 年，第 95—96 页。
49. 宋彦峰：《农村新型合作金融组织的制度研究》，博士学位论文，中国农业科学院，2011 年，第 50—52 页。
50. 汪三贵、陈虹妃、杨龙：《村级互助金的贫困瞄准机制研究》，《贵州社会科学》2011 年第 9 期，第 47—53 页。
51. 范晓建：《中国特色扶贫开发的基本经验》，《求是》2007 年第 23 期，第 48—49 页。
52. 林万龙、杨丛丛：《贫困农户能有效利用扶贫型小额信贷服务吗？——对四川省仪陇县贫困村互助资金试点的案例分析》，《中国农村经济》2012 年第 2 期，第 35—45 页。
53. 刘金海：《贫困村级互助资金：益贫效果、机理分析及政策建议》，《农村经济》2010 年第 10 期，第 83—86 页。
54. 蔡志海：《贫困村互助资金发展现状及政策选择》，《华中师范大学学报》（人文社会科学版）2010 年第 5 期，第 27—32 页。

55. 田李静：《农户参与村级资金互助组织的行为及影响因素分析——基于浙江省缙云县五个试点村的实证研究》，硕士学位论文，浙江大学，2011 年，第 35—65 页。

56. 黄承伟、陆汉文：《贫困村互助资金的安全性与风险控制——7 省 18 个互助资金试点的调查与思考》，《华中师范大学学报》（人文社会科学版）2010 年第 5 期，第 14—20 页。

57. 宋丽娜：《论圈层结构——当代中国农村社会结构变迁的再认识》，《中国农业大学学报》（社会科学版）2011 年第 3 期，第 51—54 页。

58. 杜晓山、孙同全：《村级资金互助组织可持续发展面临挑战》，《农村经营管理》2010 年第 8 期，第 22—23 页。

59. 杜晓山、孙同全：《供给驱动下农民互助资金发展中的几个问题》，《金融与经济》2010 年第 8 期，第 46—48 页。

60. 于转利、罗剑朝：《影响农户小额信贷的因素分析——以杨凌 W 镇为例》，《西藏民族学院学报》（哲学社会科学版）2011 年第 5 期，第 114—119 页。

61. 翟照艳、王家传、韩宏华：《中国农户投融资行为的实证分析》，《经济问题探讨》2005 年第 4 期，第 30—34 页。

62. 张杰、谢晓雪、张淑敏：《中国农村金融服务：金融需求与制度供给》，《西安金融》2006 年第 3 期，第 20—26 页。

63. 刘浩：《宁夏扶贫资金互助社运行机制与绩效研究》，硕士学位论文，西北农林科技大学，2013 年。

64. 张杰：《解读中国农贷制度》，《金融研究》2004 年第 2 期，第 1—8 页。

65. 中国人民银行赤峰市中心支行、元宝山支行课题组：《制约融资担保机构发展的障碍分析》，《内蒙古金融研究》2009 年第 7 期，第 48—50 页。

66. 程恩江：《Abdullahi D. Ahmed 信贷需求：小额信贷覆盖率的决定因素之一——来自中国北方四县调查的证据》，《经济学》2008 年第 4 期，第 1391—1414 页。

67. 程郁、韩俊、罗丹：《供给配给与需求压抑交互影响下的正规信贷约束：来自 1874 户农户金融需求行为考察》，《世界经济》2009 年第 5 期，第 73—82 页。

68. 褚保金、张兰、王娟：《中国农村信用社运行效率及其影响因素分析——以苏北地区为例》，《中国农村观察》2007年第1期，第11—23页。
69. 田李静：《农户参与村级资金互助组织行为及影响因素分析》，硕士学位论文，浙江大学，2010年，第98—102页。
70. Eirik G. Furubotn：《新制度经济学》，上海财经大学出版社1998年版，第5—7页。
71. 朴之水、任常青、汪三贵：《中国的小额信贷、扶贫和金融改革》，OECD"中国的农村金融和信贷组织基础"研讨会，2003年10月，第25—32页。
72. 谢平、徐忠：《公共财政、金融支农与农村金融改革——基于贵州省及其样本县的调查分析》，《经济研究》2006年第4期，第31—36页。
73. 刘西川、黄祖辉、程恩江：《小额信贷的目标上移：现象描述与理论解释——基于三省（区）小额信贷项目区的农户调查》，《中国农村经济》2007年第8期，第23—34页。
74. 罗剑朝：《农户对村镇银行贷款意愿的影响因素实证分析——基于有序Probit模型的估计》，《西部金融》2012年第2期，第12—15页。
75. 刘西川等：《中国贫困村互助资金研究述评》，《湖南农业大学学报》（社会科学版）2013年第4期，第72—83页。
76. 国务院扶贫办外资项目管理中心：《全国贫困村互助资金交叉检查情况报告》（内部工作报告），2011年10月，第1—2页。
77. 吴国宝：《扶贫贴息贷款政策讨论》，《中国农村观察》1997年第7期，第7—13页。
78. 中国人民银行成都分行金融研究处课题组：《农村金融网点增设：外生演进逻辑的再度审视——基于阿坝州的实证》，《西南金融》2011年第4期，第38—42页。
79. 汪三贵、陈虹妃、杨龙：《村级互助金的贫困瞄准机制研究》，《贵州社会科学》2011年第9期，第47—53页。
80. 王安国：《当前农村金融发展存在的问题及对策：基于山东省的案例研究》，《吉林金融研究》2012年第6期，第43—45页。

81. ［孟加拉］尤努斯：《穷人的银行家》，上海三联书店 2006 年版，第 200—210 页。
82. 贾庆林：《国外两种典型小额信贷模式的比较分析》，《特区经济》2010 年第 10 期，第 94 页。
83. 卢燕：《玻利维亚阳光银行模式对我国小额信贷发展的启示》，《黑龙江对外经贸》2009 年第 2 期，第 113—114 页。
84. 赵冬青、王康康：《微型金融机构如何实现商业化运作——玻利维亚阳光银行的经验介绍》，《中国农村金融》2010 年第 2 期，第 91—93 页。
85. ［法］涂尔干：《社会分工论》，上海三联书店 2013 年版，第 109—110 页。
86. 刘民权、俞建拖、徐忠：《中国农村金融市场研究》，中国人民大学出版社 2006 年版，第 56—67 页。
87. 杜云福：《国际小额信贷机构治理结构与运作的比较及启示》，《海南金融》2008 年第 11 期，第 49—53 页。
88. 麦金农：《经济发展中的货币与资本》，上海三联书店 1988 年版，第 50—53 页。
89. Stephen P. Robbins：《管理学》，中国人民大学出版社 2012 年版，第 5 页。
90. 《中国农村贫困监测报告 2010》，中国统计出版社 2011 年版，第 6—9 页。
91. 《2006—2010 中国农村统计年鉴》，中国统计出版社 2012 年版，第 16—19 页。
92. 《山东统计年鉴 2013》，中国统计出版社 2014 年版，第 6—9 页。
93. Claudio Gonzalea-Vega, Cheap Agricultural Credit: Redistribution in Reverse, *Undermining Rural Development with Cheap Credit*, 1984 (12): 13—20.
94. Cuevas C, Fischer K., Cooperative financial institutions: Issues in governance, regulation, and supervision. *World Bank Working Paper*, No. 82. 2006.
95. Stiglitz, J. E., 1994, "The Role of the State in Financial Markets", in Bruno, M., and B. Pleskovic, (eds.), Proceeding of the World Bank Annual Conference on Development Economics, 1993, *Supplement to the*

World Bank Economic Review and the World Bank Research Observer, Washington, DC: World Bank.

96. Albert Park, Chang qingren, Microfinance with Chinese characteristics, *World Development*, 2001 (1): 39—62.

97. Andrew H. Chen. *Research in finance*. Emerald Group Publishing, 2006: 22—163.

98. Bassem, Ben Soltane, Efficiency of microfinance institutions in the Mediterranean: An application of DEA. *Transition Studies Review*, 2008 (15): 343—354.

99. Beatriz Armendariz, Jonathan Morduch, Microfinance beyond group lending. *Economics and Transition*, 2002 (2): 401—420.

100. Begona Gutiérrez Nieto, Carlos Serrano Cinca, Cecilio Mar Molinero. Microfinance institutions and efficiency, *OMEGA*, 2007 (35): 131—142.

101. Caves, D. W., L. R. Christensen and W. E. Diewert., The economic theory of index numbers and measurement of input, output and productivity. *Econometrics*, 2002b (50): 1393—1414.

102. Caudill, Steven B., Gropper, Daniel M., and Hartarska, Valentina. Which microfinance institutions are becoming more cost effective with time? Evidence from a Mixture Model. *Journal of Money, Credit and Banking*, 2009 (4): 651—672.

103. Cesar Lopez, Jorge de Angulo, Bridging the finance gap: ACCION's experience with guarantee funds, *ACCION Insight*, 2005 (2): 1—17.

104. Francesco Columba, Leonardo Gambacorta, Paolo Emilio Mistrulli. Mutual guarantee institutions and small business finance. *Journal of Financial Stability*, 2010 (6): 45—54.

105. Gonzalez-Vega, Adrian, Efficiency drivers of microfinance institutions (MFIs): *The case of operating costs* [EB/OL]., C. 1994.

106. Haq, Mamiza., Skully, Michael., Pathan, Shams., Efficiency of microfinance institutions: A Data Envelopment Analysis. *Asia-Pacific Finan Markets*, 2010 (17): 63—97.

107. Coleman, James S., *Foundations of Social Theory*. Cambridge, MA:

The Belknap Press of Harvard University, 2006.
108. Dennis Anderson&Farida Khambata, Financing small-scale industry and agriculture in development countries: the merits and limitations of "commercial" policies, *Economic Development and Cultural Change*, 2005/2: 349—371.
109. Douglass C. North, *Institutions, Institutional Change and Economic Performance*, Cambridge: Cambridge University Press, 1990.
110. Eric Van Tassel, Group Lending under Asymmetric Information, *Journal of Development Economics*, 2000 (01): 3—25.
111. Allen N. Berger&Gregory F. Udell, Small business Credit Availability and Relationship Lending: The Importance of Bank Organizational Structure, *Economic Journal*, 2002.
112. Beatriz hrmenddriz and Jonathan Murdoch, *The Economics of Microfinance*, Second Edition, The MIT Press, 2010.
113. Brigit Helms&Xavier Reille, Interest Rate Ceilings and Microfinance: the Story So Far, *CGAP Occasional Paper*, 2004/2: 20—23.
114. Beatriz Armendariz de Aghion&Jonathan Murdoch, *The Economics of Microfinance*, Cambridge, MA: The MIT Press, 2005.
115. Bourdieu, Pierre, *The forms of capital. In Handbook of Theory and Research for the Sociology of Education*, ed. JG Richardson, New York: Greenwood, 2006: 241—258.
116. Brigit Helms&Xavier Reille, *Interest Rate Ceilings and Microfinance: the Story So Far*, CGAP Occasional Paper, 2004 (2): 20—23.
117. Information and Incomplete Markets, *The Quarterly Journal of Economics*, 2006 (5): 229—264.
118. Carlo Pietrobelli&Roberta Rabellotti, Upgrading in clusters and value chains in Latin Americas: the role of policies, *Inter-American Bank*, 2004, 10—95.
119. Beatriz Armendariz, Jonathan Morduch. Microfinance beyond group lending. *Economics and Transition*, 2002 (2): 401—420.
120. Information and Incomplete Markets, *The Quarterly Journal of Economics*, 2006 (5): 229—264.